Gerhard Wittenberger, Christfried Tögel (Hg.)
Die Rundbriefe des »Geheimen Komitees«
Nachtragsband: 1927–1936

Das Anliegen der Buchreihe BIBLIOTHEK DER PSYCHOANALYSE besteht darin, ein Forum der Auseinandersetzung zu schaffen, das der Psychoanalyse als Grundlagenwissenschaft, als Human- und Kulturwissenschaft sowie als klinische Theorie und Praxis neue Impulse verleiht. Die verschiedenen Strömungen innerhalb der Psychoanalyse sollen zu Wort kommen, und der kritische Dialog mit den Nachbarwissenschaften soll intensiviert werden. Bislang haben sich folgende Themenschwerpunkte herauskristallisiert: Die Wiederentdeckung lange vergriffener Klassiker der Psychoanalyse – wie beispielsweise der Werke von Otto Fenichel, Karl Abraham, Siegfried Bernfeld, W. R. D. Fairbairn, Sándor Ferenczi und Otto Rank – soll die gemeinsamen Wurzeln der von Zersplitterung bedrohten psychoanalytischen Bewegung stärken. Einen weiteren Baustein psychoanalytischer Identität bildet die Beschäftigung mit dem Werk und der Person Sigmund Freuds und den Diskussionen und Konflikten in der Frühgeschichte der psychoanalytischen Bewegung.

Im Zuge ihrer Etablierung als medizinisch-psychologisches Heilverfahren hat die Psychoanalyse ihre geisteswissenschaftlichen, kulturanalytischen und politischen Bezüge vernachlässigt. Indem der Dialog mit den Nachbarwissenschaften wiederaufgenommen wird, soll das kultur- und gesellschaftskritische Erbe der Psychoanalyse wiederbelebt und weiterentwickelt werden.

Die Psychoanalyse steht in Konkurrenz zu benachbarten Psychotherapieverfahren und der biologisch-naturwissenschaftlichen Psychiatrie. Als das ambitionierteste unter den psychotherapeutischen Verfahren sollte sich die Psychoanalyse der Überprüfung ihrer Verfahrensweisen und ihrer Therapie-Erfolge durch die empirischen Wissenschaften stellen, aber auch eigene Kriterien und Verfahren zur Erfolgskontrolle entwickeln. In diesen Zusammenhang gehört auch die Wiederaufnahme der Diskussion über den besonderen wissenschaftstheoretischen Status der Psychoanalyse.

Hundert Jahre nach ihrer Schöpfung durch Sigmund Freud sieht sich die Psychoanalyse vor neue Herausforderungen gestellt, die sie nur bewältigen kann, wenn sie sich auf ihr kritisches Potenzial besinnt.

BIBLIOTHEK DER PSYCHOANALYSE
HERAUSGEGEBEN VON HANS-JÜRGEN WIRTH

Gerhard Wittenberger, Christfried Tögel (Hg.)

Die Rundbriefe des »Geheimen Komitees«

Nachtragsband: 1927–1936

Psychosozial-Verlag

Bibliografische Information der Deutschen Nationalbibliothek
Die Deutsche Nationalbibliothek verzeichnet diese Publikation
in der Deutschen Nationalbibliografie; detaillierte bibliografische Daten
sind im Internet über http://dnb.d-nb.de abrufbar.

Originalausgabe

info@psychosozial-verlag.de
www.psychosozial-verlag.de

Umschlagabbildung: Das »Geheime Komitee«, 1922; hinten von links nach rechts:
Otto Rank, Karl Abraham, Max Eitingon, Ernest Jones; vorne von links nach rechts:
Sigmund Freud, Sándor Ferenczi, Hanns Sachs.
Umschlaggestaltung nach Entwürfen von Hanspeter Ludwig, Wetzlar
ISBN 978-3-8379-3277-5 (Print)
ISBN 978-3-8379-6142-3 (E-Book-PDF)

Inhalt

Die Briefe der Jahre 1927-1936

Das »Geheime Komitee« hatte anlässlich des »X. Psychoanalytischen Kongresses« Anfang September 1927 in Innsbruck ein formales Ende gefunden. Mit dem Ausscheiden von Hanns Sachs[1] verließ ein weiteres Mitglied der »alte Garde« um Freud diesen engsten Kreis. Wie Eitingon schrieb, geschah dies, weil »wir, nicht ohne seine Schuld, keinen Platz für ihn im Vorstand hatten«.[2]
Und Jones stellt lapidar fest: »Das Komitee wird zum Vorstand, Eitingon wird Präsident, Ferenczi und Jones Vizepräsidenten, Anna Freud - Sekretär; Johann van Ophuijsen[3] Kassierer; Hanns Sachs scheidet aus«.[4] So bleibt die Frage offen, ob die Neukonstituierung eine nachträgliche Legitimierung des alten Komitees darstellt oder diese neue Gruppierung eine alte Tradition formalisiert weiterführen sollte?
Eine völlig gegenläufige Entwicklung erfolgte auf dem 10. IPV-Kongress 1927 in Innsbruck. Der Kongreß diskutierte die Frage der »Laienanalyse« derart kontrovers, dass eine Einigung zwischen den Niederländern und Amerikanern einerseits und denen um die Wiener Gruppe sich versammelnden Teilnehmern unmöglich wurde. Im Kongressbericht findet sich folgende Kompromissformel: »Oberndorf verharrt(e) auf dem Standpunkt, daß die amerikanischen Gruppen angesichts ihrer Landesverhältnisse Laienkandidaten unter keinen Umständen zur Ausbildung (zu Therapeuten) zulassen können.« Eitingon, Radò, Ferenczi und Ròheim argumentierten dagegen. Eitingons Resolution wird mit einer Empfehlung der I.U.K., dass kein »Kandidat einzig aus dem Grunde der fehlenden ärztlichen Qualifikation zurückzuweisen (sei), wenn derselbe eine besondere persönliche

[1] Zu den Kurzbiographien der Komiteemitglieder Karl Abraham, Max Eitingon, Sándor Ferenczi, Ernest Jones und Hanns Sachs siehe *Rundbriefe* Bd 1, S. 251–262.

[2] Freud (2004h), S. 563.

[3] Johan van Ophuijsen (1882-1950) wurde in Sumatra geboren, studierte in Leiden und arbeitete von 1909 bis 1913 im Burghölzli unter Bleuler. Zwischen 1927 und 1933 war er Vorsitzender der Holländischen Psychoanalytischen Vereinigung. Nach einem vorübergehenden Aufenthalt in Südafrika begann er 1935 am New Yorker Psychoanalytischen Institut zu lehren, vgl. RB Bd. 1, S. 9.

[4] Jones (1960-1962), Bd. 3, S. 164.

Eignung und eine entsprechende wissenschaftliche Vorbildung besitzt«, angenommen.[5]
Durch die Ereignisse auf dem Innsbrucker Kongreß - insbesondere mit den Entwicklungen in den Fragen der Ausbildung und der Laienanalyse - verlor die Zentrale um Freud auch die alte Funktion der informellen Leitung der Psychoanalytischen Bewegung, die nun an die von Eitingon gegründete und geleitete »Internationale Unterrichtskommission« übergehen sollte. Gleichwohl ist das Bemühen der Protagonisten, die »alte«, institutionelle Bedeutung aufrecht zu erhalten, in den Rundbriefen spürbar. Für Freud stellten sie weiterhin die Teilnahme an der institutionellen Entwicklung der Psychoanalytischen Bewegung dar. Sein Interesse ließ nie nach. Nicht nur der Tod Ferenczis nimmt einen bedeutsamen Raum ein, auch die politischen Ereignisse in Nazi-Deutschland werden indirekt in der Korrespondenz angesprochen. Am 22.1.1936 kam der letzte »Rundbrief« aus Wien. Eineinhalb Jahre später, am 4. Juni 1938, mußte Freud mit einem Teil seiner Familie Wien verlassen.

* * *

Die editorischen Grundsätze dieses Nachtragsbandes folgen denen der Bände 1-4 der Rundbriefe.[6] Die Quelle der Rundbriefe ist - wenn nicht anders vermerkt - das Archiv der British Psycho-Analytical Society in London. Die biographischen Angaben zu Personen werden in der Regel aus den Bänden 1-4 übernommen und ergänzt, wo notwendig.

---

[5] Vgl. *IZP,* 13, 1927, KB, S. 484.
[6] Wittenberger & Tögel (1999–2006).

15.10.1927/L
[Briefkopf: Internationale Psychoanalytische Vereinigung][1]

15th October 1927.

Dear Colleagues and Friends,
in this first letter of our new group I extend my warm greetings to you all and express the hope, with every expectation of its being fulfilled, that we shall do much useful work together in complete harmony.
It is gratifying to know that Eitingon has already begun to make some practical application of the tangled discussion at the Congress on the important subject of 'Ausbildung', and I am sure we shall support any effort he may make to get the matter placed on a more systematic footing.
Our Annual General Meeting[2] was held last week. The Council was enlarged by two members, the names of Drs. Eder[3] and Glover[4] being

[1] Maschinenschriftlicher Brief.

[2] Am 5. 10 1927 fand die Generalversammlung statt, in der der Vorstand »für das folgende Jahr gewählt (wurde): Präsident Dr. Ernest Jones, Schatzmeister Dr. W. H. B. Stoddart, Schriftführer Dr. Douglas Bryan, Bibliothekar Miß Barbara Low, Vorstandsmitglieder Dr. M. Eder, Dr. Edward Glover, Dr. John Rickman und Mrs. Rivière. - Die Vereinigung besteht derzeit aus 27 Mitgliedern, 29 außerordentlichen Mitgliedern und 2 Ehrenmitgliedern. - In den Unterrichtsauschuß wurden gewählt: Dr. Bryan, Mr. Flügel, Dr. Jones, Dr. Payne und Dr. Rickman. - Es wurde die Errichtung eines ‚James-Glover-Gedächtnisfonds' beschlossen, der zum Ankauf einer Spezialbibliothek dienen soll. Mit der Anschaffung und Verwaltung dieses Fonds wurde ein Komitée betraut, bestehend aus Miß Barbara Low, Dr. Stoddart und Mr. James Strachey.«; vgl. *IZP*, 14(1928), S. 283 f.

[3] David Eder (1865-1936). Sozialistischer Arzt. Schriftführer der 1913 gegründeten Londoner Ortsgruppe der IPV. Nach einer Analyse bei Ferenczi verlor sich sein Interesse an Arbeiten Jungs und er kehrte 1923 als Mitglied der British Psychoanalytical Society zurück. Er war ein führender Zionist, saß 1921-1928 im Vorstand der Bewegung, lebte 1918-1923 in Jerusalem; vgl. Freud (1992g), Bd. 3/1, S. 168; *Encyclopedia Judaica,* vgl. RB Bd. 1, S. 37, Anm. 2.

[4] Edward Glover (1888-1972). Psychiater. Er ist, wie sein Bruder, 1921 Mitglied der der British Psychoanalytical Society geworden. Nach dem Tod von James Glover übernahm er sämtliche Funktionen seines Bruders in der Vereinigung. Glover wurde einer der einflußreichsten Analytiker in London - besonders in der »Anna Freud-Melanie Klein-Kontroverse«. Auf Grund dieser Auseinandersetzungen verließ er 1944 die Vereinigung und wurde Mitglied der der Japanischen, später der

nominated to fill the new vacancies. The Training Committee was increased to six by the addition of Dr. Sylvia Payne's[5] name; it now consists of Bryan[6], Flügel[7] Glover, Payne, Rickman[8] and myself. Dr. Cole[9] resigned her membership of the Society, for undoubtedly neurotic

---

Schweizer Vereinigung; er praktizierte weiter in London; vgl. King & Holder (1992), Wahl (1995), vgl. RB Bd. 1, S. 124, Anm. 9.

[5] Sylvia Payne (1880–1976), Dr. med., psychoanalytische Ausbildung in Berlin. Lehranalyse bei Hanns Sachs und James Glover. 1922 außerordentliches und 1924 ordentliches Mitglieder British Psycho-Analytical Society. 1944 und 1954 wurde sie zur Präsidentin der britischen Gesellschaft gewählt.

[6] Douglas Bryan (1878-1955). Gründungsmitglied und später Vizepräsident der Londoner IPV-Ortsgruppe, 1919 Schriftführer der British Psychoanalytical Society. Als Sekretär der Psycho-Medical Society hatte er eine wichtige Verbindungsfunktion zur »offiziellen« Medizin, unter deren Anfeindungen die Psychoanalytiker in London standen. Als Mediziner hatte er ein besonderes Interesse am Hypnotismus. Er war Gründungsmitglied und erster Vizepräsident der Londoner Vereinigung von 1913. Übersetzte mit Alix Strachey eine Auswahl von Arbeiten Karl Abrahams; vgl. u.a. Meisel & Kendrick (1995), vgl. RB Bd. 1, S. 37, Anm. 3.

[7] John C. Flügel (1884-1955). Dozent für Psychologie an der Universität London, 1919 Gründungsmitglied der British Psychoanalytical Society, von 1920 (1919) bis 1922 IPV-Sekretär neben dem Präsidenten Jones; vgl. Jones (1956), vgl. RB Bd. 1, S. 58, Anm. 14.

[7] Edoardo Weiss (1889-1970). Hatte bereits 1909 als Medizinstudent in Wien Kontakt zu Freud und wurde 1913 Mitglied der Wiener Vereinigung. Lehranalysand Paul Federns. Er übersetzte Freuds Schriften und praktizierte in einer psychoanalytischen Praxis in Triest. Unter dem Druck des Faschismus emigrierte er 1939 in die USA. Dort gab er als Schüler Federns dessen Schriften zur Ich-Psychologie heraus; vgl. Freud (1962-75a), Bd. 4, S. XXIII, vgl. RB Bd. 1, S. 58, Anm. 15.

[8] John Rickman (1891-1951). Psychiater, wurde am 4.10.1922 zum o. Mitglied der British Psychoanalytical Society wählt. Er hatte im April 1920 eine Analyse bei Freud begonnen und setzte sie 1929 bei Ferenczi fort. Dies blieb nicht ohne Folgen für die Beziehung zwischen Freud und Ferenczi. Er wurde bald der wichtigste Mitarbeiter von Jones in der *Press;* vgl. Freud (1993a), S. 364; Freud (1993a), S. 665; Sigmund Freud-Sándor Ferenczi 11.1.1930 (ÖNB); Payne (1952), vgl. RB Bd. 1, S. 67, Anm. 4.

[9] Estelle Maude Cole (1879-1958). In Irland geboren, seit 1919 als außerordentliches Mitglied der British Psychoanalytical Society bezeugt, 1928 wieder ausgetreten. Zu ihren bekanntesten Veröffentlichungen gehören *Three Minutes Talks about Children* (1928) und *Education for Marriage* (1938) ; vgl. KB, *IZP* 14(1928), S.

reasons. Miss Searl[10] and Dr. Thacker[11] were advanced from associate to full membership. We are collecting a fund to establish the James Glover[12] Memorial which will take the form of a special Library.
The translation entitled »Abrahams Selected Papers“[13] which makes a substantial memorial to our lost leader, appeared last month and Rickman's useful »Index Psycho-Analyticus«[14] is to appear before Christmas in the International Library Series.
As translation work takes so much time, I shall be grateful to receive the Congress report[15] as soon as convenient. Perhaps it will be possible to send the first section of it ahead of the rest.
With kind personal regards to all,
yours

Ernest Jones.

284; *Who was Who among English and European Authors*. 1931-1945. Detroit: Gale Research Company 1978, S. 327, vgl. RB Bd. 1, S. 67, Anm. 3.

[10] Searl (1925). Nina Searl (1884-1955) war eine Anhängerin Melanie Kleins. 1937 trat sie unter dramatischen Umständen aus der British Society aus, vgl. Grosskurth (1993), S. 291, vgl. RB Bd. 4, S. 205, Anm. 4.

[11] Cecil Thacker (1889-1926), Physiologe aus Cambridge. Seit 1920 war er Associate Member of the British Psycho-Analytical Society.

[12] James Glover (1882-1926). Chirurg und Tropenmediziner. 1918 - nach einem Brasilienaufenthalt - arbeitete er in der 1913 gegründeten »Medical Psychological Clinic« am Brunswick Square in London, deren Direktor er wurde. Nach seiner Lehranalyse bei Abraham ging er nach London zurück, wurde 1921 Mitglied der British Psychoanalytic Society und 1924 in den Vorstand gewählt. Am 25. August 1926 verstarb Glover in Barcelona; vgl. PB, *IZP* 12(1926), S. 576; Nachruf von Ernest Jones in PB, IZP 13(1927), S. 234-241, vgl. RB Bd. 1, S. 123, Anm. 8.

[13] Vgl. Abraham (1927).

[14] Vgl. Rickman (1928). Zu dieser ersten systematischen Bibliographie zur psychoanalytischen Literatur vgl. die Rez. von Radó, Sándor in: *IZP*, 14(1928), S. 277.

[15] Vgl. *IZP*, 13(1927), S. 468-500.

20.10.1927/B

[Briefkopf: Internationale Psychoanalytische Vereinigung][1]

Berlin, den 20. Okt. 27

Liebe Freunde,

gleich unser erster neuer Rundbrief, verspätet um einige Tage, weil ich (E), in meinem sozusagen halben Urlaube jetzt sehr in Anspruch genommen bin. Am vergangenen Sonnabend und Sonntag war ich auf einer Tagung der Nietzsche-Gesellschaft in Weimar, auf welcher der nicht unbekannte Hans Prinzhorn[2] aus Frankfurt/Main im Rahmen eines Vortrages über die Begründung einer neuen Psychologie durch Friedrich Nietzsche in verständiger Weise und viel artiger als es sonst seine Manier ist, auf die Psychoanalyse und ihren Begründer eingegangen ist. Ausgeklungen ist der Prinzhorn'sche Vortrag in eine Apotheose Klages[3].

Unsere Berliner Season scheint lebhaft beginnen zu wollen. Am vergangenen Dienstag haben unsere Mitglieder Müller-Braunschweig[4], Frau

---

[1] Maschinenschriftlicher Brief.

[2] Hans Prinzhorn (1886-1933). Psychiater, Psychotherapeut und Kunsthistoriker. Sein Buch »Bildnerei der Geisteskranken« basiert auf der Sammlung von Werken psychopathologisch Kranker, die er in den Jahren 1919 bis 1921 an der Psychiatrischen Klinik in Heidelberg zusammengetragen hatte; vgl. Watson (1936), vgl. RB Bd. 2, S. 242, Anm. 5.

[3] Ludwig Klages (1872–1956), Philosoph und Psychologe, Begründer der Ausdruckspsychologie und Graphologie.

[4] Carl Müller-Braunschweig (1881-1958). Philosoph. 1909 lernte er Freuds Psychoanalyse kennen und verzichtete auf eine Universitätslaufbahn, um sich den Studien der Psychoanalyse zu widmen. Seine Lehranalyse führte er bei Abraham und Sachs durch. Am 11.11.1920 hielt er einen Vortrag in der Berliner Vereinigung über »Psychoanalytische Gesichtspunkte zur Psychogenese der Moral, insbesondere des moralischen Aktes«. Am 21. des gleichen Monats wurde er als außerordentliches Mitglied aufgenommen. 1922 war Müller-Braunschweig bereits ordentliches Mitglied und im Ausbildungsausschusses tätig. Im Oktober 1922 hielt er ein Seminar über Freuds Schrift »Vorlesungen zur Einführung in die Psychoanalyse, III. Teil (allg. Neurosenlehre). Unter dem Druck der politischen Verhältnisse im Nazi-Deutschland der 30er Jahre organisierten Müller-Braunschweig und Felix Boehm die Auflösung der DPG und die Eingliederung des »Berliner Psychoanalytischen Instituts« in das »Deutsche Institut für Psychologische Forschung und Psychotherapie«. Seine Bedeutung für die Psychoanalyse während des Nazi-Regimes beschreibt außerdem eine Dokumentation der Redaktion der Zeitschrift *Psyche* (1984) unter dem Titel:

Horney[5], Simmel[6] und Bernfeld[7] in einer großen, von den entschiedenen »Schulreformern« einberufenen öffentlichen Versammlung gesprochen und großes Interesse und Verständnis gefunden, besonders Bernfeld soll einen großen Erfolg gehabt haben. Eine ebenfalls in dieser Woche

---

»Psychoanalyse unter Hitler«. Müller-Braunschweig war weder 1925 noch danach Mitglied des Zentralvorstandes der IPV; Müller-Braunschweig (1921); Lockot (1985); Brecht (1985), S. 160.

[5] Karen Horney (1885-1952). Ärztin, die ihre psychoanalytische Ausbildung bei Abraham und Sachs erhielt. Bereits 1915 war sie Sekretärin der DPG; 1932 erhielt sie einen Ruf an das Chicago Psychoanalytic Institute, wo sie ab 1933 Mitglied war. Ab 1934 war sie Lehranalytikerin im New York Psa. Institut und unterrichtete an der New School for Social Research. Ab 1941 erfolgte eine Trennung von der New Yorker Vereinigung und H. gründete eine eigene »Gesellschaft zur Förderung der Psychoanalyse«. Mit ihren Mitarbeitern Clara. Thompson, E. Fromm und Harry Stack Sullivan baute sie die Washington School of Psychiatry auf, aus der die sog. »kulturistische Schule« der Psychoanalyse hervorging, vgl. RB Bd. 2, S. 301, Anm. 11.

[6] Ernst Simmel (1882-1947). Arzt, Psychoanalytiker, Gründer des Sanatoriums Tegel bei Berlin. Emigrierte in die USA und lebte in Los Angeles; vgl. Fliess (1948), Lewy (1947), vgl. RB Bd. 2, S. 78, Anm. 2.

[7] Siegfried Bernfeld (1892-1953). Studierte Naturwissenschaften, Psychologie und Pädagogik in Wien und Freiburg. 1912 gründete er unter Einfluß der Reformpädagogik Gustav Wynekens (1875-1964) das »Akademische Comité für Schulreform«. Ab 1914 engagierte er sich in der zionistischen Bewegung Wiens. 1915 wurde er Gast der Wiener Psychoanalytischen Vereinigung und 1919 Mitglied. 1922 begann Bernfeld mit Unterstützung Freuds eine psychoanalytische Praxis. Ab 1925, als Stellvertreter Helene Deutschs am Wiener Psychoanalytischen Institut, war er an der Ausbildung beteiligt. Ende 1925 siedelte Bernfeld nach Berlin, wurde dort Mitglied und holte zwischen 1930 und 32 eine Lehranalyse bei H. Sachs nach. Seine Bemühungen um eine Verbindung von Psychoanalyse und Marxismus fanden sowohl in seinem Engagement bei der Entwicklung einer psychoanalytischen Pädagogik ihren Niederschlag, als auch in seiner Dozententätigkeit am Berliner Psychoanalytischen Institut und der Berliner Hochschule für Politik. 1932 kehrte Bernfeld nach Wien zurück. 1933 war er Mitglied des Vorstandes der Wiener Vereinigung und ging 1934 mit seiner dritten Frau Suzanne Cassirer Paret nach Frankreich. Dort praktizierte er als Analytiker und begann die Werke Sigmund Freuds als Quelle zur wissenschaftlichen Biographik des Begründers der Psychoanalyse zu interpretieren. 1937 emigrierte Bernfeld über London nach San Francisco, wo er am Aufbau des psychoanalytischen Instituts beteiligt, ein vehementer Kritiker aller Verschulung und Bürokratisierung des psychoanalytischen Ausbildungssystems wurde; vgl. u.a. Fallend & Reichmayr (1992), vgl. RB Bd. 1, S. 234, Anm. 22.

stattgefundenen Theologen-Versammlung soll sich ebenfalls sehr eingehend mit der Psychoanalyse beschäftigt haben.
Zwei neue amerikanische Ärzte, ein Dr. Blitzstein[8] und Dr. Wolf[9], letzterer hat sich ein Jahr lang am Burghölzli in Zürich studienhalber aufgehalten, sind jetzt bei Alexander[10] in Lehranalyse. Ein dritter New Yorker Psychiater, ein Dr. Zilboorg[11] vom Bloomingdale Hospitale N.Y., von Herkunft Russe, war dieser Tage auf der Durchreise hier und hat sich für kommenden Sommer zu einem längeren Lehraufenthalt bei uns angemeldet. Er machte einen guten Eindruck. Freund Ferenczi kenne ihn, sagt er.

---

[8] N. Lionel Blitzstein (1893–1952), Dr. med. Medizinische und psychoanalytische Ausbildung in Wien und Berlin. 1931 Präsident der Chicago Psychoanalytic Society und Gründungsmitglied der Association for the Advancement of Psychoanalysis in Chicago, vgl. RB Bd. 3, S. 144, Anm. 6.

[9] Alexander Wolf (1907-1997). Amerikanischer Psychoanalytiker, der sich früh mit psychodynamischer Gruppenarbeit beschäftigt hat, vgl. Millon (2004), S. 476, vgl. RB Bd. 1, S. 13, Anm. 21.

[10] Franz Alexander (1891-1964) war Psychiater, siedelte 1920 nach Berlin über, dort psychoanalytische Ausbildung. Im Herbst 1921 Mitarbeiter an der Poliklinik, ab 1923 als Mitglied der Berliner Vereinigung belegt. Ab 1924 als Dozent des Berliner Psychoanalytischen Instituts. Im Mai 1930 bekommt A. eine Einladung zum internationalen Psychohygiene-Kongreß nach Washington. Dem folgte eine Einladung als Gastprofessor nach Chicago. Auf seine Bitte hin wurde die Gastprofessur für Psychiatrie in eine für Psychoanalyse umgewandelt. Damit war er der erste amerikanische Professor für Psychoanalyse. Anfeindungen in Chicago veranlaßten Alexander nach Auslaufen des Gastvertrages eine eigene psychoanalytische Vereinigung zu gründen. Hierzu gehörten Leo Bartmeier und Karl Menninger. 1932 wurde ein Institut gegründet und durch Karen Horney aus Berlin verstärkt; vgl. u.a. Peters (1992), S. 320-327.

[11] Gregory Zilboorg (1890–1959), Neurologische Ausbildung bei Bechterev in Moskau, 1919 Übersiedlung in die USA und psychoanalytische Ausbildung in Berlin, ab 1931 eigene Praxis in New York, 1929 Mitglied der New York Psychoanalytic Society, Mitherausgeber des *Psychoanalytic Quaterly.*

Mit Beginn dieses Semesters verläßt Bleuler[12] endgültig seinen Lehrstuhl und H. W. Maier[13] ist nun wirklich an seine Stelle getreten. Nützen kann dieser Mann der Analyse wahrhaftig nicht, aber nach dem er nun alles erreicht hat, was er sich schon sehr früh zu wünschen begonnen hat, wird er der Analyse dort keine bewußten Widerstände mehr machen. Mit den herzlichsten Grüßen an alle

Euer Eitingon

---

[12] Eugen Bleuler (1857-1939). Bedeutender Schweizer Psychiater, Leiter des »Burghölzli und Vorgesetzter C. G. Jungs. Seine Ambivalenz gegenüber der »Psychoanalytischen Bewegung« führte zu Spannungen mit Freud. Bleuler war gemeinsam mit Freud der Herausgeber des *Jahrbuchs für psychoanalytische und psychopathologische Forschungen,* das bei Deuticke verlegt wurde, vgl. RB Bd. 1, S. 33, Anm. 6.

[13] Hans Maier (1882-1945). Schweizer Psychiater, Schüler von Auguste Forel und Gustav Aschaffenburg, arbeitete ab 1905 am Burghölzli und wurde 1927 Nachfolger Bleulers, vgl. RB Bd. 1, S. 147, Anm. 20.

28.10.1927/W
[Briefkopf: Internationale Psychoanalytische Vereinigung][1]

Wien, am 28. Oktober 1927.

Liebe Freunde!
Mein Vater überläßt mir in der jetzigen Ordnung der Dinge das Schreiben der Rundbriefe; die zunächst folgenden Mitteilungen aber sendet er und ich berichte sie in seinem Wortlaut:
a) daß er den Angriffen, die im Symposion der englischen Gesellschaft gegen mein Buch über Kinderanalyse[2] gerichtet wurden, manches ungehörig fand und sich darüber privatim mit Jones auseinandergesetzt hat;[3]
b) daß er einen Brief von Brill[4] erhalten, den er zwar freundlich, aber zurückweisend beantwortet hat. Dieser Brief enthielt die Versicherung unveränderter Loyalität;
c) daß in den letzten Wochen erschienen sind: die schwedische Übersetzung der Traumdeutung (Landquist[5]), die französische des Leonardo (Prinzessin[6]) und die englische von Laienanalyse und Selbstdarstellung in einem Band bei Brentano (Wechsler[7]-Brandon und Strachey[8]).

---

[1] Maschinenschriftlicher Brief
[2] Freud (1927).
[3] Vgl. Freud (1993e; Jones (1910a), S. 620-634.
[4] Abraham Brill (1874-1948). Psychiater, gründete 1911 die New Yorker psychoanalytische Gesellschaft, vgl. RB Bd. 1, S. 69, Anm. 9.
[5] John Landquist (1881-1974), schwedischer Philosoph, der sich in seinen eigenen Schriften mit dem Problem der Willensfreiheit beschäftigt hatte.
[6] Marie Bonaparte (1882-1962)1962), Urgroßnichte Napoleons, wurde zu einer der wichtigsten Anhängerinnen Freuds und einer engen Freundin der Familie.
[7] Im Original stellt fälschlicherweise »Merker-Brandon", vgl. RB Bd. 4, S. 283, Anm. 5.
[8] James Strachey (1887-1967), Literaturwissenschaftler, Intellektueller und Mitglied der Bloomsbury Group; kam 1920 nach Wien zu Freud in Analyse, der ihn bat psychoanalytische Arbeiten ins Englische zu übersetzen. 1922 Mitglied der British Psychoanalytical Society und Lehranalytiker. Herausgeber der Standard Edition of the Complete Psychological Works of Sigmund Freud.

d) Adler[9] hat in Amerika[10] den Mut zu seiner Dummheit gefunden, leugnet in Wiener Zeitungen die Existenz des Ubw und rühmt sich der so erzielten Vereinfachung.

Ich füge noch hinzu, daß im Wiener Lehrinstitut einige Veränderungen vor sich gegangen sind. Dr. Reik[11] ist aus dem Lehrkomitee ausgetreten,

---

[9] Alfred Adler (1870–1937), Arzt und Psychologe in Wien. Er stand mit Freud bereits seit 1899 in Kontakt, wie ein Freud-Brief vom 27.2.1899 ausweist (LoC). Seit 1902 war er Mitglied der Mittwoch-Gesellschaft und 1910 der Obmann der Wiener Psychoanalytischen Vereinigung, sowie Schriftleiter (zusammen mit Wilhelm Stekel) des *Zentralblattes.* Ab 1911 entwickelte er seine eigenen theoretischen Modelle und begründete die sogenannte Individualpsychologie, die sich als eigene Theorie von der Psychoanalyse abgrenzt, unter anderem im Verständnis der menschlichen Aggression, der Geschwisterrivalität sowie der Bedeutung sozialer Faktoren für die Sozialisation und der Bedeutung der infantilen Sexualität des Individuums; vgl. Köppe (1977), Handlbauer (1990). Die Auseinandersetzung mit Adler durchzieht die gesamte Rundbriefkorrespondenz: vgl. Bd. 1 bis 4.

[10] Oberndorf teilt in der Rubrik *Psychoanalytische Bewegung* mit: »Gestützt auf die Kenntnis der psychoanalytischen Bewegung in anderen Ländern, muß ich feststellen, dass nirgends in der Welt das Interesse an der Psychoanalyse so verbreitet und dabei so oberflächlich und verworren ist wie in den Vereinigten Staaten. Das vergangene Jahr hat die Konfusion der öffentlichen Meinung noch entschieden gesteigert durch die vielen Zeitungsberichte, die sich an den Besuch einer Reihe von europäischen Psychoanalytikern, darunter Ferenczi und Rank, ferner des Individualpsychologen Adler knüpften. Dazu kam, dass die Kurpfuscher, die sich stets an den Rockschoß jeder großen wissenschaftlichen Bewegung zu hängen pflegen, nicht verabsäumt haben, Freuds Stellungnahme zur Laienanalyse für sich auszunützen, um ihre mangelhafte Ausbildung zu bemänteln…"; vgl. *IZP*, 14(1928), S. 252.

[11] Theodor Reik (1888-1969). Psychologe. Sein umfangreiches Studium – neben Psychologie studierte er Literaturwissenschaft, Philosophie und Religionswissenschaft (Freud riet ihm vom Zweitstudium der Medizin ab) - prädestinierte ihn für die Rolle eines »Laienanalytikers«. 1913/14 Lehranalyse bei Abraham. Von 1919-1928 praktizierte Reik in Wien und leitete die am 1.1.1920 eingerichtete »Zentralstelle für Psychoanalytische Literatur«. 1928 ging er nach Berlin und 1934 als einer der Ersten, die unter Emigrationsdruck standen nach Den Haag. 1938 schloß er sich - gerade noch rechtzeitig - dem Emigrantenstrom nach Amerika an. Dort hatte Reik als Nichtmediziner große Schwierigkeiten, von psychoanalytischen Organisationen anerkannt zu werden, so daß er seine eigene, die *National Psychological Association for Psychoanalysis* gründete, der ein eigenes Institut

Dr. Federn[12] nimmt nun mehr mit beratender Stimme an den Sitzungen teil. Stattdessen wurden Dr. Jekels[13] und Aichhorn[14] in das Lehrkomitee

---

angeschlossen wurde; vgl. Mühlleitner (1992), Peters (1992), vgl. RB Bd. 1, S. 107 Anm. 28.

[12] Paul Federn (1871-1950). Internist. Er gehörte bereits 1903 zur »Mittwoch-Gesellschaft« und wurde 1924 Freuds Stellvertreter als Obmann der Wiener Psychoanalytischen Vereinigung. Als Federn sich mit dem Gedanken trug, nach Amerika zu gehen, antwortete Freud »... Ich bin neugierig, wen Sie mir zu Ihrem Nachfolger vorschlagen werden. Die Vereinigung von Persönlichkeit und wissenschaftlicher Leistung findet sich doch nicht so häufig bei uns...« Federn war Stellvertreter in Vereinsangelegenheiten, wie aus Briefen in der Angelegenheit mit Reich hervorgeht: »... ich bitte Sie den Brief ... in Ihrer Funktion als mein Vertreter, sachgemäß zu beantworten...« Er war auch Stellvertreter in medizinischen Fragen: »... Darf ich Sie - soviel mehr Mediziner als ich - bitten, beiliegenden Brief zu beantworten?...«; vgl. Mühlleitner (1992), S. 90; Sigmund Freud-Paul Federn, 20.5.1927, 16.6.1929, 13.2.1932 (SFH), vgl. RB Bd. 1, S. 62, Anm. 26.

[13] Ludwig Jekels (1867-1954). Psychiater, kam 1905 aus Lemberg nach Wien zu Freud in Behandlung. 1908 wurde er Gast der Wiener Vereinigung und 1910 Mitglied. 1924 war er als Stellvertreter Freuds im Gespräch. 1932 wurde Jekels Nachfolger Bernfelds und Stellvertreter H. Deutschs am Lehrinstitut. Auf Empfehlung Freuds ging er 1934 nach Stockholm, um dort die neugegründete Svensk-Finska-Psykoanalyska Föreningen mit Otto Fenichel zu unterstützen. 1937 kehrte er nach Wien zurück, emigrierte jedoch 1938 beim Einmarsch der deutschen Truppen über Australien in die USA; vgl. Mühlleitner (1992), S. 170 f., vgl. RB Bd. 1, S. 236, Anm. 35.

[14] August Aichhorn (1878-1949), war ein außergewöhnlich begabter Organisator, Lehrer und Erziehungsberater, der 1901 die Externenprüfung am Laibacher Gymnasium ablegte und neben seiner Lehrertätigkeit von 1901 bis 1905 an der Technischen Universität in Wien studierte. Seine ungewöhnliche Berufslaufbahn, die ihn zum »Zentraldirektor der Wiener Städtischen Knabenhorte«, aber auch zum »Kaiserlichen Rat« für Verdienste in der Jugendfürsorge machte, prädestinierten ihn geradezu mit der Psychoanalyse in Kontakt zu kommen. 1921 lernte er Anna Freud kennen und nahm Kontakt zur WPV auf. Im Juni 1922 hielt er seinen ersten Vortrag, vgl. Aichhorn (1923), und wurde im Oktober 1922 Mitglied. Seine Analyse führte er bei Paul Federn durch. Von 1931 bis 1933 engagierte sich Aichhorn am Schulversuch »Kinderhaus Baumgarten«. 1932 wurde er Mitherausgeber der *Zeitschrift für psychoanalytische Pädagogik*. Nach der Machtergreifung der Nazis blieb Aichhorn aus familiären Gründen in Wien. Sein Sohn Thomas wurde 1938 verhaftet und nach Dachau verbracht. Im gleichen Jahr wurde ihm mitgeteilt, daß er nun nach der Auflösung der WPV Mitglied der DPG geworden sei und dem »Deutschen Institut für Psychologische Forschung und Psychotherapie« als »behandelnder Psychologe«

gewählt. Der Lehrausschuß ist bereits in einer ganzen Reihe von Sitzungen zusammengetreten, Frau Dr. Deutsch[15] ist beauftragt worden, verschiedene Vorschläge Eitingon und Jones zum Gedankenaustausch darüber zu unterbreiten. Außerdem hat das Lehrkomitee beschlossen, vorläufig keine Gratiskandidaten mehr zur Ausbildung anzunehmen, da man diese Art der Ausbildung - ganz wie in Berlin[16] - auf die Dauer undurchführbar findet.

Auch die übrige Vereinstätigkeit hat bereits sehr lebhaft begonnen. Für das weitere Publikum soll in den nächsten Wochen ein Vortragszyklus »Psychoanalyse und Aesthetik«, bestehend aus 7 Einzelvorträgen meist aus dem Gebiete der Literatur und über aesthetische Probleme abgehalten werden.[17]

---

angehöre. Nach dem Zweiten Weltkrieg gründete August Aichhorn 1949 die Wiener Psychoanalytische Vereinigung neu; vgl. Mühlleitner (1992); Aichhorn (1994), vgl. RB Bd. 3, S. 176, Anm. 4.

[15] Helene Deutsch, geb. Rosenbach (1884–1982), stammte aus Przemyśl (Galizien). Sie war die Tochter eines jüdischen Rechtsanwaltes. Als Frauenrechtlerin nahm sie 1910 am Internationalen Sozialistischen Kongreß in Stockholm teil. Sie studierte in München bei Kraepelin, promovierte 1912 in Wien und heiratete Felix Deutsch, den sie in München kennengelernt hatte. Von 1912 bis 1918 arbeitete sie in der Klinik Wagner-Jaureggs in Wien und wurde Leiterin der psychiatrischen Abteilung. 1918 mußte sie diese Position aufgeben, da Frauen in der Klinik keine Leitungsrolle übernehmen durften. Sie begann eine Psychoanalyse bei Freud. 1920 hielt sie einen Vortrag auf dem 6. Internationalen Kongreß in Den Haag. 1923 ging sie nach Berlin, um bei Abraham eine Lehranalyse zu beginnen. Ab 1924 widmete sie sich dem Aufbau des Wiener psychoanalytischen Lehrinstituts, dessen Leiterin sie 1925 wurde. 1934 emigrierten die Deutschs in die USA. Sie ließen sich in Boston nieder und wurden Mitglieder des Boston Psychoanalytic Instituts. Auch in den USA engagierte sich Helene Deutsch politisch. Mit ihrer Teilnahme an einer Anti-Vietnam-Demonstration machte sie weltweit Schlagzeilen, vgl. Roazen (1989), vgl. RB Bd. 4, S. 14, Anm. 7.

[16] Vgl. Boehm (1930).

[17] »Im Rahmen eines Zyklus ‚Psychoanalyse und Geisteswissenschaften' wurden von der ‚Wiener Psychoanalytischen Vereinigung' […] folgende öffentliche Vorträge veranstaltet: 1) Prof. P. Schilder: Gemeinschaft, Erkenntnis, Eros. - 2) Dr. F. Wittels: Psychoanalyse und Strafrecht. - 3) Dr. R. Wälder: Die Psychoanalyse im Lebensgefühl des modernen Menschen. - 4) Frau Dr. Helene Deutsch: Ein Frauenschicksal (George Sand).«; vgl. *IZP*, 14(1928), S. 249.

Die Wohnungsfrage des Ambulatoriums ist noch nicht gelöst.[18] Die monatlichen wissenschaftlichen Sitzungen bei meinem Vater sollen in der nächsten Woche wieder beginnen.[19]
Mit herzlichen Grüßen von uns beiden nach allen Seiten

Anna Freud

---

[18] Das Ambulatorium befand sich im 9. Bezirk Wiens, Pelikangasse 18; vgl. Fallend (1995), S. 114.

[19] Es war unter den Analytikern eine große Ehre zu jenen zu gehören, die Freud monatlich in einem kleinen privaten Kreis zu sich einlud, um über wissenschaftliche Fragen zu diskutieren. Zu den von Paul Federn vorgeschlagenen Teilnehmern gehörten die Mitgliedern des Wiener Vorstandes, und abwechselnd u.a. Richard Sterba, Felix und Helene Deutsch; vgl. Sterba (1985), S. 107 ff., Gröger (1994), S. 87.

30.10.1927/H
[ohne Briefkopf][1]

Prinsevinkenpark 5,
den 30. Oktober 1927.

Liebe Freunde,
daß ich erst so spät schreibe hat wenigstens diesen einen Vorteil, daß ich einige Angelegenheiten auf einmal erledigen kann. Meine Antwort auf einen Brief von Jones, den Sie Alle wohl auch bekommen haben und meine Bemerkungen zum Kongreßprotokoll[2] füge ich bei.
Besitzt der I.P.V. Ich habe Dr. Müller-Braunschweig gebeten das ganze Guthaben des Vereins dem Verlag zu überweisen. Nach Abzug des Betrages einiger Rechnungen betrug es am 4. Oktober Mk. 3223,43. Die Einlagen der I.P.V. werden mit 9 % pro anno verzinst. Ich hoffe, daß Sie mit dieser Maßnahme einverstanden sind. Wer kann mir sagen, ob man den Russischen Kollegen wegen ihren Beiträgen direkte schreiben kann, oder ob es sicherer ist alles Finanzielle ihnen selbst zu überlassen?
Der Rundbrief Eitingon's gibt mir Anlaß zu der Frage, ob die dort genannten amerikanischen Kollegen den ame[rikanischen] Gruppen bekannt sind und ob sie ev[entuell] von diesen Gruppen als Mitglieder aufgenommen werden würden?
In unserer Gruppe hat die Arbeit noch nicht angefangen einesteils wegen der Krankheit van Emden's[3], anderenteils wegen der Heirat unseres Sekretärs Dr. Endtz[4]. Es geht van Emden jetzt sehr gut; er hat um etwa 9 K[ilo]-G[ramm] zugenommen seit seiner Operation und hat die Arbeit wieder ganz aufgenommen. Die erste Sitzung wird wahrscheinlich Mitte November stattfinden.
Von einer systematischen Ausbildung kann bei uns, wo es sich immer nur um zwei drei Kandidaten handelt, nicht die Rede sein. Wir versuchen immer die jungen Kollegen dazu zu bewegen sich etwa in Berlin oder Wien oder London ausbilden zu lassen, aber meistens stößt die

---

[1] Maschinenschriftlicher Brief.
[2] Nicht vorhanden.
[3] Jan van Emden (1868-1950). Holländischer Psychiater, seit 1910 hatte er engen Kontakt zu Freud und seiner Familie. Er übersetzte einige Arbeiten Freuds ins Holländische; vgl. u.a. Mühlleitner (1992), vgl. RB Bd. 1, S. 137, Anm. 6.
[4] Adriaan Endtz (1887-1970). Arzt in der Anstalt Oud Rosenburg in Loosduinen, einer Irrenanstalt für gerichtlich eingewiesene Patienten.

Ausführung eines solchen Planes auf finanzielle Schwierigkeiten und auf dem Umstand, daß wer bei uns als Neurologe oder Psychiater gelten will, nach dem Staatsexamen drei ganze Jahre als Assistenzarzt an den Kliniken arbeiten muß! In Leiden finden die jungen Ärzte ausgezeichnetes Material für die Analyse. Seit einiger Zeit habe ich 3 junge Kollegen in Behandlung und einen Mediziner, der sich vielleicht auch entschließen wird Analytiker zu werden. Dr. Carp[5], der erste Assistent und wahrscheinliche Nachfolger Jelgersma's liest dieses Jahr ein Kolleg über Psychotherapie mit besonderer Berücksichtigung der Psa. Die Leidener Vereinigung für Psychopathologie und Psa. Hat sehr oft psa. Themen auch andere psychiatrische Vereine müssen sich wiederholt gefallen lassen, daß unsere Mitglieder psa. Gegenstände besprechen!
Ich schrieb in der großen holl. medizin. Zeitschrift einen Aufsatz über den Kongreß; in diesem Aufsatz habe ich auch die Frage der Laienanalyse erwähnt in der Absicht unsere Arbeit - eigentlich müßte ich sagen meine Arbeit, denn wie Sie wissen bin ich in unserer Gruppe der Einzige, der aktiv an der Lösung der Frage mitarbeiten wird! - zu erleichtern. Der erneute Kampf gegen die Psa., der vor etwa einem Jahr angefangen hat, wird sich gewiß auch unsrer Auffassung dieser Frage bedienen.
Über die Ernennung der speziellen Unterkommission der I.U.K.[6] habe ich mich sehr gefreut. Ich muß aber offen gestehen, daß die Wahl von Dr. Müller-Braunschweig mir eine nicht sehr glückliche erscheint, nicht weil ich gegen ihn persönlich etwas hätte, sondern, weil er mir nicht sehr geeignet scheint für die Lösung praktischer Fragen. Hätte Dr. Sachs die Arbeit nicht übernehmen können?
Diejenigen, welchen ich nicht auf dem offiziellen Briefpapier geschrieben habe, bitte ich mich entschuldigen zu wollen. Meine Maschine ist nicht kräftig genug!
Mit meinem besten Grüßen an Sie alle

J. H. W. van Ophuijsen

---

[5] Eugène Carp (1895-1983), der Nachfolger von Gerbrandus Jelgersma (1859-1942) erwies sich keineswegs als Anwalt der Psychoanalyse; vgl. Spanjaard & Mekking (1977), S. 58, vgl. auch RB Bd. 2, 163 Anm. 3.

[6] Internationale Unterrichtskommission der IPV. Die Unterkommission setzte sich zusammen aus Karen Horney, Carl Müller-Braunschweig und Sándor Radó.

[Handschriftlicher Zusatz:]
Unsere herzlichen Grüße an die ganze Familie!

vO

14.11.1927/Bp
[ohne Briefkopf][1]

Budapest, 14. XI. 1927

Liebe Freunde,
Dies ein - fast unmöglich erscheinender - Versuch, mit Hilfe des altmodischen Kopierpapiers einen dreifachen Abzug durch so viele Schichten durchzupressen.
Die Budapester Vereinigung ist in voller Tätigkeit. Wir hatten drei wissenschaftliche und zwei administrative Sitzungen. - Die Lehrkommission wird sich bald auch formal in ein Lehrinstitut umwandeln müssen, da die Zahl der Lernenwollenden immer zunimmt. Ich selbst übernahm es, die Analyse von Hollós[2] zu vervollständigen. (Es ist zugleich eine Kontroll-Analyse; auch wünscht er nicht, daß sein Analysiertwerden allgemein bekannt wird.) Weiters übernahm ich die Kontroll-Analyse eines Dr Szücs[3], der seine eigene Analyse in Wien durchmachte (bei Fr. Deutsch). Frau Kovács[4] hat die 3 Jahre in Anspruch genommene Lehr-Analyse Dr Róheims[5] mit gutem Erfolge beendigt; jetzt arbeitet Róheim selber an Patienten unter entsprechender Kontrolle. Frau Kovács hat

[1] Handschriftlicher Brief.
[2] István Hollós (1872-1957), Psychiater und Chefarzt der staatl. Irrenanstalt Nagyszeben, in der er als erster die psychoanalytische Behandlungsmethode in die Anstaltspsychiatrie einführte. Er war Gründungsmitglied der Ungarischen Psychoanalytischen Vereinigung von 1913, in Lehranalyse bei Ferenczi und Federn, vgl. RB Bd. 1, S. 90, Anm. 6.
[3] Konnte nicht identifiziert werden.
[4] Vilma Kovács (1883-1940), hat Freuds Schrift *Jenseits des Lustprinzips* übersetzt und ist seit 1924 a.o. Mitglied der Budapester Vereinigung. Ihre erste Tochter Alice war die erste Frau Michael Bálints, die zweite, Olga, hat die Karikaturen vom Salzburger Kongreß 1924 mit Robert Berény veröffentlicht, Székely-Kovacs & Berény (1924). Als »Mutter der Budapester Psychoanalytiker« war sie eine der einflußreichsten Schülerinnen Ferenczis, vgl. RB Bd. 2, S. 181, Anm. 7.
[5] Géza Roheim (1891-1953), Psychoanalytiker und Ethnologe, Analysand von Ferenczi. Lehranalytiker Alice Bálints. Wanderte erst in den 30er Jahren nach Amerika aus. Als erster Ethnologe versuchte Róheim Freuds »Entdeckungen« bei den sogenannten primitiven Völkern nachzuweisen, vgl. RB Bd. 3, S. 21, Anm. 6.

3 Ärzte, Hollós einen Mediziner, Hermann[6] 2 Ärzte in Lehranalyse. Ich beendige hier einige in Amerika begonnene Analysen. Wahrscheinlich werden wir noch in diesem Jahre ein Ambulatorium in einem hiesigen Privatsanatorium eröffnen, wodurch wir den lästigen offiziellen Anmeldungen und Sekaturen entgehen.
Die Diskussionen der Vereinigung stehen auf hoher Stufe; es war mir ein Vergnügen, nach der Oberflächlichkeit die ich bei den meisten, auch ärztlichen Mitgliedern in Amerika fand (wenige ausgenommen) wieder in einem theoretisch geschulten und praktisch erfahrenen Kreise zu sein. Wir haben die Zahl der Zusammenkünfte ~~auf~~ gesteigert monatlich dreimal, statt 2mal, wie bisher. Ein Abend ist der wissenschaftlichen Literatur gewidmet (Referate) - sonst Originalbeiträge und Kasuistik.
Die offiziellen Kreise sind in einiger Verlegenheit. Viele Professoren »analysieren« auf ihre Art, ohne die Übertreibungen der Freudianer« - natürlich ohne Erfolg.
Auch wir werden einen allgemeinen psychologisch aufklärenden Kurs für die große Öffentlichkeit halten. Wahrscheinlich werde ich vortragen, und zwar von Januar an.
Viele Grüße allseits

von Ferenczi

[6] Imre Hermann (1889-1984), ungarischer Psychiater, der als Medizinstudent experimentelle Psychologie betrieb und sich mit Fragen der Entwicklungs- und Wahrnehmungspsychologie befaßte. Nach einer Lehranalyse bei Ferenczi wurde er 1919 Mitglied der Ungarischen Psychoanalytischen Vereinigung, vgl. RB Bd. 1, S. 114, Anm. 14.

15.11.1927/B
[Briefkopf: Internationale Psychoanalytische Vereinigung][1]

Berlin, den 15. November 1927.
Liebe Freunde,
meine Abreise, die ich für Anfang November festsetzen zu können glaubte, hat sich weiter verzögert, und so kann ich den November-Rundbrief noch schreiben. Zu berichten habe ich freilich diesmal eigentlich nichts außer einer Tatsache, die Sie alle interessieren dürfte. Oberholzer[2], das, wie Sie alle wissen, sehr schwer traitable Oberhaupt der Schweizer Gruppe, soll für ein halbes Jahr die Geschäfte niedergelegt haben. Offiziell habe ich davon nichts erfahren, da Oberholzer bekanntlich ja überhaupt weder offizielle Mitteilungen macht, noch auf offizielle Anfragen antwortet. Die Tatsache selbst habe ich nebenbei vom Pfarrer Pfister[3] erfahren, der mir schrieb, ich wüßte wohl, daß Oberholzer die Geschäfte für ein halbes Jahr nicht führen wolle, und so habe er, Pfister, die Leitung der Gruppe übernommen. Ich habe dann gleich darauf, vor jetzt etwa 10 Tagen, privat an Oberholzer geschrieben und um Aufklärung gebeten, habe aber bis jetzt noch keine Antwort bekommen.
Mit bestem Dank für die mir so oft ausgesprochenen guten Wünsche für meine Reise, grüße ich alle herzlichst.

Ihr Eitingon

---

1 Maschinenschriftlicher Brief.

2 Emil Oberholzer (1883-1958), Psychiater und Psychoanalytiker, Mitglied der der Zürcher Vereinigung. Er geriet zunehmend in Gegensatz zu Oskar Pfister und der »Laienanalyse«, vgl. RB Bd. 1, S. 110, Anm. 34.

3 Oskar Pfister (1873-1956), Pfarrer und Psychoanalytiker in Zürich, stand von 1909 bis 1939 in brieflichem Austausch mit Freud. Er war Mitbegründer der am 21. März 1919 etablierten Schweizerischen Gesellschaft für Psychoanalyse, vgl. RB Bd. 1, S. 57, Anm. 9.

15.11.1927/L
[Briefkopf: Internationale Psychoanalytische Vereinigung][1]

15th November 1927.

Dear Friends,
Nothing worthly of note has happened here since my last Rundbrief. I have heard from you all except Ferenczi; no doubt he is very occupied with his return to Budapest, but I am sure we should like to have news of his situation there.
I hope that the plan we arranged of meeting in Paris in April still holds good, for one sees already how much less satisfactory correspondence is than personal talk. I am taking my main holiday in April, as I did last year and it is extraordinary how far ahead nowadays booking accommodation, patients' arrangements, etc. etc. make it necessary to form plans. I should be glad therefore, to know what response will be forthcoming to the suggestion that we meet in Paris on April 23rd and 24th. I suppose that two days will be enough for our business purposes, though doubtless some of us will stay longer in Paris. With kind regards to all,
Yours,
Ernest Jones

[1] Maschinenschriftlicher Brief.

20.11.1927/W

[Briefkopf: Internationale Psychoanalytische Vereinigung][1]

Wien, am 20. November 27.

Liebe Freunde!
(Von meinem Vater diktierte Mitteilung):
Dieser Monat hat wenigstens eine gute Nachricht gebracht. Mit der Gemeinde Wien, die bekanntlich sozialistisch und nicht kulturfeindlich ist, unterhalten wir durch unser Mitglied Dr. Friedjung[2] gute Beziehungen. Die Stadt Wien hat uns nun, vertreten durch den Stadtrat, den Anatomen Tandler, ein Grund angewiesen, auf dem wir das Gebäude des psychoanalytischen Ambulatoriums aufrichten können. Für die Kenner der Lokalität sei bemerkt, daß dieser Grund sich am Ausgang der Berggasse gegen die Donau hin befindet, zwischen Kaserne, Tandelmarkt und Polizeidirektion. Er ist gegenwärtig ein von einem Gitter eingefaßter Rasenplatz. Die Formalitäten der Übernahme werden in der allernächsten Zeit erledigt werden. So sind wir also Grundbesitzer geworden. Wir haben aber, wie bekannt, kein Geld, um zu bauen und wollen daher ein zweites Wunder abwarten. Vielleicht bewährt sich die Regel von der Duplizität der seltenen Fälle. Wenn wir den Grund verkaufen dürften, kämen wir gewiss zu Geld. Aber das dürfen wir selbstverständlich nicht.[3]
Außerdem ist zu berichten, daß die monatlichen Diskussionsabende bei mir wieder begonnen haben und daß mein kleines Buch »Die Zukunft einer Illusion« bereits erschienen ist und die Aufmerksamkeit auf sich zu ziehen beginnt.

(Fortsetzung von mir):

---

[1] Maschinenschriftlicher Brief.

[2] Josef Friedjung (1871-1946), Kinderarzt und sozialdemokratischer Politiker. Bereits 1908 hatte Friedjung an der ersten internationalen Zusammenkunft der Psychoanalytiker in Salzburg teilgenommen. Seit 1909 Mitglied der WPV. Seit 1923 Stadtschulrat für Wien. Er überreichte gemeinsam mit dem Anatomieprofessor und Stadtrat Julius Tandler (1869-1936) am 6. Mai 1924 Freud das Bürgerdiplom der Stadt Wien. 1938 emigrierte er nach Palästina, vgl. Mühlleitner (1992), S. 109ff.

[3] Aus der Errichtung eines Gebäudes wurde nichts und das Ambulatorium blieb bis 1936 in der Pelikangasse 18.

Aus dem Lehrinstitut sind diesem Monat keine neuen Ereignisse zu berichten. In einer Geschäftssitzung der Vereinigung hat sich eine doch bemerkenswerte Diskussion abgespielt. Es handelte sich um das von nun an sogenannte »Aktionskomité«, das bisherige »Propagandakomité«, dem Hitschmann[4], Jokl[5] und Wittels vorstehen. Dieses Komité besteht zwar seit dem vorigen Jahre, hat aber bisher aus verschiedenen Gründen keine Tätigkeit ausgeübt und sich jetzt zum Beginn einer wirklichen Tätigkeit noch einmal die Erlaubnis der Vereinigung eingeholt. Viele Stimmen in der Vereinigung waren dafür, das Komité überhaupt wieder aufzulösen und nicht aus der bisher geübten Reserve herauszutreten, leider ist aber der Beschluß, von Seiten der Vereinigung aus der Art Propaganda- und Aufklärungstätigkeit zu gestatten doch mit einer Mehrheit von nur 2 Stimmen durchgedrungen. Hoffentlich wird dieses Komité nichts Übertriebenes anrichten.

Ad London: Storfer[6] wird sich auf meine Bitte hin noch einmal bemühen, etwas mehr Material über die Aussprüche Adlers zusammenzubekommen. Er hat mir versprochen, direkte Nachricht zu geben.

Mit besten Grüßen nach allen Seiten,

Anna Freud

---

[4] Eduard Hitschmann (1871–1957), Internist und seit 1905 Mitglied der »Mittwoch-Gesellschaft«. Wurde 1922 Leiter des Wiener psychoanalytischen Ambulatoriums und des Therapeutisch-technischen Seminars, vgl. RB Bd. 1, S. 32, Anm. 5.

[5] Robert Jokl (1890-1975), ungarischer Arzt, studierte u.a. bei Wagner-Jauregg und Pötzl in Wien und bei Bleuler in Zürich, der ihn mit Freud bekannt machte. Seit Herbst 1921 Mitglied der WPV, von 1925 bis 1932 deren Schriftführer. Nach 1946 war er mit August Aichhorn und Alfred Winterstein am Wiederaufbau der WPV beteiligt. 1947 emigrierte er in die USA, da er die »Grundbedingungen zum Leben und zur Arbeit« als jüdischer Verfolgter nicht wiederfand. Jokl starb 1975 in Los Angeles; vgl. Mühlleitner (1992), S. 173 f.; Roazen (1999), S. 125-147,, vgl. RB Bd. 2, S. 13, Anm. 22.

[6] Adolf Storfer (1888-1944), Journalist, Verleger und Schriftsteller. Zunächst Mitgl. der Budapester, dann der Wiener Vereinigung. Mitarbeiter im Internationalen Psychoanalytischen Verlag seit 1921, dessen Leitung er ab 1925 bis 1932 übernahm. Seine Geschäftsführung führte zu großen Problemen, so daß er aus dem Verlag ausscheiden mußte. 1938 Emigration nach Shanghai, wo er das Magazin *Die Gelbe Post* für Emigranten gründete. 1941 Übersiedlung nach Australien, vgl. RB Bd. 2, S. 20 Anm. 20.

25.11.1927/H

[ohne Briefkopf][1]

Prinsevinkenpark 5,
den 25. November 1927.

Liebe Freunde,
Aus unserer Gruppe gibt es nichts Wichtiges zu berichten. Die Vereinstätigkeit hat jetzt angefangen und es hat uns gefreut van Emden wieder unter uns zu haben. Ich berichtete an dieser ersten Sitzung über den Kongreß.
Wie ich schon einmal schrieb beschränkt sich die psa. Arbeit nicht auf unsre Gruppe allein. In der Leidener Vereinigung für Psa. Und Psychopathologie hielt unlängst Dr. Jelgersma, ein Neffe des Professors, einen recht interessanten Vortrag über Die Verdrängung des Kannibalismus im alten Ägypten. Ich habe ihn veranlaßt diesen Vortrag zu übersetzen für die Imago. In der Holländischen Neurologen Vereinigung hielt ich einen Vortrag über den Fetischismus - ältere und neuere Theorien, die neuste Publikation des Professors, Kasuistik. Morgen werde ich einige, hauptsächlich technische Probleme der Traumdeutung im Leidener Verein besprochen.
Ich gratuliere dem Wiener Verein zum neuen Besitz und werde für ein neues Wunder beten!
Der Gedanke uns im April in Paris zu treffen finde ich sehr schön - auch für den Fall ich nicht bei lebendigen Leibe dabei sein könnte.
Wer kann mir meine Frage wegen unserer russischen Gruppe beantworten?
Mit besten Grüßen an Sie alle
Ihr,

J. H. W. van Ophuijsen

Es interessiert Sie vielleicht zu erfahren, daß der französische Schriftsteller Edmond Jaloux[2] hier drei Vorträge über Marcel Proust gehalten hat und ihn und ce grand psychologue Freud als die besten Kenner der menschlichen Seele nebeneinander gestellt hat.

---

[1] Maschinenschriftlicher Brief.

[2] Edmond Jaloux (1878-1949), französischer Dichter. Er war einer der ersten, der die Bedeutung Marcel Prousts erkannt hatten.

[Handschriftlicher Zusatz:]
Herzliche Grüße an die Ihrigen!
Die Briefmarken dürften Bob[3] interessieren. vO

[3] Robert Burlingham (1915-1970), Sohn von Dorothy Burlingham, bei Anna Freud in Behandlung, , vgl. RB Bd. 4, S. 318, Anm. 2.

18.12.1927/Bp

[Briefkopf: Internationale Psychoanalytische Vereinigung][1]

Budapest, den 18. Dezember 1927.

Liebe Freunde!

Vor allem, herzliche Feiertagswünsche an alle Mitglieder des Komités. Als interessante Neuigkeit habe ich folgendes zu berichten: Die Prinzessin Marie von Griechenland schrieb mir, daß sie sich entschloss, für die Zwecke der angewandten Psychoanalyse, mit einer speziellen Bestimmung, eine größere Summe zur Verfügung zu stellen. Nach Rücksprache mit Prof. Freud über diesen Gegenstand, ersuchte sie mich, Dr. Róheim zu bestimmen, behufs psychoanalytischen Studiums des Seelenlebens der Primitiven, einige Jahre in den von ihm zu bestimmenden Ländern zu verbringen; sie ist bereit alle, gewiss nicht unerheblichen Spesen der Expedition allein zu tragen. Dr. Róheim hat freudig eingewilligt und steht bereits in unmittelbarem Briefverkehr mit der Prinzessin. Bei dieser Gelegenheit kann ich nicht umhin, nebst dieser Munifizenz, das ungewöhnliche wissenschaftliche Verständnis der Prinzessin in allen praktischen und theoretischen Fragen der Psychoanalyse hervorzuheben. Unlängst weilte sie einige Tage in Budapest und ihr Besuch bestärkte die überaus günstige Meinung, die ich schon früher von ihrer Begabung, Energie und ihrem Enthusiasmus erhielt.

Unsere Vereinigung arbeitet fleißig. Wir diskutierten sehr ausführlich das Werk von Alexander[2] und Reich.[3] Da wir dreimal monatlich

---

[1] Maschinenschriftlicher Brief.

[2] Franz Alexander (1891-1964), Psychiater, siedelte 1920 nach Berlin über, dort psychoanalytische Ausbildung. Im Herbst 1921 Mitarbeiter an der Poliklinik, ab 1923 als Mitglied der Berliner Vereinigung belegt. Ab 1924 als Dozent des Berliner Psychoanalytischen Instituts. Im Mai 1930 bekommt A. eine Einladung zum internationalen Psychohygiene-Kongreß nach Washington. Dem folgte eine Einladung als Gastprofessor nach Chicago. Auf seine Bitte hin wurde die Gastprofessur für Psychiatrie in eine für Psychoanalyse umgewandelt. Damit war er der erste amerikanische Professor für Psychoanalyse, vgl. RB Bd. 1, S. 13 Anm. 21.

[3] Wilhelm Reich (1897-1957). Studierte in Wien Medizin und beteiligte sich am Aufbau des von Otto Fenichel 1919 initiierten »Wiener Seminar für Sexuologie«. Dadurch lernt Reich auch Freud kennen. Im Jahre 1930 ging Reich nach Berlin, kurz davor war er Mitglied der Kommunistischen Partei geworden und hatte auch die Sowjetunion besucht. In Berlin gründete er den Deutschen Reichsverband für

zusammenkommen, ist außerdem genügend Zeit für Originalmitteilungen da. Die Abfallsgruppe der Psychoanalyse begann sich auch hier zu rühren. Der aus unserer Vereinigung hinausgeworfene Dr. Feldmann[4] hat eine Stekelsche »unabhängige« Gesellschaft gegründet. Dr. Máday[5] den auch Prof. Freud kennt, und der unlängst Privatdozent der Debrecener Universität wurde, gründete eine Adlersche Vereinigung. Beide Gruppen machen viel von sich zu reden. Ich muß demnächst, wenn auch nur vorsichtig, einige Worte über Feldmann in der medizinischen Öffentlichkeit fallen lassen.

Ich gratuliere herzlichst zu der unerwarteten Spende, die der Wiener Vereinigung vom Wiener Magistrat zuteil wurde. Vorläufig haben wir auf derlei Geschenke in Budapest nicht zu rechnen und wir werden wahrscheinlich in die eigenen Taschen greifen müssen, um ein kleines Ambulatorium eröffnen zu können. Dr. v. Felszeghy[6] ist das erste Opfer

---

proletarische Sexualpolitik (Sexpol) und den Verlag für Sexualpolitik. Er wurde Lehranalytiker am Berliner Psychoanalytischen Institut und Mitglied der Deutschen Psychoanalytischen Gesellschaft. 1933 emigrierte er über Kopenhagen und Malmö nach Oslo. 1939 siedelte er nach New York über und lehrte an der New School for Social Research. 1940 entwickelte er den Orgon-Akkumulator. Damit sollte Lebensenergie gespeichert werden, die man dann zu therapeutischen Zwecken wieder abgeben konnte. Reich wurde wegen des Verkaufs der Akkumulatoren zu zwei Jahren Gefängnis verurteilt und verstarb während der Haft; vgl. Reich (1975), Fallend (1988), Mühlleitner (1992), S. 257f., Reich (1989).

[4] Sándor Feldmann (1891-1973). Ungarischer Psychiater, der in den Monaten der Räteregierung von Ende März bis Anfang August 1919 für die Organisation von psychiatrischen Anstalten und die Reformarbeit auf dem Gebiet der Psychiatrie in Budapest zuständig war. Er gehörte später der Gruppe der »aktiven Analytiker« an, die sich in der Zeitschrift »Seelenforschung« als »Vereinigung Unabhängiger Ärztlicher Analytiker« darstellten - eine ungarische Sektion der von Stekel gegründeten Vereinigung. Feldmann soll »auf Freuds persönliche Anweisung zum Austritt« aus der Ungarischen Psychoanalytischen Vereinigung bewogen worden sein (1923). Feldmann publizierte u.a. über die Bedeutung von Gesten; vgl. u.a. Harmat (1988), S. 158; Nachruf in der *New York Times* vom 24.3.1973.

[5] István Máday (1879-1959), studierte zunächst Jura und dann Medizin. 1925 wurde er an der Universität Debrecen Privatdozent der Nervenklinik. 1927 gründete er den Verein für Individualpsychologie und befaßte sich besonders mit Kinderpsychologie, Pädagogik und Familienpflege, vgl. Harmat (1988), S. 147 f.

[6] Béla Felszeghy, Dr. jur., war Teilnehmer des Budapester Kongresses 1918. Zu dieser Zeit war er auch Privatsekretär des Nationalitätenministers in Budapest, vgl.

am Altar des neuesten Werkes von Prof. Freud (Das Ende* einer Illusion). Er hat seinen Austritt angemeldet. Ich denke, es werden anderswo auch noch mehrere Mitglieder folgen.
Eine solche Reinigungsarbeit ist uns aber gewiss nur nützlich.
In Amerika setzt man die Verfolgung der Laienanalytiker mit unverminderter Vehemenz fort. Wissenschaftlich scheint dort nicht viel vorzugehen.

[Handschriftlicher Zusatz:]

*interessantes Fehlschreiben! Herzliche Grüße

von Ferenczi

Wittenberger (1995), Freud (1992g), Bd. II/2, S. 190. Am 2. Dezember 1922 referierte er über »Die Wurzeln der ästhetischen Gefühle«, vgl. KB, IZP, 9(1923), S. 122.

19.12.1927/L

[Briefkopf: Internationale Psychoanalytische Vereinigung][1]

19th Dec. 1927.

Dear Friends,
At the last Society meeting Dr. Bryan reported a remarkable dream through which it was discovered that a series of thefts had been committed by the patient of which he had no conscious memory whatever. We shall publish the analysis of it in the »Journal".
One-third of the »Zukunft einer Illusion« is already translated and we hope that the book will appear pretty early in the New Year. I have just written a book on »Psycho-Analysis« in a popular series, which is due to appear in January, and am now engaged on an article on »Abnormal Psychology« for the Encyclopaedia Britannica.
A fortnight ago I read a paper before the Newcastle Literary and Philosophical Society on »Psycho-Analysis and the Artist« in which I ventured to sketch a psycho-analytical theory also of art itself.
The news of the ground for the Vienna Clinic is very gratifying and we all hope that it will be completed by the next essential step. Is the rumour true that the lay group in New York have sent a large sum of money to Vienna ?
It was gratifying to hear at last from Ferenczi and especially the news that the local situation is so bright.
Ad Vienna. You have doubtless by now taken over the editing of the Korrespondenzblatt. We should be grateful for any Society reports that have come in of late. I enclose a list of the last ones we have received.
With all good wishes for a pleasant Christmas and a happy New Year,
Yours always,
Ernest Jones.

---

[1] Maschinenschriftlicher Brief.

22.12.1927/W

[Briefkopf: Internationale Psychoanalytische Vereinigung][1]

Wien, am 22. XII. 1927.

Liebe Freunde!

Das Datum rechtfertigt unsere herzlichsten Wünsche zur Festzeit an alle unsere Freunde und Mitarbeiter. Wenn uns ein Rückblick auf das ablaufende Jahr gestatte ist, so wollen wir sagen, daß es uns viel Hoffnungsvolles, viel Zeichen von innerem Fortschritt, wenige Betrübendes gebracht und gute Hoffnungen für die Zukunft rechtfertigt. Wir haben aus unserer gegenwärtig frierenden Stadt sehr wenig zu berichten. Die diesmonatliche Zusammenkunft im Hause brachte eine von Reik eingeleitete Diskussion über die Zukunft einer Illusion. Reik war geistreich wie immer und schadete sich durch ein Prunken mit seinem Pessimismus, das er jetzt zur Schau trägt. Das Buch hat übrigens in der Wiener Öffentlichkeit wenig Aufmerksamkeit gefunden. Nach Angabe des Verlags sollen 1012 Exemplare abgesetzt sein.

Von Vereinigung und Lehrinstitut ist wenig zu berichten. Prinzessin Marie hat einen mit großem Beifall aufgenommenen Vortrag über Kopftrophäen gehalten und sich hiedurch als vollwichtiges Mitglied eingeführt. Sie ist vor einigen Tagen nach Paris abgereist. - Mit den Amerikanern gab es einen neuen Anstand, der wohl nicht sehr schwer zu nehmen ist. Ein Herr Libbin[2], gegen dessen Persönlichkeit berechtigte Einwände laut geworden waren, wurde doch seinerzeit vom Lehrinstitut aufgenommen, weil man so einen gemeinschädlichen Analytiker in einen gezähmten zu verwandeln hoffte. Das Lehrinstitut hielt sich nicht für berechtigt, einem Lernbegierigen den Unterricht zu verweigern. Libbin hat auch den vorgeschriebenen Kurs in der entsprechenden Zeit (2 Jahre) durchgemacht und sich zumindestens sehr eifrig erwiesen. Nach Amerika zurückgekehrt, hat er nicht versäumt, sich als Zögling des Wiener Lehrinstituts und sogar als persönlichen Schüler von Professor Freud, dazu von Adler und Jung zu annoncieren. Zum ersten war er wohl berechtigt, nicht

---

[1] Maschinenschriftlicher Brief.

[2] Thomas Libbin (1881-19??), Mitarbeiter von Smith Ely Jelliffe und Analysand von Jung. Er gründete gemeinsam mit seiner Frau Margret, David Brunswick und Marjorie Leonard die Los Angeles Psychoanalytic Study Group, die 1946 als eigenständiges Ausbildungsinstitut anerkannt wurde, Burnham (1983), S. 118ff.

so ganz zum andern Teil seiner nur für Amerika verlockenden Reklame. Dr. Oberndorf[3] hat hierüber an mehreren Stellen Beschwerde geführt. Auch wir bedauern diesen Ausgang, können uns aber nicht für das Benehmen unserer Zöglinge verantwortlich fühlen. An den Bedingungen des amerikanischen Geschäftslebens können wir nichts ändern, wir müssen uns damit trösten, daß der Mann, den man von der Analyse nicht abhalten konnte, wenigstens etwas gelernt hat.
Ad London: Das Gerücht, daß die amerikanische Gesellschaft einen Beitrag für den Bau des Wiener Ambulatoriums geschickt hat, ist genau so wahr - übrigens auch so glaubwürdig - wie das frühere Gerücht einer großen persönlichen Spende für Professor Freud. Es ist doch bemerkenswert, daß beide Nachrichten derselben Tendenz zu dienen scheinen, so daß man an eine gemeinsame Quelle denken könnte. Es braucht nicht gesagt zu werden, daß unser unleugbarer Wunsch, Geld aus Amerika zu beziehen, nicht gerade die Newyorker Ortsgruppe zum Spender wählen würde.

Prosit 1928!

Freud
Anna Freud

Ad London: Bisher sind nur zwei Gruppenberichte eingetroffen, von denen einer aber der ungeeigneten Abfassung wegen wieder zurückgehen mußte. Ich habe sie noch nicht urgiert, da die Berichte erst im übernächsten Heft der Zeitschrift erscheinen sollen und wir auf diese Weise das Ende dieses Quartals mit hineinbekommen können. Die detaillierte Aufforderung an alle Sekretäre geht deshalb in den nächsten Tagen ab, natürlich werde ich alles, was ich bekomme, gleich nach London weitergeben.

---

[3] Clarence Oberndorf (1882-1954), Gründungsmitglied der New Yorker Vereinigung. Einer der ersten amerikanischen Analytiker, der sich einer Lehranalyse, über die schon 1911 auf dem Kongreß in Weimar gesprochen wurde, unterzog.

30.12.19127/H

[ohne Briefkopf][1]

den 30. Dezember 1927.

Liebe Freunde,

es wird das Weihnachtsfest bei uns in Holland nur ausnahmsweise gefeiert und Weihnachtswünsche gibt es demzufolge auch nicht. Nach holländischer Gewohnheit wünsche ich Ihnen allen von ganzen Herzen »veel heil en zede in het Nieuwe Jaar!«

Von uns gibt es wenig zu berichten. Nennenswert ist nur eine Sitzung des Vereins für Neurologie und Psychiatrie, dessen Ehrenmitglied Prof. Freud ist, an der von acht Rednern die Klinik, die path[ologische] Anatomie, die Psychologie und die Erblichkeit der Schizophrenie besprochen wurden. Drei von den acht eingeladenen Rednern waren Mitglieder unserer Gruppe. Prof. K. H. Bouman[2] besprach die path. Anat. der Schizophrenie und seine Befunde geben ihm Anlaß darauf hinzuweisen, daß der Schwund jüngeren Parenchyms den Schizophrenen gewissermaßen dazu zwingt eine Regression zu machen, die er nur das ältere Gewebe zur Verfügung hat. Die Einladung van der Hoop[3]'s über die Psychologie der Schizophrenie brachte eine große Enttäuschung; er hat nicht verstanden die wesentlichen Punkte vorzubringen und die Bedeutung der psa. Auffassung für das Verständnis des Autismus, der Wahnbildung usw. klarzulegen. Reizend war dagegen die kurze Ausführung von Stärcke[4] über dasselbe Thema; er wird diese publizieren.

Ich nehme an, daß dieser Briefwechsel nicht nur der Berichterstattung, sondern auch dem Gedankenaustausch dienen soll. Ich fühle mich

[1] Maschinenschriftlicher Brief.

[2] Klaas Herman Bouman (1874-1947), holländischer Neurologe und Psychiater, Begründer der Bouman GGZ, die heute mit mehr als 850 Mitarbeitern die größte psychiatrische, auf Suchtprobleme spezialisierte Einrichtung in Holland ist, Stel (2010), S. 9.

[3] Johannes van der Hoop (1887-1950), holländischer Psychiater, Mitbegründer der Niederländischen Vereinigung für Psychotherapie, Roudinesco & Plon (2004), S. 609.

[4] August Stärcke (1880-1954), holländischer Psychiater, 1911-1917 Mitglied der Wiener, dann der Niederländischen Psychoanalytischen Vereinigung. Erhielt 1921 den Preis für den besten Beitrag zur ärztlichen Psychoanalyse für seine Arbeiten »Der Kastrationskomplex« und »Psychoanalyse und Psychiatrie«.

verpflichtet Stellung zunehmen zu dem Standpunkt, welchen Prof. Freud einnimmt in bezug auf die Libbin-Affäre. Zuerst muß ich sagen, daß die Holländer in einem ähnlichen Fall auch so reagieren würden, wie es die Amerikaner jetzt tun, wie ich schon am Kongreß gesagt habe (s. Protokoll, Korrespondenzblatt S. 25). Natürlich bin ich einverstanden mit der Auffassung, daß man sich für das Benehmen seiner Zöglinge im Allgemeinen nicht verantwortlich zu fühlen braucht. Es handelt sich hier jedoch um einen speziellen Fall, der beweist, wie richtig der diesbezügliche Antrag von Jones am Kongreß war. Das Spezielle an diesem Fall ist, daß das Wiener Institut zu mindest zwei Mal, wahrscheinlich jedoch öfter, vor der Zulassung des betreffenden Kandidaten von denjenigen, welche allein zu urteilen berechtigt waren, gewarnt worden ist. Das Wiener Institut trägt m. E. also die volle Verantwortung für die Schwierigkeiten, welche die amerikanischen Kollegen und für den Schaden, welche die Psychoanalyse in den V.S. (USA) durch den diplomierten Zögling erfahren und noch erfahren werden. Die Lernbegierigkeit eines Kandidaten allein ist doch gewiß nicht »die persönliche Eignung", welche wir von den Kandidaten verlangen müssen! Man möge mir verzeihen, wenn (ich) meine Meinung in einer etwas zu schroffen Weise sage. Ich bin der Überzeugung, daß (es) die Angelegenheit verdient, sehr ernst genommen zu werden; sonst hätte ich z. B. in einem vorigen Brief nicht gefragt, ob man sich nach den sich jetzt in Berlin befindenden amerikanischen Ausbildungskandidaten erkundigt hat. Man vergesse doch nie, daß nicht die Lehrinstitute, welche die Ausländer ausbilden, sondern die Kollegen im Ausland, wohin die Kandidaten zurückkehren, die Folgen einer unrichtigen Wahl zu spüren bekommen. Wenn diese ihren Teil der Verantwortung mitzutragen bekommen, werden sie sich gewiß nicht beklagen, falls mal eine Zulassung sich nachträglich als unrichtig erweisen soll. - Ich halte es auch für falsch das Benehmen der Amerikaner aus ihrem Widerstand gegen die Laienanalyse erklären zu wollen und ich bedauere, daß Freund Ferenczi die letzten Sätze seines Briefes geschrieben hat. Wenn wir konstruktiv arbeiten wollen, haben solche Äußerungen nur dann Bestand, wenn man Beweismaterial beibringen kann. Ich zitiere einige Sätze aus einem Brief Oberndorf's: »I myself am quite really to acknowledge the unfortunate anomaly in our attitude toward instruction of laymen. I appreciate that at this time we are compelled to withhold the best psychoanalytic advantages we could give from particularly acceptable laymen who do

not wish to practice therapeutic analysis. But as I see it, the whole scientific standing of analysis in this country depends on our exclusion of the vast number of dilettantes who are eager to play with it. However, I think, if you give us time, we will in the course of the next five years be able to work out some more favorable position toward acceptable laymen.« Mir scheint, man sollte diesen Standpunkt Vertrauen entgegen bringen; in der Entwicklung unserer guten Sache sind fünf Jahre eine kurze Zeit. (Auch für Holland rechne ich auf mehr wie zwei Jahre, sagen wir, bis zum übernächsten Kongreß!) Die Beschleunigung oder Abkürzung einer Analyse ist ja bis jetzt nur einem Stekel[5] gelungen!
Mit der Erinnerung an den letzten Kongreß bin ich nicht allzu optimistisch in bezug auf die Zukunft der I. P. V. Aber mit Geduld und Vorsicht wird eine solide Organisation doch möglich sein.
Mit meinen besten Grüßen an Sie alle

J. H. W. van Ophuijsen

[5] Wilhelm Stekel (1868-1940), Nervenarzt, Initiator der Wiener »Mittwoch-Gesellschaft« (1902). Vertrat nach dem Bruch mit Freud (1912) seine eigene Version der Psychoanalyse. Nach dem Nürnberger Kongreß (1910), auf dem *das Zentralblatt* gegründet wurde, traten verschiedene Unstimmigkeiten zwischen Freud und Stekel auf. Letzterer verließ die Psychoanalytischen Bewegung - nicht ohne den Versuch, als Schriftleiter (gemeinsam mit Adler) die von Freud herausgegebene Zeitschrift für sich zu beanspruchen. In einem Protokoll Federns werden die Vorgänge um Stekels Trennung festgehalten; vgl. Mühlleitner (1992), S. 320; Nitzschke (1992), Wittenberger (1995), S. 93f.

5.1.1928/Bp

[Briefkopf: Internationale Psychoanalytische Vereinigung][1]

Budapest, den 5. Januar 1928.

Liebe Freunde!
Ich will nicht einen Monat warten, ohne auf den unberechtigten Vorwurf unseres Freundes van Ophuijsen geantwortet zu haben. Ich halte meine Ansicht über die methodische Verfolgung der Laienanalyse in Amerika aufrecht. Aus mindestens zwei Gründen, die ich im folgenden anführe, mit der Bemerkung, daß ich das erste Argument vorläufig als private Mitteilung zu betrachten bitte.
1. Es wurden Tatsachen, die man in der Analyse erfuhr, gegen jemanden verwertet, resp. Anderen mitgeteilt, um sie als Mittel gegen die betreffende Person anzuwenden. Was würden wohl die ärztlichen Analytiker dazu sagen, wenn wir alles, was wir über sie in der Analyse erfuhren, aus welchem Grunde immer publizieren würden? In meiner psychoanalytischen Praxis war ich nur einmal in der Lage, den Rat Prof. Freuds in einer ähnlichen Angelegenheit einzuholen. Der betreffende Kollege trat aus der Vereinigung aus und treibt hier lebhafte Propaganda, trotzdem konnte und kann ich mich nicht entschließen, ihn zu entlarven. Der Schade, der dadurch der Verläßlichkeit unserer Analyse angetan würde, wäre viel zu groß. Dieselbe Schweigepflicht hindert mich daran, die den amerikanischen Fall betreffenden Namen zu nennen.
2. Die Amerikaner verfolgen die Laienanalytiker auf Grund des Quacksalbergesetzes und vergessen dabei, wie viele ärztliche analytische Quacksalber unter ihren Mitgliedern figurieren. Die große Mehrzahl der »American Association« ist überhaupt unausgebildet; vor nicht langer Zeit wurde auch in der New Yorker Gruppe ein Kollege aufgenommen, der nur eine kurze Ranksche Analyse durchmachte.[2]
Mit beten Grüßen an Alle

Ferenczi

[1] Maschinenschriftlicher Brief.
[2] Vgl. RB 4.1.1924/W, Bd. 4, 148ff.

11.1.1928/W

[ohne Briefkopf][1]

Wien, am 11. I. 1928.

Liebe Freunde!

Ich trete ausnahmsweise aus meiner Reserve heraus und versuche es, den Ausführungen von Ferenczi über die Libbin-Affaire zu sekundieren, mit ebenso großer Entschiedenheit, aber vielleicht mit weniger taktvoller Schonung.

Freund Ophuijsen übersieht einen Umstand. Wenn die Amerikaner nicht prinzipiell Gegner der Laienanalyse wären, würden wir bereitwillig ihre Auskünfte über die Kandidaten, die sich bei uns melden, suchen und berücksichtigen. Die Verhältnisse liegen aber so, daß wir sicher sind, in jedem Falle eines Laienkandidaten eine ungünstige Auskunft und eine verurteilende Einschätzung zu erhalten und darum hat es keinen Sinn, daß wir in irgendeinem Falle die Erkundigung durchführen. Was aber die Berechtigung zu solchen Abweisungen betrifft, so kann ich Ferenczi nur beistimmen, daß sie auf allen auch durchaus unerlaubten Wegen von den Amerikanern bekräftigt wird. Schließlich ist das moralische Niveau in Amerika überhaupt sehr niedrig. Die Glaubwürdigkeit der Nachreden ist nicht größer als die der Zeitungsnachrichten und ich bin sicher, wenn wir uns bei andern Personen über die Mitglieder der Gruppe selbst erkundigen würden, bekämen wir reichlich Auskünfte zu hören, die nicht viel schmeichelhafter wären als die der New Yorker Kollegen über die Kandidaten.

Aus persönlicher aber unverwertbarer Erfahrung müßte ich bestätigen, daß nicht alle diese Anwürfe so erfunden zu sein brauchten wie etwa die amerikanischen Zeitungsnachrichten mit mir u.s.w. Allerdings sei zugestanden, daß die Gruppenmitglieder keine Reklame machen. Sie dürfen es nicht. Aber ich habe den Eindruck, sie sind unerträglich stolz auf diese Enthaltung, so wie gewisse anständige Frauen auf ihre Tugend, weil ihre Bewahrung ihnen so schwer wird.

Ein zweiter Punkt, den ich Ophuijsen zu bedenken gebe. Wenn der Mr. Libbin sich in Amerika mit einer Reklame einführt, an der ein Beisatz von Lüge ist (nicht ganz erlogen) und die in ihrem Ensemble (Freud,

[1] Maschinenschriftlicher Brief.

Jung und Adler) nur dem urteillosen amerikanischen Publikum imponieren kann, so kann ich nicht finden, daß damit dem Lande oder der Wissenschaft oder den Patienten ein besonders großes Unheil zugefügt wurde. Das ist eben Amerika. Das Lehrinstitut, das die Gelegenheit ergriffen hat, einen ungeschulten Laien in einen halbwegs unterrichteten zu verwandeln, hat doch etwas Gutes getan, was sonst nicht geschehen wäre. Man halte sich vor, was die Absicht aller von den Amerikanern empfohlenen Prohibitivmaßregeln sein kann: doch nur, Leute von der Analyse abzuhalten, die nicht dazu tauglich sind. Diese Absicht versagt im Falle Libbin gänzlich, denn der Mann hatte bereits viele Jahre praktiziert und hätte diese Tätigkeit gewiß in keinem Falle aufgegeben. Zu seinen Gunsten bleibt bestehen, daß er eine bessere Basis für sich angestrebt hat.

Nichts für ungut!

Es bleibt unter uns.

Herzliche Grüße

Freud

16.1.1928/L

[Briefkopf: Internationale Psychoanalytische Vereinigung][1]

16th January 1928.

Dear Friends,

Psycho-Analysis is to be warmly and wholehearted congratulated on Princess Marie's munificent decision. When one sees how often money is squandered philanthropically one is inclined to compliment her as much on her intelligence as on her generosity. It is some time since we had such completely satisfying news.

Róheim will be in London this week and naturally we shall do everything we can to help him.

Everyone is working hard and the Society, Institute, etc. are functioning smoothly so that there is no special news from here. Glover is relieving me at the Clinic until April and I am utilising the respite to get some writing done.

Like van , I was taken aback at the complacency of the Viennese letter in regard to the Libbin matter, one of a series which is doing unquestionable harm to the cause of psycho-analysis in America as well as constituting an affront to our colleagues there. The animus towards these colleagues displayed by Professor Freud in his subsequent letter no doubt goes far to explain it, but it is all very unfortunate.

With greetings to all,

Yours,

Ernest Jones

[Handschriftlicher Zusatz:]

P.S. I hope the reprint of my Congress paper arrived safely.

[1] Maschinenschriftlicher Brief.

17.1.1928/B

[Briefkopf: Internationale Psychoanalytische Vereinigung][1]

Berlin, den 17. Jan. 28

~~R U N D B R I E F~~[2]

Liebe Freunde,
seit dem 10. ds. Wieder in der Arbeit wünsche ich allseits zum Jahreswechsel alles Gute.
Zunächst eine angenehme und jedenfalls sehr interessante Nachricht, daß sich in Sao Paolo in Brasilien eine Psychoanalytische Gesellschaft begründet hat, an deren Spitze dortige Universitätslehrer stehen und die nun beim Herrn Professor angefragt haben, unter welchen Bedingungen sie in die IPV aufgenommen werden könnten. Der Professor verwies sie an mich. Sobald sie an mich herantreten werden, werde ich Näheres über sie zu erfahren suchen.
Bei der Gelegenheit fällt mir ein, daß die Washingtoner Gruppe auf meine Mitteilung über die Stellungnahme des Kongresses zu ihrem Eintrittsgesuch noch nicht geantwortet hat. Hat vielleicht Freund Ferenczi seither Nachrichten von ihr gehabt?
In der Angelegenheit Libbin bin ich zunächst auch der Ansicht des Herrn Professor, daß bei der jetzigen Stellungnahme der Amerikaner zur Laienfrage eine vorherige Anfrage und Erkundigungen bei ihnen über eine Person, die kein ärztliches Diplom besitzt, außerordentlich erschwert ist, weil die Wahrscheinlichkeit so außerordentlich groß ist, daß man bei Menschen, die kein medizinisches Doktor-Diplom haben, auf jede Frage zur Antwort bekäme, daß sie »Libbins« seien. Andererseits muß ich doch meine vielleicht schon monomanisch oft geäußerte Ansicht wiederholen, daß man sich die Menschen, die man zur Ausbildung übernimmt, Ärzte wie Laien und Laien wie Ärzte, sich gar nicht genug ansehen können sollte, wer sich, fertig geworden, »allzu amerikanisch« benehmen wird.

---

[1] Maschinenschriftlicher Brief.
[2] So im Original.

Der Fall Libbin wird mir übrigens gute Gelegenheit sein, die Frage des Zulassungs- und Zeugniswesens mit dem Wiener Unterrichtsinstitut weiter zu besprechen.

Nun eine dritte, wenig angenehme Angelegenheit. Es betrifft die Schweiz. Wer von Ihnen die Beilagen nicht schon kennt, wird aus den beigelegten Kopien der Briefe Pfisters ersehen, was in der Schweizer Vereinigung vorgegangen ist. Oberholzer, der bekanntlich seit Jahren uns schon die größten Schwierigkeiten macht, jeden Kontakt mit der Schweizer Gruppe unmöglich machte, alle Anregungen, die von der Zentrale ausgegangen sind, sabotierte, hat schließlich auf den »Pfahl in seinem Fleisch« (Pfister), mit einer echt epileptischen Entladung reagiert und ist nun mit 9 weiteren ärztlichen Mitgliedern der Schweizer Vereinigung aus derselben ausgetreten, nachdem er etwa im November für 6 Monate die Leitung der Vereinigung dem Vice-Präsidenten Pfister übergeben hatte. Auf meine seinerzeitige private Anfrage nach den Gründen dieser Amtsniederlegung hatte ich von ihm keine Antwort erhalten. Daß Oberholzer in der Laienfrage in neurotischer Weise ambivalent ist und aus mir nicht klaren persönlichen Gründen die IPV perhorreszierte, war mir wie uns allen ja längst bekannt. Das geheime Rundschreiben, mit dem er in nicht leicht zu qualifizierender Weise für die Sezession Propaganda trieb, enthält aber Andeutungen, über die ich ihn um Aufklärung ersuchen werde, weil sie reichlich dunkel klingen: Die IPV enthalte Gefährliches, Kompromittierendes; hübsch klingt aus seinem Munde die Behauptung, daß »die IPV als Ganzes mit Psychoanalyse nicht durchweg zu identifizieren sei". Die Sezession gibt vor, in den Verband der IPV eintreten zu wollen, aber nur formal und in lockerem Zusammenhang, während er für uns alle bis jetzt eine Selbstverständlichkeit war, daß die Verbindung der Gruppen unter- und nebeneinander eine möglichst feste sein muß.

Ich habe Pfister kurz geantwortet, daß ich diese Vorgänge sehr bedauernd, es für eine sehr glückliche Idee halte, Dr. Sarasin[3], der so gut

---

[3] Philipp Sarasin (1888-1968, Schweizer Psychiater, Schüler Emil Kraepelins und Eugen Bleulers. Seinen ersten Kontakt mit der Psychoanalyse erfuhr er bei Franz Riklin 1915. Bei Hanns Sachs in Zürich begann er seine analytische Ausbildung. Von 1921 bis 1924 setzte er seine Ausbildung in Wien bei Freud fort. Als Emil Oberholzer 1929 mit einer Gruppe von Ärzten eine eigene Vereinigung gründete, blieb Sarasin als Vertreter der Laienanalyse in der Schweizer Gesellschaft für

geschult und der Sache treu ergeben ist, an O's Stelle das Präsidium anzubieten, daß ich hoffe und der Vereinigung wünsche, daß sie den erlittenen Schlag rasch und vollständig verwindet, und daß wir der Sezession selbst gegenüber zunächst keine andere Haltung einnehmen können als die des befremdeten Abwartens. Übrigens scheint mir, nach dem ich die Namen der Ausgetretenen gelesen habe, daß das Gewicht des Verlustes, den die Vereinigung erlitten hat, kein gar so großes ist. Odier[4] gehört ja sowieso auch der französischen Gruppe an, und einige Mißleitete unter den Urteilslosen der Sezession dürften den Weg zur alten Schweizer Vereinigung zurückfinden. Ohne mich jetzt schon festlegen zu wollen, muß ich sagen, daß ich für meine Person für den Fall, daß Oberholzer nichts besonderes Überzeugendes vorzubringen haben wird, keinen Anlaß sehen würde, ein eventuelles Aufnahmegesuch der Sezession auch nur provisorisch zu befürworten. Die Entscheidung bliebe ja wie in allen solchen Dingen beim Kongreß.
Alle herzlichst grüßend
Ihr ergebener

M. Eitingon

Psychoanalyse, deren Präsident er von 1928 bis 1960 war, vgl. Walser (1976), S. 1210; Mijolla (2005), S. 1520.

[4] Charles Odier (1886-1954), Schweizer Arzt, der sich bei Ophuijsen in Holland und Alexander in Berlin zum Psychoanalytiker ausbilden ließ. Von 1929 bis 1939 gehörte er der »Interventionstruppe« an, die den Aufbau der Société Psychoanalytique de Paris zusammen mit Marie Bonaparte bewerkstelligen sollte. Als er in die Schweiz übersiedelte, ließ er sich in Lausanne nieder, vgl. Roudinesco (1994), S. 396, Mijolla (2005), Bd. 2, S. 1155f.

21.1.1928/L

[Briefkopf: Internationale Psychoanalytische Vereinigung][1]

21st January 1928

Dear Friends,

I take this opportunity of exercising my Beirat functions by expressing my entire agreement with our President's attitude and conclusion in the unfortunate Swiss affair. There is no visible ground for our official recognising Oberholzer's private neurosis. Pfister appears to have behaved very correctly throughout and we can certainly trust his loyalty. The re-constitution of his group may have the advantage of bringing it into closer contact with the International. There is only one danger to avoid, which Eitingon will probably discuss with him, namely, that Pfister may attempt to compensate for the situation by reverting to his old preference of gathering large numbers of half-qualified people into the Society. It would evidently be wise to proceed very slowly at first with the enrolment of new members until the situation is clearer.

I do not find it fair to our American colleagues to assert that their honesty cannot be trusted in certain matters. I do not know at all the members there but I do know that there are some honest ones among them. Lay analysts from America fall broadly into three groups: (1) those [handschriftlich:] *previously* unknown to any analysts (2) those ~~professionally~~ [handschriftlich:] *previously** practising various forms of psychotherapy without having the faintest qualification of any kind to do so, i.e. people with a diminished sense of responsibility and (3) the similar group of these latter who have earned a bad odour through their sexual or financial misdemeanours. I should be surprised if any of the more responsible of our American colleagues would be unable to state honestly which these three groups a given candidate belongs to, and surely this information alone would be of some value.

Yours

Ernest Jones.

---

[1] Maschinenschriftlicher Brief.

22.1.1928/Bp

[Briefkopf: Internationale Psychoanalytische Vereinigung][1]

Budapest, den 22. Januar 1928,

Liebe Freunde,
Ich billige vollkommen die Art, in der Freund Eitingon die neueste Revolution in der Schweiz von unseren Standpunkt erledigte. Es ist charakteristisch, daß gerade jene Gruppen, in denen Ärzte so wenig leisten, so empfindlich in der Frage der Laienanalyse sind. Wer z. B. könnte die Arbeiten oder Leistungen zitieren, die Oberholzer dazu berechtigen würden, als Retter der gefährdeten analytischen Sache aufzutreten. Viel hat die Schweiz bis jetzt allerdings überhaupt nicht geleistet /seit den bemerkenswerten Anfängen Jungs/, doch das meiste, was wir ihnen verdanken, entstammt der ehrlichen propagandistischen Tätigkeit Pfisters. Es ist rührend, daß die Treue dieses ehrlichen Anhängers zu uns stärker ist als die Rücksicht auf seinen priesterlichen Beruf; auch durch das stark antireligiöse Buch des Professors läßt er sich anscheinend nicht abschrecken. Ich ziehe eine Vereinigung mit wenigen, aber arbeitswilligen und vom Kastengeist freien Ärzten, dem jetzigen Zustande vor, in dem man den Schein der Einheit mit faulen Kompromissen bezahlen muß. Ich wäre schon froh, wenn die Reihe der Abfälle rasch beendigt und man endlich zur ruhigen Arbeit zurückkehren könnte.
Mit herzlichen Grüßen

Ferenczi

[1] Maschinenschriftlicher Brief.

23.1.1928/H

[Briefkopf: Internationale Psychoanalytische Vereinigung][1]

den 23. Januar 1928.

Hochverehrter Herr Professor, liebe Freunde,

Ich habe noch nie vorher in dem Maß, wie in den letzten Wochen empfunden, wie schwierig es ist sich in einer fremden Sprache richtig auszudrücken und ich habe ernstlich daran gedacht meine Meinung über die amerikanische Angelegenheit nicht mehr schriftlich mitzuteilen, sondern abzuwarten, bis wir uns wieder treffen, weil man im Gespräch Vieles erläutern und ergänzen kann, was in einem Brief unmöglich ist. Ich will jedoch nochmals einen Versuch machen und, wie beim schreiben aller vorigen Rundbriefe, mir vorstellen, wir befänden uns zusammen in einer Sitzung des Vorstandes; ich darf hinzufügen, daß ich bei solcher Gelegenheit oft das Bild unseres unvergesslichen Freundes Karl Abraham vor Augen habe. Aus einer solchen Einstellung heraus schrieb ich auch meinen vorigen Rundbrief. Was ich an Freund Ferenczi schrieb, wäre im Gespräch eine »warnende Bemerkung« gewesen. Ich frage mich jetzt; warum und wieso wurde es zu einem »ungerechten Vorwurf"? Im Gespräch hätte ich gesagt: »Lieber Ferenczi, wenn wir als Vorstand zusammen sind, sollten Sie solche allgemeine Behauptungen nicht ohne Beweise aussprechen. Das nährt nur eine Stimmung, welche m. E. der Lösung der großen Schwierigkeiten, welche wir anstreben, ungünstig ist. Es steht einem selbstverständlich gänzlich frei zu meinen, daß die sämtlichen Mitglieder der amerikanischen Gruppen nichts taugen, und daß wir sie am besten los wären, aber es wäre ein Fehler in unserer Funktion als Vorstandsmitglieder diese persönliche Auffassung und nicht den Willen der I. P. V. gelten zu lassen.« Ich meine wirklich, daß solche Worte den Namen »warnende Bemerkung", nicht aber die Qualifikation »ungerechter Vorwurf« verdienen. Vielleicht täusche ich mich über die Absicht unserer Korrespondenz, vielleicht soll diese nicht die Vorstandssitzungen ein wenig ersetzen, hingegen nur Gelegenheit zur Äußerung persönlicher Meinungen bieten? Dann allerdings hätte ich geschwiegen, hätte ich schweigen müssen! Habe ich mich also geirrt, so bitte ich Herrn Professor Freud und Freund Ferenczi um Verzeihung. Für

[1] Maschinenschriftlicher Brief.

diesmal werde ich jedoch fortfahren, wie wenn ich mich nicht getäuscht hätte.
Ich habe von Freund Ferenczi nur verlangt, er möchte Beweise für seine Behauptungen anführen. In seinem Rundbrief vom 5. Januar bringt er nur zwei Argumente, welche ich näher betrachten will. Im Laufe dieser Betrachtung beantworte ich gleichzeitig die wichtigsten Punkte aus dem Rundbrief von Herrn Professor Freud.
Ad 1. »Es wurden Tatsachen, die man in der Analyse erfuhr, gegen jemanden verwertet, usw.« Gewiß ist das ein großer und unerlaubter Fehler, den ich genau so verurteile, wie Freund Ferenczi selbst. Aber ein solcher Fehler eines Amerikaners berechtigt nicht zu der Verurteilung sämtlicher Amerikaner, wie Ferenczi es im Dezember-Brief tat. Außerdem weiß Freund Ferenczi doch, daß so etwas auch bei uns in Europa passieren kann - es ist ja passiert! - ohne daß man deshalb daran denkt eine ganze Gruppe von Menschen zu verurteilen.
Ad 2. »Die Amerikaner verfolgen die Laienanalytiker auf Grund des Quacksalbergesetzes und vergessen dabei, wie viele ärztliche-analytische Quacksalber unter ihren Mitgliedern figurieren. Die große Mehrzahl der »American Association« ist überhaupt unausgebildet; vor nicht langer Zeit wurde auch in der New Yorker Gruppe ein Kollege aufgenommen, der nur eine kurze Ranksche Analyse durchmachte.«
Ich weiß nicht, wie die amerikanischen Ärzte die Laienanalytiker gibt es denn überhaupt in den V. S. mehrere richtig ausgebildete Laienanalytiker? - verfolgen. Falls sie es tun, ist es doch selbstverständlich, daß sie das Kurpfuschergesetzt dazu benützen. Wie soll man ihnen das zum Vorwurf machen? Keine wissenschaftliche, internationale Vereinigung darf seine Mitglieder zwingen den Gesetzen ihrer Länder ungehorsam zu sein oder ihnen verbieten sie zu gebrauchen. Die holländische Gruppe - in der ich in Bezug auf die Frage der Laienanalyse zur Minorität (2 : 14) gehöre - wird wahrscheinlich keinen Laienanalytiker verfolgen, d. h. beim Gericht anzeigen, solange er nicht Reklame macht (wie jetzt Herr Libbin getan hat). Macht er es, so wird sie gegen ihn einschreiten - wenigstens so darf ich annehmen - denn er vermehrt die Schwierigkeiten, gegen welche wir sowieso schon zu kämpfen haben. Es wäre vielleicht wünschenswert - obwohl nicht leicht durchführbar! - wenn alle Gruppen der I. P. V. nur solche Mitglieder zulassen würden, welche eine gründliche Ausbildung genossen hätten und außerdem eine besondere Begabung zeigten. Aber es sind tatsächlich die Gruppen in der

Aufnahme neuer Mitglieder vollständig frei und, wenn wir auch eine falsche Wahl in dieser Hinsicht bedauern müssen, so dürfen wir doch keinen Menschen daraus einen Vorwurf machen. Wir dürfen auch nicht vergessen, daß die Bedingungen zur Aufnahme erst in den letzten Jahren in den fortgeschrittenen Gruppen strenger geworden sind; kein Wunder, daß sie es in den weniger fortgeschrittenen Gruppen noch nicht sind, ja sogar noch nicht sein können! Wenn die Gruppen nur richtig ausgebildete Mitglieder haben dürften, so könnten wir sofort ganze Gruppen streichen, gewiß nicht nur die amerikanische! Ich meine, man sollte doch einige Jahre Geduld üben.

Abgesehen von den oben angeführten Gründen sprechen noch zwei sehr wichtige Tatsachen gegen das zweite Argument von Ferenczi.

Erstens ist für die I.P.V. die Frage der Laienanalyse überhaupt noch nicht erledigt; es ist jede Gruppe vollständig frei in der Ausarbeitung der (auf Anregung der Amerikaner und der Holländer modifizierten) Eitingon'schen Resolution.[2] Es ist außerdem noch eine offene Frage, ob der nächste Kongreß einen in dieser Hinsicht bindenden Beschluß fassen wird; von der Arbeit der Subkommission der I.U.K. hängt sehr Vieles ab. Ich bin geneigt gerade auf Grund der von Oberndorf vorgeschlagenen Modifikation der Eitingon'schen Resolution, dazu aber auch auf Grund des Bruchstückes eines Briefes Oberndorf's, welches ich in meinem vorigen Rundbrief zitierte, anzunehmen, daß die Amerikaner keine prinzipielle Gegner der Laienanalyse sind. Vorläufig sind sie gegen die rein therapeutische Laienanalyse; ich glaube aber einen Modus gefunden zu haben, welcher auch ihre Bedenken gegen diese Form der Laienanalyse wegnehmen würde. Aber wir wollen doch erst das Resultat der Arbeit der Subkommission abwarten, bevor wir hierauf eingehen. Wenn von prinzipieller Ablehnung der Laienanalyse die Rede sein soll, so könnte man den Ausdruck viel eher auf die

---

[2] Auf dem 10. IPV-Kongress in Innsbruck vom 1.–3.9. 1927, wurde die Laienanalyse kontrovers diskutiert. »Oberndorf verharrt(e) auf dem Standpunkt, daß die amerikanischen Gruppen angesichts ihrer Landesverhältnisse Laienkandidaten unter keinen Umständen zur Ausbildung (zu Therapeuten) zulassen können.« Eitingon, Radò, Ferenczi und Ròheim argumentierten dagegen. Eitingons Resolution wird mit einer Empfehlung der I.U.K. , dass kein „Kandidat einzig aus dem Grunde der fehlenden ärztlichen Qualifikation zurückzuweisen (sei), wenn derselbe eine besondere persönliche Eignung und eine entsprechende wissenschaftliche Vorbildung besitzt« angenommen. (IZP 1927, KB., 484.)

holländische Gruppe anwenden. Ich bin fast sicher, daß ich nicht alle Mitglieder von der Möglichkeit einer richtigen Organisation der Laienanalyse werde überzeugen können und es ist möglich, daß von der ganzen Gruppe nur ganz wenige treu bleiben werden, sobald die Frage überhaupt nur besprochen werden wird! Übrigens kann ich nicht unterlassen darauf hinzuweisen, daß die »prinzipielle Annahme der Laienanalyse dem Laienanalytiker auch nicht immer die Stütze und Hilfe verleiht, auf welche er Anspruch haben sollte (Fall Reik).[3]
Zweitens hat jeder das Recht zu behaupten, daß, wenn ein nichtausgebildeter Arzt, der trotzdem analysiert (es tun das sicher nicht alle Mitglieder der Gruppe), eigentlich ein Kurpfuscher ist - ich bin ganz damit einverstanden, fühle mich ja selbst hier und da wie ein Kurpfuscher! - der analytisch ausgebildete Laie, der nicht über genügende klinische - oder damit gleichzustellende - Erfahrungen verfügt, ebenfalls den Namen Kurpfuscher verdient. Das Material, auf welches man die Behandlung anwendet, soll man doch auch genau kennen! Ich kann diejenigen gut verstehen, welche behaupten, daß eine genügende klinische Erfahrung nur auf dem Wege des ärztlichen Studiums erreichbar ist - wenn man sieht, welche Bedingungen das Radó'sche[4] Ausbildungsschema dem

[3] Im Oktober 1924 Oktober hatte die Wiener Ärztekammer auf der Grundlage des Kurpfuschereigesetzes beim Wiener Magistrat Anzeige gegen den nicht-ärztlichen Analytiker Theodor Reik erstattet. Im Juli 1926 veröffentlicht Freud in der *Neuen Freien Presse* einen Artikel über „Dr. Reik und die Kurpfuschereifrage". Er hatte sich genötigt gesehen, noch vor der Veröffentlichung seines bereits im Druck befindlichen Buches *Die Frage der Laienanalyse* auch in der Presse Stellung zu nehmen, weil »der Reikprozess in sehr unangenehmer Weise durch alle Zeitungen« (Anna Freud an Eitingon, 15.7.1926) ging. Ende Mai 1927 hatte die Staatsanwaltschaft das Strafverfahren wegen gegen Reik ein. U.a. waren Freud, Julius Wagner-Jauregg und Alfred Adler zu Gutachten aufgefordert worden.

[4] Sándor Radó (1890-1972). Er hatte mit der Räteregierung zusammengearbeitet und emigrierte schließlich nach Berlin. Brill holte Radó im März 1931 zum Aufbau des New Yorker Instituts nach Amerika. Schon zu diesem frühen Zeitpunkt gab es Analytiker - darunter auch Radó - die politische Gründe für ihre Übersiedlung nach Amerika angaben. Radó konzipierte das New Yorker Institut nach dem Berliner Modell und prägte damit sowohl die institutionellen Strukturen als auch die nachfolgende Generation der Analytiker in starkem Maße. Er machte das Institut zu dem, was es bis heute ist: das älteste »angesehenste und anspruchsvollste der USA«. Über lange Zeit beherrschte Radó alle wichtigen Seminare und Vorlesungen, aber auf Grund seiner biologistischen Grundeinstellung entfremdete er sich bereits früh dem

zukünftigen, ärztlichen Analytiker stellt, bekommt man den Eindruck, daß auch eine Anzahl unserer Mitglieder dieser Meinung sind. Ich teile sie nicht, wie ich schon vor vielen Jahren ausgesprochen habe. Aber dem Mangel an klinischer Erfahrung - eine Gefahr für die Patienten - soll dadurch abgeholfen werden - und darin sind wir ja alle einig - daß in jedem Falle der Arzt Diagnose und Indikation stellt und die Behandlung überwacht. Aus dieser Bedingung leitet sich die Konsequenz ab, daß man keinen Laien ausbilden soll, der sie nicht erfüllen kann oder will; es gilt dies für solche Laien, welche in ihrem Lande entweder nicht auf die Hülfe von Ärzten rechnen können, oder von welchen man erwarten kann, daß sie dieselben nicht anrufen werden.

Alles in Allem glaube ich gezeigt zu haben, daß die Argumente, welche Freund Ferenczi angeführt hat, nicht beweisen, daß wir uns den amerikanischen Gruppen gegenüber anders verhalten sollten, wie den andern, wenig fortgeschrittenen Gruppen gegenüber; im Grunde liegt doch da unsre Meinungsverschiedenheit.

Nach Allem, was ich jetzt schon angeführt habe um meinen Standpunkt klar zu machen, brauche ich nur weniges hinzuzufügen, was ausschließlich die Bemerkungen von Herrn Professor Freud betrifft. Es handelt sich um den Spezialfall Libbin. Prof. Freud schreibt. »... so kann ich nicht finden, daß damit dem Lande oder der Wissenschaft oder den Patienten ein besonders großes Unheil zugefügt werde". Das finde ich auch nicht, aber das habe ich auch gar nicht behauptet! Ich schrieb nur über »die Schwierigkeiten, welche die amerikanischen Kollegen und den Schaden, welche die Psychoanalyse in den Ver[einigten] S[taaten]« durch den Fall erfahren werden. (Mit Psychoanalyse meinte ich psa. Bewegung). Und ich halte aufrecht, was ich darüber sagte; denn es ist ganz sicher, daß die Psychoanalyse und unsre amerikanischen Kollegen verantwortlich gemacht werden für das Benehmen des Herrn Libbin, trotz aller Versuche sich dagegen zu wehren. Daß die Kollegen dem Wiener Lehrinstitut dafür nicht dankbar sein werden ist m. E. vollkommen begreiflich. Ebenso, wie ich in meinem vorigen Rundbrief die Bemerkung

---

engeren Kreis um Freud. Ab 1944 verließ er die New Yorker Vereinigung und übernahm die Ausbildung der Analytiker an der Universität Columbia im College of Physicians and Surgeons; vgl. Harmat (1988), S. 246ff.; Vgl. Peters (1992), S. 101, Anm. 9; Peters, (1992), S. 125 ff.

machte, daß die Lernbegierigkeit eines Kandidaten nicht genügt, um ihn als »persönlich geeignet« zu betrachten, ebenso muß ich jetzt sagen, daß ich nicht verstehe, daß man einen Kandidaten für »tauglich« halten könnte, »weil er bereits viele Jahre praktiziert hat und diese Tätigkeit gewiß in keinem Falle aufgegeben hätte". Gewiß spricht es - wenigstens teilweise - für Mr. Libbin, daß er eingesehen hat, daß er eine gründliche Ausbildung brauchte. Darum handelt es sich aber nicht. Die Frage ist, ob man nicht durch seine Ausbildung dem Interesse eines einzelnen Menschen, das Interesse der amerikanischen Gruppen, vielleicht sogar der ganzen I. P. V. geopfert hat!

Ich habe Ihre Aufmerksamkeit reichlich lange in Anspruch genommen. Es mag sein, daß meine Meinung auf Irrtum oder Unwissenheit beruht. Aber ich hoffe doch wenigstens den Eindruck geweckt zu haben*, daß meine Bemerkungen nicht mehr als Vorwurf oder Anfall aufgefaßt werden.

Von hier ist nichts Neues zu berichten. Wir hielten unsre Jahresversammlung; derselbe Vorstand wurde wieder gewählt.

Mit den besten Grüßen an alle

Ihr

J. H. W. van Ophuijsen

[Handschriftlicher Zusatz:]

* daß ich nur das Gedeihen der I.P.V. im Auge habe und erreicht zu haben,

24.1.1928/W

[ohne Briefkopf][1]

Von meinem Vater diktiert.[2]

Wien, am 24. Januar 1928

Liebe Freunde!

Wir finden es bedauerlich, daß Jones und Ophuijsen sich über die Affaire des Mr. Libbin noch nicht beruhigen können. Wir meinen, solange sich seine Untaten darauf beschränken, in Amerika etwas lügenhafte Reklame zu betreiben, ist kein Grund, die Sache tragisch zu nehmen. Die Verhältnisse in Amerika sind doch niemanden unbekannt und das Urteil Ferenczis, der sie durch längere Zeit aus der Nähe beobachten konnte, sollte doch für uns sehr ins Gewicht fallen.[3]

Die neue Schweizer Affaire scheint durch das loyale Benehmen von Pfister, Sarasin und anderen an ihrer Bedeutung sehr zu verlieren. Wir können uns nur der Ansicht anschließen, daß die Anerkennung des Oberholzer-Vereins sowohl mit den Statuten als auch mit den Intentionen unserer Internationalen unvereinbar ist. Ich erhielt heute einen ersten Brief von Dr. Brun[4], der mit der Versicherung anfängt, daß sie weder einen Abfall von »mir“, noch von der psychoanalytischen Wissenschaft beabsichtigen. Wenn das aufrichtig ist, macht es die Sache nicht viel klarer. Es verträgt sich aber schlecht mit dem Programmpunkt der bloß formalen Zugehörigkeit.

Zur Erholung von unseren Beschwerden über Nordamerika möchte ich unsere Blicke auf das lateinische Südamerika richten. Vor einigen Wochen erhielten wir die Anzeige, daß sich in S. Paolo unter den Vorsitz des dortigen Psychiaters eine Gesellschaft gebildet hat, welche den vollen Anschluß an unsere Internationale anstreben wird. Vor einigen Tagen erfreute mich ein sehr sympathischer Brief eines Professors der

[1] Maschinenschriftlicher Brief.

[2] Handschriftliche Notiz oben links.

[3] Ferenczis war vom 5.10.1926 bis 2.6.1927 in Amerika, vgl. Harmat (1988), S. 86-92.

[4] Rudolf Brun (1885-1969), Schweizer Arzt, war Assistent bei Constantin von Monakow und Schüler Auguste Forels. 1916 begann er, sich für die Psychoanalyse zu interessieren, Aeschlimann (1980).

Universität von Rio, namens Porto-Carrero[5], der von seinen theoretischen und praktischen Bemühungen um die Analyse berichtet und zwei analytische Publikationen (leider in portugiesischer Sprache) zur Bekräftigung beilegt. Ich werde den Briefverkehr mit unseren neuen Arbeitsgenossen aufrecht halten.

Mit herzlichen Grüßen nach allen Seiten

Freud
Anna Freud

[5] Julio Porto-Carrero (1887-1937), brasilianischer Psychiater und Gründer der Brasilianischen Psychoanalytischen Vereinigung, Mijolla (2005), S. 1295.

15.2.1928/L
[Briefkopf: Internationale Psychoanalytische Vereinigung][1]

15th Feb. 1928.

Dear Friends,
Professor's news from South America is certainly very gratifying, but I am afraid I do not know anyone who is conversant with Portuguese. Is it known which of Professor's works have been translated into that language?
Róheim gave a brilliant address before our Society at the last meeting, one which he had previously delivered in Budapest, drawing many interesting parallels between individual development and the stages in cultural development. He is very popular here and made a good impression on us all. He struck me as being much more mature than previously, doubtless due to his analysis having been completed. I think he got a good deal of help in England for his expedition, the plans for which he is tackling in an excellent manner.
I am sorry to report that Flournoy, who is a good fellow, recently had a distinctly neurotic outburst with me over a trivial question in regard to the publication of an article of his in the »Journal« having been unavoidably delayed.
I have finished my long article for the new edition of the Encyclopaedia -Britannica. It is gratifying to think that the first time the subject of »Abnormal Psychology« is being dealt with there the matter is presented entirely from our side. I have also just completed a Memorandum for the Committee on Psycho-Analysis of the British Medical Association and will circulate among you copies of it in a few days' time. The translation of the »Zukunft einer Illusion« is practically finished and we are starting this week to revise it.
I assume that our arrangements for the Council meeting in Paris on April 23rd are accepted, although I have only had partial confirmation. Presumably the main business will be that of the Training Commission and the inquiry which it was instructed to carry out, but there are other matters, e.g. the Swiss affair, which it would be better to discuss personally.
With kindest regards to all,

Ernest Jones.

[1] Maschinenschriftlicher Brief.

16.2.1928/B

[Briefkopf: Internationale Psychoanalytische Vereinigung][1]

Berlin, den 16. Febr. 28

Liebe Freunde,

wie sich sehr bald vermuten ließ, ist die Schweizer Affäre glücklicher verlaufen als ihr stürmischer und palastrevolutionärer Beginn anzuzeigen schien. Die Verhältnisse erscheinen zunächst konsolidiert, die Gefahr, welche eine übrigens auch in der Schweiz selbst unmögliche Präsidentschaft Pfisters für die Gesellschaft gebracht hätte, sind ja sofort dadurch abgemindert worden, daß Sarasin das Präsidium übernahm und Pfister nur dem weiteren Vorstand angehört. Nach Entfernung Oberholzer's ist die Konstituierung eines Unterrichtsauschußes möglich geworden, welcher das Lehren der Analyse und möglichst auch das Auftreten von Analytikern in der Öffentlichkeit kontrollieren soll, wie es auch in anderen Gruppen geschieht, oder zumindest beabsichtigt ist. Auf diesem Wege wird es bei taktvollem Vorgehen sicherlich möglich sein, die Auswirkungen von Pfisters arg kritiklosem öffentlichen Auftreten resp. Letzteres selbst allmählich einzuschränken. Aus den beigelegten zwei Berichten[2] werden Sie, sofern diese Ihnen nicht schon bekannt sind, ersehen, welch guter Wille, mit den anderen Gruppen zusammen zu arbeiten und welche Anhänglichkeit an die IPV aus der nun bereinigten Schweizer psychoanalytischen Gruppen spricht. Ich hatte am Ende der vorletzten Woche anläßlich eines Weekend-Aufenthaltes in Wien, bei welchem ich zu meiner großen Freude Herrn Professor wieder in sehr gutem Zustand angetroffen habe, Gelegenheit Frau Oberholzer, die gerade in Wien war, um den Herrn Professor gegenüber das Vorgehen ihres Mannes zu verteidigen, zu sehen und zu hören, und wir alle fanden (Freund Ferenczi war auch gerade dort), daß alle Plaidoyers der doch sonst klugen Frau das Verhalten O(berholzer's) immer wieder als das erscheinen ließen, was uns allen ziemlich klar gewesen ist, eben als das eines ganz untraitablen Neurotikers. Mit ihm sind im ganzen 9 Ärzte aus der Schweizerischen Vereinigung ausgetreten, die meisten ganz

---

[1] Maschinenschriftlicher Brief.

[2] „Von der Gründung einer ‚Schweizerischen Ärztegesellschaft für Psychoanalyse' wird Kenntnis genommen, dem Kollektivaustritt der ihr angehörenden Mitglieder wird Genehmigung erteilt". KB. I. Quartal 1928, IZP, 1928 Bd. 14, S. 432.

unbedeutende und uns allen wohl unbekannte Namen; schade ist es ja schließlich nur um Oberholzer und seine Frau[3] und wahrscheinlich auch um den Dr. Brun. Man kann wohl kaum einer anderen Meinung sein, daß wir in absehbarer Zeit gar keine Möglichkeit haben, der Sezession auf eventuelle Wünsche, der IPV auf irgend eine neue Weise und in neuer Form anzugehören, anders als mit Vorhaltung unserer Statuten entgegenzutreten. Wenn man bei dem kaum zu beeinflussenden Oberholzer - vielleicht hat Herr Professor ihm, der nach Wien kommen wollte, inzwischen schon gesehen - irgend etwas ausrichten könnte, so würde ich einen Weg sehen, auf dem er vielleicht zur alten Vereinigung zurückfinden könnte: ich würde vorschlagen, daß er, der als Präsident im Umgang mit uns allen so völlig versagt hat, nun die Leitung des Unterrichtswesens in der Schweiz übernimmt, in welcher Sache er ja auch bisher das meiste, wenn nicht alles allein dort geleistet hat. So könnte er ja auch, wie schon eingangs angedeutet, manches mäßigen, woran er im Laufe der Jahre immer kränker, d. h. immer verrückter geworden ist, nämlich Pfisters Auftreten und vielleicht das noch ähnlicher Menschen, von denen wir übrigens nichts wissen. Doch ist es wohl andererseits auch mehr als wahrscheinlich, daß er aus nicht ganz durchsichtigen Gründen so viel gegen die IPV hat, daß dafür kaum ein Beschwichtigungsmittel zu finden sein wird.
Die aus Anlaß des Falles Libbin aufgerollten Fragen können wir wohl einstweilen noch vertagen, bis die Resultate der Arbeit der eben erwähnten Subkommission der I.U.K. vorliegen. Es hat mich sehr interessiert zu hören, daß Freund Ophuijsen einen Modus gefunden zu haben glaubt, welcher der Amerikaner Bedenken gegen die therapeutische Form der Laien-Analyse zu beseitigen helfen könnte. Sobald obige Subkommission weiter sein wird, werden wir uns mit ihm in Verbindung setzen. Ich glaube aber, daß wir uns jetzt schon vornehmen können, über die prinzipielle Stellungnahme zur Laienanalyse keine bindenden Beschlüsse des nächsten Kongresses herbei führen zu wollen.
Am 21. Vor[igen] M[ona]ts fand die Generalversammlung der Berliner Vereinigung statt. Es ist alles sehr gut und friedlich abgelaufen, alle alten Funktionäre sind wieder gewählt worden; lebhaftere Diskussionen gab es nur anläßlich meines Berichtes über die innere Arbeit des Instituts. Das innere Leben unserer Vereinigung ist bewegt, nach außen tritt sie

[3] Mira Oberholzer geb. Gincburg (1884-1949), vgl. Planta (2006), Planta (2010).

weniger hervor, trotz des sehr deutlichen Interesses unserer wissenschaftlichen Umwelt für die Vereinigung als Vertreterin der Psychoanalyse. Die Einigungsbestrebungen der Psychotherapeuten in Deutschland, die seit den beiden psychotherapeutischen Kongressen in Baden-Baden und Homburg (Frühjahr 1926 und 27) immer deutlicher werden, verhalten sich, wie zu erwarten war, zur Psychoanalyse mit deutlicher und an Symptomhandlungen sehr reicher Ambivalenz. Auf dem im April stattfindenden dritten Kongreß dieser Psychotherapeuten, der dieses Mal im Zeichen der »Individual-Psychologie« stehen wird, wird ein jüngeres Mitglied unserer Vereinigung, Schultz-Hencke[4], vom psychoanalytischen Standpunkt kritisch zu Adler Stellung nehmen. Außerdem wird Radó, Sándor dort sprechen und zwar über ein rein psychoanalytisches Thema. So pessimistisch wie wir diese psychotherapeutischen Einigungsbestrebungen betrachten müssen, halten wir es doch für zweckmäßig, diese Plattform zu nützen, so lange sie überhaupt nur irgend erträglich bleibt.

Mit besten Grüßen an alle

Ihr

M. Eitingon

Anlagen[5]

---

[4] Harald Schultz-Hencke (1892-1953), Psychiater, seit 1925 Mitglied der DPG in Berlin, wo er auch Dozent - und mit Fenichel - Organisator des »Berliner Kinderseminars« war. Nach der Machtergreifung der Nazis wurde seine Einstellung zur Psychoanalyse zunehmend kritisch, und schließlich entwickelte er im Rahmen des »Deutschen Instituts für psychologische Forschung und Psychotherapie« unter Leitung von Matthias Heinrich Göring eine eigene Psychotherapielehre; vgl. Thomä (1963), Brecht (1985), Lockot (1985), Roudinesco & Plon (2004), S. 911f.

[5] Nicht erhalten.

23.2.1928/W

[ohne Briefkopf][1]

Wien, am 23. Februar 1928.

Liebe Freunde!

Heute schreibe ich den Brief, mein Vater findet, es ist sehr wenig vorgegangen, mit Ausnahme der Schweizer Angelegenheit, in der er aber selbst schon zahlreiche Briefe geschrieben hat.

Ad London: Von den Brasilianern scheint eine ganze Anzahl Deutsch zu verstehen. Die Briefe, die von dort kommen, sind zum Teil deutsch, zum Teil französisch. Es geht aus den Briefen hervor, daß man dort die französischen Übersetzungen liest.

Bei meinem Vater ist in den letzten Tagen eine Arbeit Pfisters eingetroffen, die in der Imago erscheinen soll. Sie ist eine liebenswürdige Entgegnung auf die »Zukunft einer Illusion«.[2]

Hier in Wien macht in den letzten Tagen die Anwesenheit von Jung einiges Aufsehen. Er hat einen öffentlichen Vortrag gehalten, der in den Zeitungen sehr viel besprochen wurde.

Die Überlassung des Baugrundes für das Wiener Ambulatorium hat noch eine kleine amtliche Verzögerung erfahren, die aber bald überwunden sein soll.

Ich fahre übermorgen auf Einladung von Dr. Ferenczi für einen Tag nach Budapest, um in der dortigen Vereinigung einen Vortrag über meine Form der Kinderanalyse zu halten.

Mit herzlichen Grüßen nach allen Seiten

[Anna Freud][3]

---

[1] Maschinenschriftlicher Brief.

[2] Pfister (1928).

[3] Die im BIPA erhalten Kopie trägt keine Unterschrift.

29.2.1928/Bp

[ohne Briefkopf][1]

Budapest, den 29sten Februar 28

Liebe Freunde:
Morgen, 30sten September, trete ich meinen, diesjährigen, stark herbstlich gewordenen Ferien an. Da die Berliner Zusammenkunft, mit Rücksicht auf anderweitige Belastung des Herrn Professor's, abgesagt wurde, reisen wir, unseren ursprünglichen Plane entsprechend, direkte nach Madrid, dann nach Sevilla und Granada. Briefe können mich durch die Adresse: Hotel Florida, Madrid, Calle di Carmen, erreichen. Es würde mich freuen gelegentlich ein Lebens-Zeichen zu erhalten.
Mit herzlichen Grüßen
S. Ferenczi

P.S. In Budapest wird mich, in meiner Abwesenheit, unser Secretär, Dr. Hermann vertreten.

[1] Maschinenschriftlicher Brief.

14.3.1928/B
[Briefkopf: Internationale Psychoanalytische Vereinigung][1]

Berlin, den 14. März 28

Liebe Freunde,
man kann auf die Ereignisse dieses Monats nicht eingehen, ohne Freund Ernest noch einmal unseres tiefst gefühlten Beileides aus Anlaß des schweren Verlustes, den er erlitten hat, zu versichern. Ich, der ich in den Wochen, in welchen die Kleine so schwer mit dem Tode gerungen hat, davon gewußt habe, kann ermessen, wie Ernest mit der ihm eigenen Fassung die Situation getragen hat, und hoffe mit Euch, daß die Zeit inzwischen ihre lindernde Wirkung zu äußern begonnen hat.[2]
Einigen von Euch habe ich eine Kopie meiner Antwort auf das Aufnahmegesuch der Schweizer gesandt. Ernest und Sándor bekommen sie als Beilage zum jetzigen Rundbrief. Ich hatte jener Gelegenheit Oberholzer noch persönlich geschrieben und mich schließlich auch bereit erklärt, mit ihm ~~persönlich~~ mündlich zu verhandeln. Ich habe bis jetzt noch keine Antwort von ihm und weiß nicht, ob ich nicht vielleicht ein zu geringes Maß von Werben um ihn an den Tag gelegt habe. Wie ich Herrn Professor schon privat geschrieben habe, hatte sich Pfister an mich gewandt mit der Anfrage, wie er sich zu Oberholzers Anklagen verhalten soll, ob er etwa auf Grund derselben eine Untersuchung gegen sich durch den neuen Vorstand der alten Schweizer Vereinigung einleiten lassen sollte. Ich konnte ihm natürlich nicht dazu raten sondern habe selbst versucht, ihm die persönlichen Vorwürfe, die Oberholzer ihm - ebenso mit Recht wie auf falschem Wege - macht, darzustellen, ihm zugleich zeigend, welche Möglichkeiten bestanden hätten, diese Zusammenstöße schon in der Vergangenheit zu vermeiden und wie sie für die Zukunft zu vermeiden sind. Der neue Vorstand der Schweizer Vereinigung wird in den Ostertagen nach Berlin kommen.
Im Zusammenhang mit den Arbeiten der Kommission, die im Auftrag des Kongresses die Entwürfe über die internationale Regelung der Zulassungs- und Ausbildungsbedingungen auszuarbeiten hat, beschäftigt

---

[1] Maschinenschriftlicher Brief.

[2] Jones' Tochter Gwenith (1920-1928) war Anfang März nach einer Lungenentzündung gestorben, vgl. Freud (1993e), S. 641f.

uns hier in der letzten Zeit besonders die Frage der psychoanalytischen Ausbildungsmöglichkeiten der Pädagogen.
Wir freuen uns nun sehr, Freund Anna aus Anlaß eines Referates darüber von Bernfeld am Sonnabend, den 24., für als Referentin bei uns zu sehen und zu hören.[3]
Mit herzlichsten Grüßen allerseits

M. Eitingon

---

[3] Diese Veranstaltung hat wohl erst am 12. Mai 1928 stattgefunden, vgl. IZP Bd. 14. KB. S. 564, DPG II. Quartal 1928.

18.3.1928/H

[ohne Briefkopf][1]

Prinsevinkenpark 5
den 18. März 1928.

Liebe Freunde,
im Verlauf des vorigen Monates hatte ich wenig Anlaß einen Rundbrief zu schreiben. Heute habe ich etwas mehr Material, meistens geschäftlicher Natur.

Die Schweizer Angelegenheit: Ich erhielt auf Eitingon's Veranlassung hin ein Exemplar des Memorandums Oberholzer's und habe es inzwischen an Jones weitergeschickt.[2] Nachdem ich es durchstudiert habe, glaube ich mich ganz und gar vereinigen zu können mit dem Satz in dem Rundbrief Eitingon's d. M., welcher sagt: »ebenso mit Recht, wie auf falschen Wege.« Ich meine, daß man diesen Satz auf die ganze Angelegenheit beziehen könnte, nicht nur in soweit Pfr. Pfister damit zu tun hat. Der »falsche Weg« ist natürlich in der I.P.V. unzulässig.

Aus den mir zugeschickten Mitgliederverzeichnissen geht hervor, daß die Genfer Kollegen sich der französischen Gruppe angeschlossen haben.[3] Hoffentlich ist das in der vorgeschriebenen Weise geschehen, damit daraus später nicht wieder Schwierigkeiten entstehen. Ich habe die Vorstände auf die betreffenden Artikel aufmerksam gemacht, aber habe seitdem nichts mehr darüber erfahren.

Vorstandsversammlung in Paris: Aus dem vorigen Rundbrief von Freund Jones geht hervor, daß er annimmt, daß tatsächlich eine Zusammenkunft am 23 April stattfinden wird. Haben denn Sie, anderen Freunde schon zustimmend auf Jones' Vorschlag geantwortet? Ich bitte um Auskunft! Mir wäre einer der Ostertage lieber gewesen, aber wenn es nicht anders geht, so will ich versuchen hinzukommen. Nur frage ich mich:

[1] Maschinenschriftlicher Brief.

[2] Emil Oberholzer war gegen die Laienanalyse und hatte deshalb am 7. Januar 1928 eine »Schweizerische Ärztegesellschaft für Psychoanalyse« gegründet. Vermutlich geht es in dem Memorandum darum. Die neugegründete Gesellschaft wurde von der IPA nicht anerkannt wurde, vgl. auch Roudinesco & Plon (2004), S. 733, 913-915.

[3] D.h. Charles Odier und Raymond de Saussure.

warum nicht lieber am 22/IV., also an einem Sonntag, an dem man sowieso wenig unternehmen kann?
Jahresbeiträge der Gruppen: Aus dem Kontoauszug per 1/III, welchen Storfer mir auf meinem Wunsche schickte geht hervor, daß bis dahin nur die Britische Gruppe ihren Jahresbeitrag, bis auf einen ganz kleinen Rest bezahlt hatte. Inzwischen hat die franz(ösische) Gruppe einen Teil ihres Beitrages und die holl(ändische) Gruppe ihren ganzen Jahresbeitrag (also Abonnements inbegriffen) bezahlt. Nun weiß ich nicht sicher, ob Storfer in seiner Buchführung Rechnung getragen hat mit der Tatsache, daß auch die Abonnements - insofern sie verpflichtet sind - dem Zentralkassenwart bezahlt werden müssen. Ich habe ihn darauf aufmerksam gemacht und wenn er es getan hat, so ergibt sich daraus Folgendes: Deutschland - nichts bezahlt; Ungarn - nichts bezahlt; Wien - ist noch einen Teil der Jahresbeiträge des vorigen Jahres schuldig und hat über 1928 nichts gezahlt; außerdem antwortet der Kassenwart[4] überhaupt nicht auf eine Anfrage um ein neues Mitgliederverzeichnis; Schweiz, Russland, Amerika, Indien - nichts bezahlt.
Die I. P. V. braucht die eigentlichen Jahresbeiträge natürlich momentan gar nicht, aber ich nehme an, daß es im Verlag sehr angenehm wäre, über den Betrag der Abonnements der offiziellen Zeitschriften verfügen zu können. Ich bitte Sie also alle um Ihre Mitarbeit in dieser Angelegenheit.
Wie gesagt, es ist möglich, daß Storfer in seiner Buchführung der Einfachheit halber der neuen Bestimmung nicht Rechnung getragen hat und daß doch einige Gruppen die Abonnements schon bezahlt haben. Dann bitte ich das Obenstehende als nicht geschrieben zu betrachten.
Die holl(ändische) Gruppe: In unserer Gruppe geht, wie ich schon öfter sagte, wenig vor. Draußen aber umsomehr. Es ist die Aussicht da, daß ein zweiter Privatdozent ernannt werden wird, der Psa. Lesen wird, diesmal an der Amsterdamer Universität. Leider gehört auch dieser Kollege - diesmal ein Mitglied unserer Gruppe - nicht zu denjenigen, welche ich zu den Besten und Zuverlässigsten rechne, aber er hat Ehrgeiz und Geld und kann sich Einiges leisten, was uns Andern versagt ist. Jedenfalls wird eine große Anzahl Mediziner wiederum von der Psa. Hören und so damit ist schon etwas erreicht.

[4] Richard Nepallek (1864-1940), seit 1910 Mitglied der WPV, Mühlleitner (1992), S. 232.

Unsere Bibliothek befindet sich in der Bibliothek der Amsterdamer psychiatrischen Klinik und wird viel gelesen. Leider haben wir vor zwei Jahren den Ankauf neuer Bücher aufgeben müssen, weil unsere Kasse leer ist! Aber ich frage mich, ob es nicht möglich wäre, daß die Verleger analytischer Bücher und Zeitschriften uns ihre Produkte kostenlos zur Verfügung stellen würden. Das immer wechselnde Publikum, welches die Bibliothek besucht, wird gewiß und in zunehmenden Maße einen nicht zu unterschätzenden Prozentsatz von Büchern Käufern liefern.
Es bleibt eine verhältnismäßig sehr große holl(ändische) Literatur über Psa. Sobald ich etwas mehr Zeit habe, werde ich eine Liste der Publikationen zusammenstellen (ein Exemplar für Dr. Rickman[5]). Die »Zukunft einer Illusion« hat bis jetzt wenige Widerstände wachgerufen. Nur scheint, daß ein Freund der Psa. Namens Dr. jur. H. Giltay[6], der immer über Psa. in »De Groene Amsterdamer« geschrieben hat, sich jetzt von ihr abzuwenden anfängt.
Schließlich eine Frage an Freund Eitingon: kann es sein, daß in Berlin eine Frau van der Hoeve[7] geb. Vermunt am Institut ausgebildet wird oder worden ist?
Mit den besten Grüßen an Sie alle
Ihr

van Ophuijsen

---

[5] John Rickman (1891-1951). Psychiater, wurde am 4.10.1922 zum o. Mitglied der British Psychoanalytical Society wählt. Er hatte im April 1920 eine Analyse bei Freud begonnen und setzte sie 1929 bei Ferenczi fort. Dies blieb nicht ohne Folgen für die Beziehung zwischen Freud und Ferenczi. Er wurde bald der wichtigste Mitarbeiter von Jones in der Press; vgl. Freud (1992g), Bd. 3, S. 364; Payne (1952).
[6] Hendrik Giltay (1892-1971), holländischer Jurist und Laienanalytiker, war interessiert am Thema Psychoanalyse und Sozialreform.
[7] Vermutlich handelt es sich um Barbara Vermunt (1887-1944), die 1926 Gerardus van der Hoeve (1902-1945) geheiratet hatte. Es ist nicht bekannt, daß sie in Berlin eine psychoanalytische Ausbildung bekommen hat.

23.4.1928/B

[Briefkopf: Internationale Psychoanalytische Vereinigung][1]

Berlin, den 23. April 28

Liebe Freunde,
auch mein Rundbrief verspätet sich dieses Mal etwas. Von einigen Seiten ist auch der Märzrundbrief ausgeblieben. Hoffentlich hat die Urlaubsreise Freund Jones' etwas Linderung finden lassen.
Es ist dies Mal eigentlich nicht viel wesentlich Neues von uns zu berichten. Wie ich einigen von Euch schon privatim geschrieben habe, scheinen sich die Neu-Schweizer mit meiner ablehnenden Antwort nicht zufrieden zu geben, gedenken sich noch an den Kongreß zu wenden und meinen vor allem, daß hinter meiner Antwort nicht der Gesamtvorstand steht, diese ihre Hoffnung in recht durchsichtiger Weise darauf gründend, daß sich Jones und Ophuijsen das Memorandum (Übrigens auf mein eigenes Ansuchen) so spät gesandt haben. Ich habe aus einem Gespräch, das ich vor einigen Tagen mit dem jetzt hier weilenden Dr. Odier, aus Genf, den deutlichsten Eindruck gehabt, daß die Genfer, die die »Vermittlungsaktion« in den Schweizer Wirren übernommen haben, nur die eine Tendenz haben, die Anerkennung des »clan d'Oberholzer« durchzusetzen und im übrigen ganz ahnungslos sind, was für Schwierigkeiten wir mit Oberholzer seit jeher gehabt haben, die weitgehende Identifizierung mit Oberholzer geht auf der gemeinsamen Grundlage der Angst vor der öffentlichen Meinung in der Schweiz vor sich.
Herr Professor hat uns schon vor einigen Monaten in einem Rundbrief die Mitteilung gemacht, daß in Sáo Paolo in Brasilien sich in den Kreisen der Universitätsprofessoren eine psychoanalytische Gesellschaft gegründet habe. Dieser Tage habe ich nun ein Schreiben des Sekretärs der neuen Gesellschaft erhalten, welches ich in Kopie beilege. Ich möchte nun Ihre Ansichten darüber hören, ob wir einer so fern abliegenden aus Männern in Ämtern und Würden bestehenden psa. Neugründung gegenüber etwas anderes tun können als sie begrüßen, sie unseres großen Interesses zu versichern und zunächst um laufende Mitteilungen über Art und Weise ihrer Tätigkeit zu bitten.
Ich freue mich sehr, Anfang Mai wie alljährlich wieder in Wien sein zu können, mit Herrn Professor mündlich vielerlei besprechen zu können.

---

[1] Maschinenschriftlicher Brief.

Mit herzlichsten Grüßen an alle

Eitingon

PS. Die brasilianische Neugründung erinnert mich etwas, worüber ich schon lange berichten wollte, und das ist unsere russische Tochtervereinigung. Sie wissen alle, daß die Psa. Schon seit mehreren Jahren in Ungnade beim Bolschewismus resp. Der jetzt herrschenden Partei gefallen ist; alle der Analyse anfangs gewährten Vergünstigungen sind allmählich zurückgenommen worden und dadurch eine ausgesprochen feindliche Einstellung ersetzt worden. Diese Umstände, wie auch die immer wachsenden Schwierigkeiten des Lebens in Russland veranlassten das Haupt der russischen Analytiker, den Dr. Wulff[2], dem ich mit großer Mühe zu einer Ausreiseerlaubnis zum Kongreß nach Innsbruck verholfen hatte, nicht mehr nach Russland zurückzureisen, sondern in Berlin zu bleiben, und er ist seither zu Simmels großer Zufriedenheit am psa. Sanatorium in Tegel tätig. Nach Wulffs Weggang war die Gruppe im buchstäblichsten Sinn verweist, außer ihm und der neuerdings als Sekretärin tätigen Wera Schmidt[3] gab es eigentlich keine wirklich tätigen Analytiker

---

[2] Mosche Wulff (1878-1971), russischer Arzt, studierte in Deutschland Medizin und lernte 1908 Karl Abraham kennen. Im Mai 1911 wurde er Mitglied der WPV und begann einige Arbeiten Freuds ins Russische zu übersetzen. 1914 übersiedelte Wulff nach Moskau und war aktiv an der Gründung der Russischen Psychoanalytischen Vereinigung beteiligt. Er arbeitete am psychoanalytischen Kinderheim von Vera Schmidt. 1927 ging Wulff erneut nach Berlin und arbeitete am Sanatorium Tegelsee bei Ernst Simmel. 1933 emigrierte Wulff nach Palästina und gründete 1934 gemeinsam mit Max Eitingon die psychoanalytische Gesellschaft Palästinas. Nach Eitingons Tod wurde Wulff ihr Präsident. Mühlleitner (1992), S. 373f., Kloocke (2002).

[3] Vera Schmidt (1889–1937), Pädagogin und Leiterin des Kinderheim-Laboratoriums »Internationale Solidarität«, das 1921 in Moskau eröffnet wurde und auch das staatliche psychoanalytische Institut beherbergte. 1925 wurden beide Einrichtungen geschlossen. Der hier gegebene Bericht über den Besuch der beiden in Berlin hat seinen Vorläufer im RB vom 3.12.1922, vgl. Bd. 3, S. 237ff., vgl. auch Etkind (1996), S. 249ff., 289f., Tögel (1989). Ihr Mann war Otto Julewitsch Schmidt (1891–1956), Mathematiker, Polarforscher und Vizepräsident der Akademie der Wissenschaften der UdSSR (1939–1942). Nach der Oktoberrevolution wurde er Leiter des Staatsverlages, in dem psychoanalytische Arbeiten und Übersetzungen von Freuds Werken erschienen. Schmidt war Mitbegründer der Russischen Psychoanalytischen Vereinigung, vgl. Bd. 3, S. 241, Anm. 7.

unter der Moskauer Gruppe. Es machte auch große Mühe, einen Ersatz für Wulff als Leiter der Gruppe zu finden, auch noch aus dem Grunde, daß die exponierte Stellung eines Präsidenten einer psa. Vereinigung dem Träger auch persönliche Unbequemlichkeiten eintragen kann. Schließlich hat sich doch Prof. Kannabich[4], Psychiater, eines der ältesten Mitglieder der Moskauer Gruppe, mit der Analyse zwar anscheinend vertraut, aber von seinen allgemeinen Angelegenheiten zu sehr in Anspruch genommen, entschlossen, Wulff zu ersetzen. Frau Schmidt schrieb mir neulich, daß die äußeren Verhältnisse der Analyse sich jetzt etwas günstiger zu gestalten scheinen, aber nach wie vor der Mangel an wirklich ausgebildeten Analytikern dort sehr schwer empfunden werde. An anderen Stellen des ehemaligen Rußlands, in Kiew und Odessa, gibt es neuerdings wieder einzelne sich sehr rege und soweit von hier aus beurteilt werden kann, auch ganz geschickt für die Analyse einsetzende Ärzte, denen es aber sehr schwer fällt, den Kontakt mit Moskau aufrecht zu erhalten. Da es natürlich ganz unmöglich ist, von hier aus irgend etwas für die dortigen Bestrebungen zu tun, bemühe ich mich neuerdings, wenigstens dem Kontakt mit den Leuten in Kiew und Odessa zu bekommen und zu erhalten.[5]

E.

---

[4] Juri Kannabich (1872-1939), Mitbegründer der Russischen Psychoanalytischen Vereinigung und von 1928 bis 1930 deren Präsident, vgl. Овчаренко & Лейбин (1999), Bd. 2, S. 532f.

[5] Etkind (1996), S. 242ff.

30.4.1928/W

[Briefkopf: Internationale Psychoanalytische Vereinigung][1]

Wien, am 30. April 1928.

Liebe Freunde!

Ich will den Monat doch nicht ganz vorübergehen lassen, ohne einen Rundbrief abzuschicken. Aber in Wien sind diese Wochen ganz ereignislos vorübergegangen. Es gibt nichts, was der Mitteilung wirklich wert wäre.

Die Schenkung des Grundstückes von der Gemeinde Wien ist noch immer nicht ganz durchgeführt. Es tauchen immer neue kleine formale Schwierigkeiten auf.

Das Lehrinstitut der Wiener Vereinigung, das in letzter Zeit beim Landesschulrat um seine behördliche Bewilligung angesucht hatte, ist abgewiesen worden. Begründet wird diese Abweisung unter anderem damit, daß die am L[ehr]-I[nstitut] gelehrten Gegenstände Lehrstoff der Universität sind und nur von Universitätsdozenten gelehrt werden dürfen etc. Der Vorstand der Vereinigung hat nach einiger Beratung gegen diesen Bescheid rekurriert. Für die Arbeit des Lehrinstituts hat die ganze Angelegenheit natürlich vorläufig keine Folgen, höchstens werden wir den Titel in Lehrkomité umändern müssen.

Meinem Vater geht es gut bis auf ständige Schwierigkeiten mit der Prothese, die auch daran schuld sind, daß keine der monatlichen Sitzungen bei ihm mehr abgehalten wurde.

Wir beide schicken herzliche Grüße nach allen Seiten

Anna Freud

---

[1] Maschinenschriftlicher Brief.

6.5.1928/Bp

[Briefkopf: Internationale Psychoanalytische Vereinigung][1]

Budapest, den 6. Mai 1928.

Liebe Freunde!

Über den wissenschaftlichen Betrieb unserer Gruppe kann ich, für die lange Pause um Verzeihung bittend, folgendes Mitteilen:

1) Im Auftrage der Vereinigung hielt ich 6 öffentliche Vorträge[2] für das große Publikum, die über alle Erwartung gut besucht waren (900-1200 Sitze verkauft), sodaß wir vom kleineren, in dem großen Saal der Musikakademie übersiedeln mußten. Das Lehrkomité hatte eine Einnahme von netto 3000 Pengö (ungefähr 2700 schw[eizer] Franken): Der moralische Erfolg war zufriedenstellend.

2) Im Anschlusse daran begannen die Kurse für Ärzte, gegeben von Dr. Bálint[3], Dr. Hollós, Dr. Eisler[4] und Dr. Pfeifer[5].

---

[1] Maschinenschriftlicher Brief.

[2] 1. Die Psychoanalyse im allgemeinen; 2. Die gesunde und die kranke Seele; 3. Die Seele des Kindes und die Erziehung; 4. Das Seelenleben des Mannes und der Frau; 5. Die Neurosen und Psychosen; 6. Soziale Erscheinungen, vgl. KB, IZP 1928, S,. 252.

[3] Michael Balint (1896-1970). Ungarischer Psychoanalytiker und Schüler Ferenczis. Im Jahre 1970 gab er dessen Schriften heraus. An der Vorbereitung war auch seine Frau Alice (Enid) beteiligt. Bekannt wurde er vor allem durch das Konzept der Balint-Gruppen; vgl. Katzlberger (1994) S.189–195.

[4] Jòzsef Mihály Eisler (1885-1944), Ungarischer Psychiater, wurde 1919 Mitglied der Ungarischen Psychoanalytischen Gesellschaft. Am 16. Dezember 1920 hielt er in der WPV einen Vortrag zum Thema »Zur Theorie der Gegenübertragung«. Er praktizierte als erster Psychoanalyse in einer Poliklinik. 1944 wurde er in einem Konzentrationslager ermordet, vgl. Fallend (1995), S. 144, 205

[5] Sigmund Pfeifer (1889-1944), Ungarischer Psychiater. Schüler von Ferenczi und Vilma Kovács. Er nahm am IPV Kongreß 1918 in Budapest teil und wurde 1919 Mitglied der Ungarländischen Psychoanalytischen Vereinigung. Wahrend der Räterepublik 1919 war Pfeifer Leiter der neuropsychiatrischen Station eines Budapester Krankenhauses. Er interessierte sich besonders für Musikpsychologie und die von Ferenczi entwickelte »Bioanalyse«; vgl. Harmat (1988), S. 237), vgl. Nemes (1985).

3) Im vorigen Monat hielt ich einen Vortrag im Wiener Verein für angewandte Psychopathologie (Leiter: Prof. Pappenheim[6]). Mein Thema war: Psychoanalyse und Kriminologie.

4) Nebst den eigenen Mitgliedern, hielten im letzten Semester Frl. Anna Freud und Dr. Reich bei uns Gastvorträge. Anna F's Vortrag über Kinderanalyse fand allgemein Beifall, während Reichs technische Vorschläge nur bedingte Anerkennung fanden. Wir meinen, daß er zu einseitig und gewalttätig ist, wenn wir auch seinen Fleiß und seine Problematik würdigen.

5) Höchst interessant gestaltete sich ein Vereinsabend, an dem psychoanalytische Väter und Mütter ihre Beobachtungen an ihren Kindern mitteilten.

Mit freundlichen Grüßen an Alle

S. Ferenczi

---

[6] Martin Pappenheim (1881-1943), österreichischer Psychoanalytiker; der Verein für angewandte Psychopathologie und Psychologie war 1920 von Erwin Stransky gegründet worden. Pappenheim war sein Vorsitzender und Heinz Hartmann der Schriftführer.

13.6.1928/L[1]
[ohne Briefkopf][2]

13th June, 1928.

Dear Friends,
I take this opportunity of again thanking you all, especially Professor, for your warm sympathy during our terrible experience. It is not to be expected that it will be without effect on my scale of values, but I am at least glad to say that I have been able to get back to routine work. In addition to practice and Society meetings I have been able to do such work as writing a chapter for Federn's Volksbuch[3], revise a translation of
»Die Zukunft einer Illusion« (by the way, I corrected the final proofs of this last night, so that the book should now appear before long), etc.
There is no special Society news. Out Training Committee liked the Memorandum Eitingon sent us and approved of it all with the exception of one point. I have not missed any meetings of the B.M.A. Committee on Psycho-Analysis and have recently had to prepare a second Memorandum for them. I think that of everything I have done in my life for psycho-analysis this particular activity is the most meritorious. Please fancy a scene of steady argument with thirty colleagues displaying their resistances in the same room at the same time!
A certain Yae-Kichi Yabe[4], a Japanese who has studied in America, sends me an article with a letter in which he claims to be »the first to introduce Freudian Psychology into Japan.
I am going to Brittany for three weeks in August, but have written separately to Eitingon suggesting the possibility of our Council being able to arrange some rendezvous.
With gratitude and kindest wishes to you all,
Yours always

Ernest Jones

---

[1] Quelle: Sigmund-Freud Copyrights Wivenhoe (Colchester).
[2] Maschinenschriftlicher Brief.
[3] Jones hatte einen Beitrag unter dem Titel »Psychoanalyse und Religion« verfaßt.
[4] Yaekichi Yabe (1875-1945), japanischer Psychologe und Übersetzer der Bände 3 und 4 der von ihm herausgegebenen japanischen Übersetzung von Freuds *Gesammelten Schriften.*

17.7.1928/B[1]

[Briefkopf: Internationale Psychoanalytische Vereinigung][2]

Berlin, den 17. Juli 28

Liebe Freunde,

als erstes die angenehme Nachricht, daß ich mich sehr gefreut habe, Herrn Professor bei meiner Anwesenheit auf dem Semmering am vorletzten Wochenende sehr erholt gefunden zu haben und hoffen zu dürfen, daß schließlich auch die Prothese-Beschwerden, die ihn noch im Mai und Juni sehr geplagt haben, behoben werden dürften.

Die Schweizer Angelegenheit, auf welche ich in dem Rundbrief an Ferenczi, Jones und Ophuijsen anspielte, betraf folgendes: Odier, der nach mehrmonatigem Aufenthalt in Berlin nach der Schweiz zurückgekehrt ist, verlas mir aus einem Brief von Saussure[3] an ihn die Mitteilung, daß Oberholzer sich nun mit dem Plan trage oder zumindest die Möglichkeit erwäge, eine internationale Gesellschaft »ärztlicher Psychoanalytiker« zu gründen. Er scheint dabei auf Sympathien in Amerika und - Holland zu rechnen. Dies alles natürlich, falls es ihm nicht gelingt, die Anerkennung seiner schweizerischen Neugründung bei der IPV durchzusetzen. Die ganze Nachricht war natürlich von Saussure nicht ohne Absicht an meine Adresse lanciert worden, eine Pression auszuüben. Odier dürfte kaum den Eindruck gehabt haben, daß diese Mitteilung von besonderer Wirkung auf mich gewesen ist, und ich glaube nicht, daß Ihr Freunde vom Vorstand sie anders aufnehmen werdet. Jedenfalls dekuvriert diese Nachricht Herrn Oberholzer noch weiter, und unser Eindruck, daß hinter seinem Tun von Anfang an seine wenn auch vielleicht im wesentlichen aus der Angst vor der öffentlichen Schweizer Meinung herstammende radikal negative Einstellung zur Laienfrage gestanden habe, dürfte schon der richtige gewesen sein. Ich glaube, daß wir gar keinen Anlaß haben, Vorkehrungen gegen etwaige wirkliche bestehende derartige Absichten Oberholzers zu treffen, denn die Werbekraft dieses Rattenfängers brauchen wir kaum hoch einzuschätzen, wenn auch die Sympathien für das lockende Motiv, mit dem er hervortreten würde,

[1] Quelle: Sigmund-Freud-Copyrights (Wivenhoe, Colchester)

[2] Maschinenschriftlicher Brief.

[3] Vgl. RB Bd. 1, S. 66, Anm. 5.

nicht nur außerhalb der »Internationalen« sondern auch teilweise in ihr selbst nicht als klein anzunehmen sind. Dafür aber ist
unsere »Internationale« trotz aller Zwiespältigkeiten doch wohl noch viel zu gut gefügt, als daß jemand von den liebenswürdigen Qualitäten Oberholzers ihr gefährlich werden könnte. Übrigens dürfte gerade, während ich dies schreibe, Sarasin[4] zu Besuch bei Herrn Professor sein, und dieser wird nun selbst unmittelbar Eindrücke über die Schweizer Situation sich verschaffen können.
Zu den Äußerungen der einzelnen Gruppen zu unserem Entwurf in der Ausbildungssache Stellung zu nehmen, schiebe ich noch auf, weil ich noch nicht alle Äußerungen beisammen habe. Freund Jones werde ich bezüglich der Äußerung seiner Gruppe noch vor seiner Abreise zu antworten suchen. Ich selbst verlasse Berlin am 26. Juli wahrscheinlich, bleibe bis etwa Mitte August fort, welche Zeit ich zur Behandlung meiner rheumatischen Beschwerden wahrscheinlich in einem Sanatorium in Baden-Baden zu benutzen gedenke.
Die Komiteezusammenkunft ließ sich für Juli nun nicht mehr zustande bringen. Wir verschieben sie also zunächst auf den Herbst, den Ort noch offen lassend.
Mit den besten Wünschen für Euer aller Ferien und der Bitte, die Ferienadressen bald mitzuteilen, bin ich
Ihr

Max Eitingon

[4] Vgl. RB Bd. 3, S. 149, Anm. 3.

22.5.1929/H

[Briefkopf: Internationale Psychoanalytische Vereinigung][1]

Prinsevinkenpark 5
22. Mai 1929,

Liebe Freunde,

Seit wir in Paris[2] zusammen waren, sind unsre dortigen Besprechungen mir keinen einzigen Tag aus den Gedanken gewesen.

Schweren Herzens ging ich aus Paris fort und es war mir beim zurückdenken zumute wie beim Anhören und Erinnern einer jener schönen melancholischen spanischen Volksweisen, welche ich am letzten Tage von der Raquel Meller[3] habe singen hören. Später hat sich das geändert. Als ich einmal den Entschluss gefasst hatte Ihnen ausführlich über meine Eindrücke zu schreiben - obwohl ich fürchten musste langweilig zu werden - verschwand die Depression und nur Besorgnis ist zurückgeblieben.

[Handschriftlicher Zusatz zu diesem Absatz am linken Rand:] Verzeihen Sie bitte diese Sentimentalität!

Es hat in Paris etwas gegeben, worüber man sich eigentlich außerordentlich freuen müsste. Erinnern Sie sich, wie wir da zusammensaßen und es keinem Zuschauer hätte entgehen können, wie sehr wir A[a]lle vom Ernst der schwierigen Fragen erfüllt waren, sondern auch, wie sehr wir Alle gekämpft haben um in den Punkten, in welchen wir verschiedener Meinung waren, zu Übereinstimmung zu geraten. In der Hauptfrage, im Prinzip, waren wir ja einig. Keiner von uns hat bezweifelt, dass die Entwicklung der Psychoanalyse die Mitarbeit von Nichtmedizinern nötig hat und dass diese Mitarbeit die Notwendigkeit einschließt, dass auch die Nichtmediziner zur therapeutischen Praxis zugelassen werden.

---

1 Maschinenschriftlicher Brief.

2 Jones hatte vorgeschlagen, dass das Komitee sich nun als Vorstand der IPV im Februar 1928 in Paris treffen sollte. Die schwere Erkrankung seiner Tochter verhinderte seine Teilnahme. Und für Ferenczi war die Entfernung zu groß, so dass nur Anna Freud und Eitingon sich treffen konnten, Jones (1960-1962), Bd. 3, S. 169. Über das Treffen in Paris berichteten Eitingon und Ferenczi an Freud, vgl. Freud (2004h), S. 634ff, Freud (1992g), S. 208.

3 Raquel Meller (1888-1962), eigentlich Francisca Romana Marqués López, war eine spanische Diseuse, Sängerin und Schauspielerin, vgl. den Nachruf in der *New York Times*, 27.7.1962.

Die Erinnerung an diese Übereinstimmung und an den aufrichtigen Ernst unseres Bestrebens erfüllt mich jetzt mit Freude und ich glaube fast, es sei diese Erinnerung, welche nach einigen Wochen die Depression überwunden hat.
Dort gingen unsere Meinungen auseinander, wo es galt die Mittel und Wege zu finden, wie wir diejenigen, welche jetzt unsre Überzeugung noch nicht teilen, dazu bringen können unsre Einsichten zu akzeptieren, oder wenigstens einen Versuch zu machen dieselben als Arbeitsprinzip anzuwenden. Dieser Brief wird im Folgenden nur von dieser praktischen Frage handeln und natürlich nur von meinem Gesichtspunkt aus. Vielleicht werde ich in meinen Behauptungen und Formulierungen weiter gehen, als ich es im Gespräch mit Ihnen tun würde. Das geschieht mit der Absicht eine Antwort zu bekommen, hauptsächlich eine Antwort auf die Fragen, welche von Ihnen nicht beantwortet wurden und mit der Absicht gezeigt zu bekommen, wo ich Ihrer Meinung nach die Situation nicht richtig sehe. Es handelt sich also um die Frage: wie sollen wir die Gruppe von Personen in der I.P.V., welche unsre Ansichten in bezug auf die sog. Laienanalyse nicht teilen, für unsre Auffassungen gewinnen und damit in der I.P.V. eine einheitliche Orientierung nach den neuen Einsichten zu Stande bringen?
Unser Freund Jones und ich haben vorgeschlagen diese Gruppe von Mitgliedern zu behandeln wie Kinder und sie gewissermaßen durch allmähliche Erziehung zur Änderung ihrer Meinung zu bringen. Dieser Vorschlag wurde von Ihnen abgelehnt Sie sagten: »wir haben mit Erwachsenen zu tun“. Es ist Schade, dass Sie nicht haben versuchen wollen fertig zu denken, wie Sie in einer analogen Situation mit Kindern vorgegangen wären. Ich bin überzeugt, dass Sie der Analogie Einiges sehr Wichtiges hätten entnehmen können. Aber, gut, lassen wir es sein und denken wir uns die Gruppe aus Erwachsenen bestehend.
Nun kommt es mir vor, [dass die einzige »erwachsene« Art die Schwierigkeiten zu lösen, diese wäre][4], dass wir entweder uns halten an und führen lassen von den <u>von uns selbst gemachten Bestimmungen</u> (Statuten) oder versuchen diese Bestimmungen von der Plenarversammlung ändern zu lassen. Entschließen wir uns zum Ersten, so ist die Konsequenz, dass wir - und es gilt das in erster Linie für uns Vorstandsmitglieder! - alle Mitglieder für gleichberichtigt, auch in bezug auf ihre

[4] Der Einschub [ ] ist handschriftlich an oberen Rand nachträglich eingefügt worden.

Überzeugungen halten. Sind wir der Meinung, dass es welche gibt, deren Überzeugungen und Benehmen unsren gemeinsamen Bestimmungen zuwiderlaufen, so müssten wir sie einladen die Mitgliedschaft der I.P.V. aufzugeben oder zu versuchen die Bestimmungen geändert zu bekommen. Falls wir sie bloß als rückständig betrachten, verbieten uns dieselben Bestimmungen, von denen ich jetzt spreche, ihnen unsre Überzeugungen aufzuzwingen.

In dem konkreten Fall, um den es sich jetzt handelt, habe ich Sie gefragt, ob Sie behaupten, dass die Amerikaner und die Holländer die Entwicklung der Psychoanalyse schaden, indem sie sich gegen die Laienanalyse zur Wehr stellen. Freund Jones und ich sind der Meinung, dass man höchstens sagen kann, dass die Gruppen selbst den Nachteil davon tragen werden, dass sie die neunen Einsichten nicht akzeptieren, sonst keinem Menschen damit schaden und dass sie innerhalb der relativ kurzer Zeit selbst einsehen werden, dass sie Unrecht gehabt haben. Sie aber haben die obige Frage nicht beantwortet.

Ich selbst habe dann noch eine weitere Frage gestellt. Wie können Sie es verantworten, dass Sie Laien ausbilden, von welchen sie im Voraus wissen, dass sie keinen Arzt finden werden, der ihnen die untersuchten Fälle zuschickt und der die Kontrolle übernimmt? Es stimmt dies nicht zu den Vorschlägen, welche Sie in Bezug auf die Praxis der Laienanalytiker gemacht haben. Auch auf diese Frage erinnere ich mich nicht eine Antwort bekommen zu haben.

Schließlich gibt es noch einen sehr wichtigen Punkt auf den ich zurückkommen möchte. Wir haben verabredet, dass wir Alle versuchen werden nach Möglichkeit zu verhüten, dass es in der Plenarversammlung zu einer Abstimmung über die Frage der Laienanalyse kommt. Für mich heißt dies, dass unser Versuch auch gelingen wird, so dass der Fall, den ich im Auge habe nicht eintreten wird. Aber ich möchte den hypothetischen Fall aus einem andern Grund doch näher betrachten. Es wäre der, dass es doch zur Abstimmung kommt und dass dabei diejenigen, welche Ihre Meinung in bezug auf das Ausbilden von Amerikanern und Holländern teilen, eine Niederlage leiden würden. Freund Eitingon hat in Paris gesagt, dass in dem Fall die ältesten Gruppen austreten würden. Ich kann es einfach nicht glauben. Dr. Jones hat, meine ich, gesagt, dass [er] es nicht für »erwachsen« hält, wenn Sie, nachdem Sie in vollkommener Übereinstimmung mit dem selbstgemachten Bestimmungen - vergessen Sie das ja nicht! - einmal geschlagen würden, nicht mehr mitmachen würden! Wo bleiben Ihre Überzeugung und Ihr Glaube an der Richtigkeit Ihrer Auffassungen? Bedenken Sie doch, dass Sie diese Niederlage genau so zufälligen Umständen zu verdanken haben würden, wie Ihr Sieg in Innsbruck! Und in einer Bewegung, wie der Unsrigen kann man doch zwei oder vier Jahre - mehr wird es nicht sein! - Geduld haben.

(Nebenbei möchte ich bemerken, dass, falls Sie meinen Vorschlag zur Art des Abstimmens in Homburg[5] angenommen hätten, von einer Niederlage keine Rede sein könnte. Sie würden dann über 10 oder 11, die Andern über 8 oder 7 Stimmen verfügen; falls Russland und Indien Vertreter senden würden, wäre das Verhältnis der Stimmen noch günstiger für Sie!).

Aber, wie gesagt, wir haben uns dazu vereint eine Abstimmung zu verhüten und demnach wird sie auch nicht stattfinden. Ich möchte die Lage jetzt noch von einem andern Standpunkt aus betrachten. Unsre Einsichten in bezug auf die Laienanalyse haben wir doch gewiss durch die Überwindung einer Anzahl von Widerständen gewonnen. Es liegt also nahe die Situation auch für die Andern einmal als eine psychoanalytische Situation zu betrachten, in welcher ein Patient eine neue Einsicht bekommen soll, nachdem er einen Widerstand aufgegeben hat. Wir sind die Analytiker, die Amerikaner und Holländern sind die Analysanden.

---

[5] Auf dem 9. Internationaler Psychoanalytischer Kongress vom 3. bis 5. September 1925 in Bad Homburg stellte Eitingon am Abend des 3. September im Namen des Vorstandes der IPV den Delegierte der Zweigvereinigungen den Plan zur Schaffung einer internationalen Unterrichtsorganisation (IUK) vor. Diese neue Institution sollte den ganzen Komplex der Unterrichtsfragen, insbesondere den zur einheitlichen Regelung der psa. Ausbildung in den einzelnen Ländern, eingehend beraten und der Generalsversammlung zur Beschlußfassung vorgelegt werden. Mit der Institutionalisierung der psychoanalytischen Ausbildung waren vier Ziele verbunden: 1. Die Ausbildung sollte nicht mehr der Privatinitiative Einzelner überlassen bleiben. 2. Die Ausbildung der Kandidaten muss kollektiv von der Institution getragen werden, in der der Kandidat wohnt. Zu diesem Zweck müssen die Richtlinien der Ausbildung in den Ländern »gleich gerichtet und möglichst auch gleich geartet sein«, was zweckmäßigerweise die IPV. durch festsetzen der Ausbildungsrichtlinien gewährleitet ist. 3. Die Lehranalyse fällt nicht mehr mit der ganzen Ausbildung zusammen und wird vor allem von der »Arbeit unter Kontrolle« unterschieden. 4. Nur jene Kandidaten, die psychoanalytische Therapie durchführen wollen können in der Regel Mitglieder der IPV werden, vgl. IZP, 11, 1925, 515f.)

Wenn ich die Lage so sehe, muss ich doch sagen, dass wir in unserer Psychoanalyse eine nicht geringe Anzahl technischer Fehler gemacht haben. In erster Linie müssen wir uns wohl gestehen, dass wir unsren Analysanden nie die Gelegenheit geboten haben ihre Einfälle mitzuteilen ohne unsrerseits gleich hineinzureden! Ich bitte Sie sich die vorigen Kongresse zu erinnern und Sie werden zustimmen, dass ich Recht habe. In dieser Hinsicht war Innsbruck schon besonders schlimm! Endlich ist es so weit, dass nun in Oxford beschlossen werden wird, dass die Analysanden auch ihre Einfälle werden mitteilen können und ich prophezeie Ihnen, es wird uns Allen nützen. Freund Eitingon weiß, dass ich schon längst dafür gewesen bin ihnen das ihnen zukommende Recht einzuräumen und er weiß, dass ich ebenfalls schon längst habe erreichen wollen, dass unsre Analysanden aus ihrer eigenen Einfällen zu der Einsicht kommen würden, welche wir unter bedeutend günstigeren Umständen - was wir wahrlich nicht vergessen dürfen! - etwas früher erworben haben.

Nun zu einer anderen technischen Frage dieser Analyse »en masse«. Ich habe mich gefragt, mit welcher psa. Situation die jetzige Lage sich vergleichen ließe. Nur eine habe ich gefunden, welche in Betracht kommt. Sollten Sie es anders sehen, so bitte ich Sie es mir zu sagen, denn ich wünsche ja nichts Anderes als Übereinstimmung. Also ich sehe eine Analogie mit der Phase einer Phobieanalyse, in der man den Patienten veranlasst die gefährliche Situation auf zu suchen. Will man dies unternehmen, so ist es doch sicher notwendig, dass man einer ziemlich intensiven positiven Übertragung sicher ist. In einer Periode negativer Übertragung würde man es nicht versuchen. Ich frage Sie: Haben wir uns danach benommen, dass sie Amerikaner eine halbwegs tragkräftige positive Übertragung auf uns haben können? Ich glaube, Sie werden nicht bejahend antworten.

Zum Schluß unsrer Besprechung in Paris[6] sagte Fräulein Anna Freud: wenn wir das Ausbilden Amerikanischer Laien einstweilen einstellen, werden wir vielleicht die Amerikaner für uns gewinnen, nicht aber für die

Psychoanalyse. Meine Antwort geht aus der obigen Analogie hervor. Ich habe die Überzeugung, dass wir die Amerikaner, wenn wir sie einmal in

[6] Siehe RB 22.5.1929/H.

dieser Angelegenheit für uns gewonnen haben, auch zu der von uns gewünschten Einsicht bringen werden.

Und nun bin ich mit meinen Betrachtungen zu Ende. Trotz Allem hoffe ich doch, dass es mir vielleicht gelungen sein mag Ihnen klar zu machen, dass dem Mittel, das Sie anwenden wollen zur Erreichung unsres gemeinsamen Zieles, Fehler ankleben und dass die Methode, welche Freund Jones und ich befürworten, ohne unser Prinzip preiszugeben, vielleicht eher Aussicht auf Erfolg hat.

Falls es mir nicht gelungen sein sollte, so bitte ich um Auskunft und um genaue Beantwortung meiner Fragen, damit wir uns, wenn wir auch nicht einig sind, vollständig verstehen. Mit den besten Grüßen

Ihr

van Ophuijsen

29.5.1929/L

[Briefkopf: Internationale Psychoanalytische Vereinigung][1]

29th May, 1929.

Dear Friends,

I have two pieces of information which will be of interest to you. The first is that various prominent members of the New York Society appear to be ready to recognize lay analysis provided that they confine themselves to the analysis of children. It seems to me this might be used as the thin end of the wedge, for it would only be a matter of time before such analysts, if they are sufficiently skillful and tactful, would be able to persuade their colleagues of the advisability of extending their practice to adults.

The other matter is that this week seems the conclusion of the most arduous and wearisome task I have ever undertaken on behalf of psycho-analysis. The Committee of the British Medical Association formed »to investigate psycho-analysis« has been sitting for nearly three years and this has meant one long fight against the heavy odds the massed resistances of twenty-five opponents, some especially the general practitioners, representing the extreme forms of hostility, whereas others, practising psychotherapy, presented the more subtle and difficult forms of opposition by which they made every endeavor to claim the advantages of psycho-analytic knowledge without the stigmata attaching to the sexual theory. Last January the Committee found it impossible to draw up a Report which would meet my criticisms and handed the matter over to a Drafting Subcommittee consisting of the Chairman, Secretary and myself. With the odds thus reduced I was able to get a Report drawn up of a fairly satisfactory nature but when it was presented to the Committee the storm broke out afresh. All our work seemed done in vain. During the past three or four months we had met once or twice a week, and most of the other spare time had been taken up with revising and redrafting the various paragraphs of the Report, clause by clause. All this had been done again, endless fresh criticisms made battles fought out sentence by sentence. Yesterday, however, the final meeting was held and *often* eight hours of steady battling (on top of the usual day's work) we parted exhausted but satisfied. The Subcommittee has to meet once more

[1] Maschinenschriftlicher Brief.

to put a final polish on the Report, but I can already indicate to you its chief features. It is about thirty pages long and is divided into a historical survey, a short account of Psycho-Analysis, a list of misconceptions, ~~to the~~ five groups of criticisms each followed ~~up~~ by a reply from me, and final conclusions. I enclose a copy of the parts that will be of most interest to you, namely the paragraph on lay analysis and the chief Conclusions. You will see that I was successful ~~all~~ two important respects, namely in insisting on the differentation between psycho-analysts and other people, and in preventing the Committee from passing any adverse judgement on Psycho-Analysis, even on lay analysis. This may seem a ridiculus mus after such labours, but even negative conclusions are sometimes important and hard to achieve. In the body of the Report there is also a valuable full statement about the Association and the curricula of training.

I will sign myself,

Yours, tired but satisfied,

Ernest Jones.

4.6.1929/B

[Briefkopf: Internationale Psychoanalytische Vereinigung][1]

4. Juni 29

Liebe Freunde,

von uns in Berlin ist nicht viel Neues zu berichten. Das Arbeitsjahr geht zu Ende. Wir hatten während desselben mit einigen Schwierigkeiten zu kämpfen, die uns der Nachwuchs bereitete und glauben ihrer auf eine aussichtsvolle Weise Herr geworden zu sein. Ich selbst bin bereits mit den Vorbereitungen zum Kongreß[2] beschäftigt.

Freund Jones haben wir für die beharrliche Arbeit, die er im Committee der British Medical Association geleistet hat, sehr zu danken, und das Erreichte ist doch sicherlich ein Erfolg. Ich wäre ihm sehr dankbar, wenn er eine Kopie des ganzen Berichtes dieser Kommission uns senden könnte. Ich denke, man könnte manches daraus für ähnliche Situationen lernen, in welche wir auch in anderen Ländern kommen können.

Sehr überrascht und erfreut war ich von der Mitteilung, daß einige prominente Mitglieder (wer ist das?) unserer amerikanischen Gruppen bereit seien, sich wenigstens in der Kinderanalyse auf unseren Standpunkt in der Laienfrage zu stellen. Das eröffnet doch für Oxford und über Oxford hinaus freundlichere Aussichten für eine Verständigung. Wir werden uns, wie in Paris verabredet, alle Mühe geben, noch vor Oxford, d. h. London, mit den in Betracht kommenden amerikanischen Kollegen durch den möglichsten persönlichen Kontakt obige Aussichten zu verbessern.

Freund Ophuijsen‘s Brief, dessen Gefühlston mir sehr sympathisch und dessen Besorgnisse ich alle, wenn auch in einem anderen Sinne, teile, ist nicht leicht zu beantworten. Es brauchte wieder eine vielstündige Diskussion, wie wir sie in Paris hatten, und ich muß denselben Einwand machen, da ich in Paris so oft wiederholt habe, daß er, Ophuijsen, sich zu sehr auf den Wortlaut der Paragraphen unseres Statuts stellt. Nach dem Sinn und Geist der IPV haben wir in wesentlichen Fragen weder Deutsche noch Österreicher, noch Holländer, noch Amerikaner, sondern

---

[1] Maschinenschriftlicher Brief.

[2] Der 11. Internationale Psychoanalytische Kongreß vom 27. bis 31. Juli 1929 in Oxford.

zwar verschiedensprachig, doch gleich denkende Menschen. Und daß deshalb auch nicht für irgend einen Teil der IPV etwas Wesentliches für lange Zeit noch ungültig sein dürfte, was für die anderen gilt. Irgend eine Abstimmung, welche diese Differenz deutlich demonstrieren würde, würde nur zeigen, daß die Einheit und Einigkeit in der IPV eben nicht existiert. Deshalb war ich gegen eine Abstimmung; ich muß hier den bei Ophuijsen vorliegenden und auch sonst augenscheinlich weit verbreiteten Irrtum korrigieren: daß in Innsbruck irgendwie über die Laienfrage abgestimmt worden wäre, und daß wir durch eine Zufallsmehrheit gesiegt hätten. Dort ist etwas ganz anderes geschehen. Und zwar ist eine solche Abstimmung vermieden worden durch den weitergehenden, zur Annahme gebrachten Antrag, daß der ganze Fragenkomplex der Kommission übergeben werden sollte, die die Ausbildungsrichtlinien ausarbeiten soll. Genau dasselbe wollen wir ja in Oxford. Wenn nun auf Grund meines Haupteinwandes, daß Ophuijsen den Wortlaut eines Paragraphen statt seines Sinnes nimmt, sich mit die Frage zu erledigen schienen, welche wir Ophuijsen unbeantwortet gelassen haben sollen, so bleibt nur noch die Frage des Umganges mit den Zweigvereinigungen übrig, die in der Laienfrage noch einen anderen Standpunkt einnehmen. So bestechend nun der Vorschlag ist, diese Gruppen wie Analysanden oder Kinder zu behandeln, so scheint es mir für eine Gemeinschaft, die nach bewußtem Plan klare Aufgaben zu realisieren hat, doch nicht der mögliche Weg zu sein. Wenn ich eingangs dieses Passus über Ophuijsen's Brief meinte, daß wir nur als Verein von Menschen gleichen Geistes eine raison d'etre haben, so müssen wir auch weiter von dem »als ob« ausgehen, das hier schon eine Forderung ist, daß wir auch alle gleich erwachsen sind. Wenn wir auf der Basis einer solchen Erkenntnis mit aller Mühe nicht bald eine Einigung erzielen, so steht es eben schlecht um uns. Wir, die wir trotz allem, was man uns vorwerfen mag, doch sicherlich das Zeugnis verdienen, daß wir streng sind in der Zulassung zur Ausbildung, drohen nicht, wenn wir sagen, daß wir im Falle einer Abstimmung und einer aus ihr folgenden Änderung des status quo austreten würden, sondern es heißt nur, daß wir in einem solchen Falle einfach draußen sind, d. h. dann besteht die IPV nicht mehr. Im friedlichen Oxford würde natürlich nicht geschehen, außer einem ganz schlichten und an sich unauffälligen Vorgang, daß ich z. B. die Leitung einer so zurückgeschraubten IPV auch nicht für die kürzeste Zeit weiter übernehmen könnte. All dies selbstverständlich in größtem Frieden. Was

aber dann weiter? Deshalb mein Vorschlag, mit aller Mühe alle Abstimmungen, Anträge hintanzuhalten und die neue Kommission mit mehr Glück arbeiten zu lassen. Jones' oben erwähnte Mitteilung über die amerikanische Wandlung würde ja die Arbeit dieser Kommission unter schönen Auspizien beginnen lassen.
Mit herzlichsten Grüßen an alle

Euer M. Eitingon

7.6.1929/Bp
[ohne Briefkopf][1]

BUDAPEST den, 7. Juni 1929

Liebe Freunde,
es scheint wirklich, daß die Zusammenkunft in Paris doch nicht ganz erfolglos war. Die Briefe, die wir unlängst von van Ophuijsen und von Ernest Jones erhielten, zeugen von einer gewissen Nachgiebigkeit unseren Argumenten gegenüber. Die Stimmung, in der sogar die Möglichkeit einer Trennung aufkommen konnte, scheint geschwunden zu sein. Wir sind - wie ich glaube - auch darin einig, daß die Diskussion über die Laienfrage auf diesem Kongreß ausschließlich auf die Subkommission beschränkt bleibt, zu der auch Amerikaner eingeladen werden. Der amerikanische Vorschlag, die Laientherapie auf Kinder zu beschränken, beruht auf der irrigen Annahme, daß Kinderanalyse leichter ist als die der Erwachsenen. Ich brauche wohl nicht zu betonen, daß dies nicht der Fall ist. Aber als Ausgangspunkt der einzuleitenden Diskussion halte ich die Geneigtheit der Amerikaner zu dieser Konzession für bedeutsam. Freund Ophuijsens Bemerkungen setzen eigentlich die Pariser Diskussion fort. Ich halte es für unmöglich, auf diese Details auf dem Wege der Korrespondenz gebührend zu reagieren. Hierzu ist persönliches Zusammensein erforderlich. Übrigens kann ich ihm wenigstens insoferne Antwort - allerdings nur meine rein persönliche Antwort - auf eine seiner Fragen erteilen, als ich ihn daran erinnerte, daß nicht alles psychoanalytisch behandelt werden kann; die medizinische öffentliche Meinung, z. B. ließ sich nirgends analytisch, d. h. durch Aufklärung, behandeln, sie gab und gibt nur insoferne nach, als sie durch die Nichtannahme der Analyse sich in ihrer Existenz bedroht sieht.
Mit herzlichen Grüßen

Ferenczi

Lieber Ernest! Ich gratuliere Dir zum wohlverdienten Erfolg in der British Medical Association.[2] Das hohe Ansehen dieser Vereinigung wird der

---

[1] Maschinenschriftlicher Brief.

[2] Im Mai hatte eine Sonderkommission der British Medical Association einen Bericht vorgelegt, der als »Psychoanalytischer Freibrief« gesehen wurde. Ernest

Analyse in der ganzen Welt nützlich sein. Auf baldiges frohes Wiedersehen in England und mit Grüßen von [Unterschrift fehlt]

Jones und Edward Glover hatte lange dafür gekämpft, vgl. Jones (1960-1962), Bd. 3, S. 176.

14.6.1929/W[1]
[ohne Briefkopf][2]

14. Juni 1929

Liebe Freunde!
Ich habe Ophuijsens Brief nicht gleich beantwortet, aus einem sehr begreiflichen Grunde. Ich habe den Brief gelesen, den mein Vater ihm zur Beantwortung geschickt hat und dann nichts mehr zu sagen gefunden. Ich hoffe, wir werden alle die Diskussion über den fraglichen Punkt mündlich bis zu einer Verständigung fortführen können.
Daß amerikanische Mitglieder geneigt sind, Laien als Kinderanalytiker anzuerkennen, läßt hoffen, daß die Anerkennung speziell vorgebildeter Laien vielleicht der erste Schritt sein kann, den die neue Kommission auf dem Weg zur Einigung machen wird.
Wir verlassen in zwei Tagen Wien und sind dann in Berchtesgaden, Schneewinkel-Lehen, zu erreichen. Wir freuen uns auf alle für dort angekündigten Besucher.[3]
Mit herzlichen Grüßen
Ihre

Anna Freud

---

[1] Quelle: SFP, Library of Congress.

[2] Maschinenschriftlicher Brief.

[3] Außer Familienmitgliedern, Patienten, Lehranalysanden und anderen Besuchern waren in Berchtesgaden: Ernest Jones mit Frau Katharina, Sándor Ferenczi und Max Eitingon.

18.12.1929/L[1]
[ohne Briefkopf][2]
C O P Y

Dec. 18th, 1929.

Dear Friends,
As I have a certain amount of news of interest I am reverting to the good old custom of the Rundbrief, taking advantage also of the appropriate seasons of Christmas. This is unfortunately marred for us all by the sad news concerning our President and our sympathetic knowledge of his great grief.
Much of this autumn has been occupied in London by an extensive reorganisation of the Institute, particularly in its relations to the Society. The essential changes made have been three: (1) The two bodies have been brought closer together, so that the membership of both more nearly coincides (entirely so, so far as practising analysts are concerned) and a common Council governs both. This simplifies the work and reduces the number of Committee Meetings which have grown inordinately of late and threatened of devout our time. (2) The official position in the two bodies had to be rearranged and corresponding changes made in the officials. The business affairs of the institute were in a state of considerable chaos as the result of Dr. Rickman's neurosis. We hope he will soon return to us cured of this - at all events, he has placed himself in the best hands, at Budapest. In the meantime, however, we had to ask him to resign and Dr. Stoddart[3] also did not feel equal to holding the Treasurership of both bodies. The present officials are: Dr Sylvia Payne, Business Secretary of the Institute and Society (the business affairs and meetings of both will in the future be identical); Dr. Glover, Scientific Secretary of the Society (i.e. programme work) and Director of Research Studies in the Institute, in which capacity we expect great things from him; Dr. Bryan, Treasurer of Institute and Society, the financial affairs of both being common; (3) last but not least, lay analysts have been

---

[1] Quelle: Sigmund-Freud-Copyrights (Wivenhoe-Colchester)
[2] Maschinenschriftlicher Brief.
[3] William Stoddart (1868-1950), Gründungsmitglied der »British Psycho-Analytical Society« 1919, vgl. KB, IZP 6(1920), S. 185, siehe auch *Medical Who is Who* (1914).

admitted on the same terms as medical ones to both the Institute and Clinic. Full members are on the permanent staff of the Clinic with the title of »Psychologist to the London Clinic of Psycho-Analysis“, corresponding to ‘physicians’ in the case of medicals; Associate members are »Psychological Assistants« corresponding to the medical ‘Clinical assistants ‘. This of course signifies still more intimate union and fusion of the two classes and consolidates us as a psycho-analytical profession. This last change was made possible through the work accomplished last spring with the British Medical Association.
I have just returned from an interesting visit to America, my first after seventeen years. I was there for only three days, the occasion being an address at the opening of the Psychiatric Institute run by Columbia University and belonging to the New York State Hospitals. I will send you reprints of I address when it is published but I can say that it was exceedingly well received and I hope that what I had to tell the psychiatrists about our opinion of them will leave an impression. The other European guests were Claude[4], Spielmeyer[5] and Kretschmer[6]. We were given banquets by the New York Psychiatric Society and by the New York Society for Clinical Psychiatry. At the latter Bleuler read a paper in which his characteristic ambivalence came out in a distinctly original way. He approoved all Freud's views on normal sexuality, Oedipus complex included, but objected to Freud's supposed view that homosexuality was an acquired condition without any congenital disposition. On the other side, compensating for this acceptance of the sexual one, he objected to Freud 's views on the non-sexual part the mind, ego, superego, etc. So the positive and negative were nearly divided in a way that would have greatly amused our friend Abraham, who used to take a special interest in Bleuler and his ambivalence. I found on arrival six other invitations to either banquets or to give an address, including one from the Dean of Harvard University, all of which I had to refuse owing to the

---

[4] Henri Claude (1869-1945), französischer Psychiater und Neurologe, 1936 hatte er den Vorsitz der Festveranstaltung zu Freuds 80. Geburtstags, vgl. Roudinesco & Plon (2004), S. 154f.

[5] Walther**Fehler! Textmarke nicht definiert.** Spielmeyer (1879-1935), deutscher Neuropathologe, war u.a. Nachfolger von Alois Alzheimer als Direktor des Anatomischen Laboratoriums der Nervenklinik in München, vgl. Wormer (2010).

[6] Ernst Kretschmer (1888-1964), deutscher Psychiater und Psychotherapeut. Er stellte u.a. eine Typenlehre auf, vgl. auch Klee (2005), S. 339.

shortness of time. The New York Psycho-Analytical Society gave me a banquetto which friendly guests were invited so that the attendance was about seventy. It gave me the opportunity to tell them some home truths about their relation with Europe, but in this connection I can amplify the good news which had already been cabled by Brill to Professor on the disputed lay question. The details are as follows. After talking with various members Brill moved a resolution in The Society altering the rule about the admission of lay members. This was carried by a considerable majority. Oberndorf, as was expected, played false and even denied the promises he had made when in England. His assistants also followed him. The main impression is that he has very little influence in the Society as a whole. I naturally took the opportunity to discuss the matter with various members and also to reinforce the position in my speech to the Society. The next problem will be that of selection of the most suitable candidates and there we shall expect help from those who have personally trained them in Europe and so know which are to be recommended. I will send shortly a circular letter to members of the Commission about this matter. With kindest wishes to you all for Christmas,
Your sincerely,

[Ernest Jones]

20.12.1929/L

[Briefkopf: Internationale Psychoanalytische Vereinigung][1]

20th Dec. 1929.

Dear Friends,

As I have a certain amount of news of interest I am reverting to the good old custom of the Rundbrief, taking advantage also of the appropriate season of Christmas. This is unfortunately impaired for us all by the sad news concerning our President and our sympathetic knowledge of his great grief.

Much of this autumn has been occupied in London by an extensive re-organisation of the Institute, particularly in its relations to the Society. The essential changes made have been three: (1) The two bodies have been brought closer together, so that the membership of both more nearly co-incides (entirely so [handschriftlich] *so* far as practising analysts are con-cerned) and a common Council governs both. This simplifies the work and reduces the number of Committee meetings which have grown inor-dinately of late and threatened to devour all our time. (2) The official positions in the two bodies had to be rearranged and corresponding changes made in the officials.

The business affairs of the Institute were in state of considerable chaos as the result of Dr. Rickman's neurosis. We hope he will soon return to us cured of this - at all events he has placed himself in the best hands, at Budapest. In the meantime, however, we had to ask him to resign and Dr. Stoddart also did not feel equal to holding the Treasurership of both bodies. The present officials are Dr. Sylvia Payne, Business Sec-retary of the Institute and Society (the business affairs and meetings of both will in the future be identical); Dr. Glover, Scientific Secretary of the Society (i.e., programme work) and Director of Research Studies in the Institute, in which capacity we expect great things from him; Dr. Bryan, Treasurer of Institute and Society, the financial affairs of both being common. (3) Las, but not least, lay analysts have been admitted on the same terms as medical ones to both the Institute and Clinic. Full members are on the permanent staff of the Clinic with the title of »Psy-chologist to the Clinic of Psycho-Analysis« corresponding to »Physicians« in the case of medicals; Associate members are »Psychological assistants«

[1] Maschinenschriftlicher Brief.

corresponding to the medical »Clinical assistants”. This of course signifies still more intimate union and fusion of the two classes and consolidates us as a psycho-analytical profession. This last change was made possible through the work accomplished last spring with the British Medical Association.

I have just returned from an interesting visit to America. My first for s eventeen years. I was there for only three days, the occasion being an address at the opening of the Psychiatric Institute run by Columbia University and belonging to the New York State Hospital. I will send you reprints of the address when it is published, but I can say that it was exceedingly well received and I hope that what I had tell the psychiatrists about our opinion of them will leave an impression. The other European guests were Claude, Spielmeyer, Bleuler, and Kretschmer. We were given banquets by the New York Psychiatric Society and the New York Society of Clinical Psychiatry. At the latter Bleuler read a paper in which his characteristic ambivalence came out in a distinctly original way. He approved of all Freud’s views on normal sexuality, Oedipus complex included, but objected to Freud’s supposed view than homosexuality was an acquired condition without any congenital disposition. On the other side, to compensate for this acceptance of the sexual half, he objected to Freud’s views on the non-sexual part of the mind, ego, super-ego, etc. So the positive and negative were neatly divided in a way that would have greatly amused our friend Abraham, who used to take a special interest in Bleuler and his ambivalence.

I found on arrival six other invitations to either banquets or to give an address, including one from the Dean of Harvard University, all of which I had to refuse owing to the shortness of time. The New York Psycho-Analytical Society gave me a banquet to which friendly guests were invited so that the attendance was about seventy. It gave me the opportunity to tell them some home truths about their relations with Europe, but in this connection I can amplify the good news which had already been cabled by Brill to Professor on the disputed lay question. The details are as follows. After talking with various members Brill moved a resolution in the Society altering the rule about the admission of lay members. This was carried by a considerable majority. Oberndorf, as we expected, played false and even denied the promises he had made when in England. His assistants also followed him.

My impression is that he has very little influence in the Society as a whole. I naturally took the opportunity to discuss the matter with various members and also to reinforce the position in my speech to the Society. The next problem will be that of selection of the most suitable candidates and there we shall expect help from those who have personally trained them in Europe and so know which are to be recommended. I will send shortly a circular letter to members of the Commission about this matter.

With kindest wishes to you all for Christmas,

Yours sincerely,

Ernest Jones

26.9.1930/H
[ohne Briefkopf]

Prinsevnikenpark 5,
den 26. September 1930.

Liebe Freunde,
Es wird sie gewiß freuen zu erfahren, daß am 4. Oktober die Eröffnung des Niederländischen Psychoanalytischen Instituts (Nederlandsch Institut voor Psychoanalyse) im Spinoza-Haus in Haag stattfinden wird. Nachdem wir im Anfang dieses Jahres einen Reihe von Kursen veranstaltet hatten, welche ziemlich gut besucht wurden, meinten wir, daß wir es wagen durften, den weiteren Schritt zutun. Ob es nicht etwas zu früh dazu war, wird sich bald genug zeigen, aber wir haben nicht die Absicht etwas aufzugeben, was wir einmal anfingen. Die Eröffnung wird keine eigentliche Feier sein; nur eine Sitzung, zu welcher Kollegen und ihre Damen eingeladen worden sind. Dr. Reik wird einen Vortrag halten über: »Die Psychologie im Indizienbeweis und der Indizienbeweis in der Psychologie«, während dir F. P. Muller[1] sprechen wird über: »Die Psychiatrie gestern, heute und morgen". Ich hoffe, daß beide Vorträge publiziert werden können. Wir hatten gehofft, daß Freund Eitingon der Sitzung beiwohnen würde, aber zu unsrem großen Bedauern fehlt um dazu die Möglichkeit.
Ich hoffe, daß es Freund Jones bald möglich sein wird Vorschläge zu machen für die Vervollständigung des Entwurfes zu den Bestimmungen über die psa. Ausbildung. Oder ist es vielleicht gewünscht, daß die Mitglieder des neu-Komitees von sich aus Vorschläge machen? Nachdem die Amerikaner ihren Standpunkt geändert haben, dürfte es nicht zu schwierig sein die Bestimmungen endgültig zu formulieren.
Mit den besten Grüßen an Sie Alle Ihr

van Ophuijsen

[handschriftlicher Zusatz]:
P.S. Besten Dank für Ihren eingeschriebenen Brief mit Scheck. vO

---

[1] Frans Pieter Muller (1883-1973), holländischer Psychiater, Schüler und Mitarbeiter von Gerbrandus Jelgersma. Von 1920 bis 1958 war er Professor in Leiden. Seine Antrittsrede hielt er zum Thema »Psychopathology und Psychoanalyse«, vgl. Bakker (1975).

11.10.1930/B

[Briefkopf: Internationale Psychoanalytische Vereinigung][1]

Berlin, 11. Oktober 30

Liebe Freunde,

Ophuijsen's Rundbrief vom 26. September ist ein sehr guter Anstoß gewesen, die gute alte Sitte, uns gegenseitig zu berichten, wieder aufzunehmen.

Ich beglückwünsche zunächst Ophuijsen zu der Eröffnung des holländischen Instituts, wenn das zunächst auch nur an außerordentlich ehrwürdiger Stätte (Spinozahaus) errichtete Plattform für systematische Vorlesungen über Psychoanalyse ist, so kann es andererseits doch auch ein wirklicher Anfang eines Institutes werden, und gerade ich weiß, wie viel Mühe sich Freund Ophuijsen mit dieser Angelegenheit gibt, und wünsche ihm darum an dieser Stelle nochmals von Herzen, daß alle seine Anstrengungen gute Früchte tragen mögen.

Von uns selbst ist, wie ich das schon Herrn Professor und Anna gegenüber getan habe, zu berichten, daß die in den letzten Septembertagen in Dresden stattgefundene Zusammenkunft der Deutschen Psychoanalytischen Gesellschaft sehr erfolgreich verlaufen ist. Versuche, einer etwas größeren Öffentlichkeit von an der Analyse ernster interessiert Anzunehmenden näherzukommen durchzuführen, erwiesen sich als notwendig. Mehrere hundert Menschen sind in Dresden gewesen und sind mit nicht ermüdender Aufmerksamkeit bis zum letzten Vortrag gefolgt, Ärzte, Pädagogen, Juristen u.a.m. An beiden Abenden der Tagung wurden zugleich ganz öffentliche, frei zugängliche Vorträge veranstaltet, je zwei Meng[2]

---

[1] Maschinenschriftlicher Brief.

[2] Heinrich Meng (1887-1972), deutscher Psychiater, studierte u.a. bei Auguste Forel in Zürich und Anton Delbrück in Bremen. Analysand von Paul Federn und Hanns Sachs, wurde er 1925/26 Mitglied der Berliner Vereinigung. Gemeinsam mit Paul Federn gab er das »Psychoanalytische Volksbuch« heraus, sowie die Zeitschrift für psychoanalytische Pädagogik. Meng war an vielen institutionellen Aktivitäten der psychoanalytischen Bewegung beteiligt, so z. B. am Plan, mit seinen Kollegen aus dem »südwestdeutschen psychoanalytischen Arbeitskreis« ein psychoanalytisches Institut in Frankfurt a.M. zu gründen. Dessen Leiter wurden Meng und Karl Landauer. Ab 1928 war er auch Mitarbeiter des 1924 gegründeten »Frankfurter Instituts für Sozialforschung«. Er initiierte u. a. mit Arnold Zweig eine Nobelpreis-Kampagne zu Gunsten Freuds, die aus vielerlei Gründen scheiterte. vgl. Tögel (2009),

und Horney, Aichhorn und Groddeck[3]. Das Interesse war recht groß und auch die Wahl dieser Vortragenden ganz glücklich bis auf den ewig fragwürdigen Groddeck, den man doch wohl besser im internen Kreise reden läßt. Wenn wir uns auch ebenso von der Überschätzung der Resonanz von außen wie der der eigenen Propaganda frei halten, so bleibt doch sicher, daß das immer steigende Interesse an der Psychoanalyse irgend welche Schritte unsererseits ebenso erwartet wie verdient.

Zu meinem sehr großen Bedauern hörte ich, daß der Professor sich in den letzten Wochen schlechter gefühlt hat und möchte inständigst hoffen, daß dies bald vorübergeht.

In der Erwartung, von allen Freunden bald wieder und von nun ab regelmäßig zu hören, bin ich

mit den herzlichsten Grüßen für alle

Ihr

M. Eitingon

Wittenberger (1993). Nach der Machtergreifung der Nazis ging er 1933 nach Basel, wo er bis zu seiner Emeritierung 1956 als Professor für Psychohygiene lehrte, vgl. Brenner (1975).

[3] Georg Groddeck (1866-1934), ärztlicher Leiter eines kleinen Sanatoriums in Baden-Baden. Er kam über die Lektüre von Freuds *Psychopathologie des Alltagslebens* zur Psychoanalyse und entwickelte als erster grundlegende Gedanken zur Psychosomatik. Von 1917 bis zu seinem Tod stand er in regelmäßigem Briefwechsel mit Freud. Sein *Buch vom Es* und der psychoanalytische Roman *Der Seelensucher* sind gleichwohl populär wie in psychoanalytischen Kreisen umstritten gewesen, vgl. Giefer (2006), S. 9-36.

30.11.1930/Bp[1]
[Briefkopf Ferenczis][2]

<u>R u n d b r i e f</u>

am 30.11.1930

Liebe Freunde:
Ich begrüße mit Freuden Ophuijsens Initiative, den Rundbriefverkehr unter den Mitgliedern des Beirates wieder aufzunehmen. Zweifellos hats Einlenken in der Frage der amerikanischen Laienanalyse dieses Problem einstweilen von der Tagesordnung abgesetzt und damit die kühle, unpolitische Atmosphäre geschaffen, in der man wieder ohne Affekt und mit mehr Aussicht auf Erfolg wissenschaftliche Probleme und solche der ps(ycho)a(analytischen) Bewegung behandeln kann. Es ist sicher wünschenswert, daß wir Beiräte sich in der Zeit zwischen den Kongressen im Frühling bleiben und Gedanken austauschen.
In Ungarn ist die antirevolutionäre und katholische Reaktion auf der Höhe ihrer Macht und hindert, wo nur möglich, jede Art offizieller Tätigkeit. So z. B. verzögert die Behörde die Erteilung der Konzession zur Eröffnung der psychoanalytischen Poliklinik. Der Wahrheit gemäß muß ich aber hinzufügen, daß weniger die Behörden, als die analysefeindlichen Sachverständigen der Behörde, die Universitätsprofessoren an dieser Verzögerung schuld sind. Wahrscheinlich müssen wir unser Gesuch einstweilen zurückziehen.
Das hindert aber nicht das Lehrinstitut an seiner ersprießlichen Tätigkeit. In letzterer Zeit wurden etwa vier, gründlich ausgebildete Analytiker zu Mitglieder befördert. Weitere fünf sind in einer nicht all zu fernen Zeit ausgebildet. Ein technisches Seminar behandelt im intimen Gedankenaustausch praktisch-analytische Fragen. In jedem Semester werden drei-vier theoretische Kollegien gehalten, die lebhaft besucht und zum Teil auch aussenstehenden zugänglich sind. An zwei Kinderambulatorien wird Eltern und Kindern mit Rat und teilweise mit analytischer Behandlung geholfen.

[1] Quelle: Sandór-Ferenczi-Nachlaß-Dr. Dupont (Paris).
[2] Maschinenschriftlicher Brief.

Die zweiwöchentlich abgehaltenen Sitzungen in letzterer Zeit, gleichwie in den anderen Gruppen Europas wenig Neues. Wir scheinen in einer Periode des Durcharbeitens zu sein.
Ich persönlich halte noch mit gewissen Ergebnissen meiner neueren Untersuchungen zurück, hoffe aber in nicht allzuferner Zeit, falls mir Überlastung mit praktischer Arbeit dazu Zeit läßt, damit hervorzutreten.
Die deprimierte finanzielle Situation in Ungarn zwingt die jüngeren Kollegen die Analyse oft für unwürdig geringes Honorar zu leisten. Immerhin ist das Durchschnittseinkommen der besser bekannten Kollegen vielleicht etwas höher, als der übrigen praktischen Ärzte, denen es ganz miserabel geht.
In der Hoffnung von allen Gruppen, resp. Beiräten bald Berichte zu bekommen, verbleibe ich mit
kollegialem Gruß,

Ferenczi

am 7. 12. 1930
Nachtrag: Als Ergänzung zu Obigem möchte ich noch mitteilen, daß theoretisches Interesse auch hier wie anderwärts sich Fragen der Kinderanalyse zuwendet. Auf meine Veranlassung wurde der kritischen Diskussion über diesbezüglichen Mitteilungen aus der englischen Gruppe unlängst ein Abend gewidmet. Auf Einladung der Gruppe wird Anna Freud im Laufe dieses Semesters drei Vorträge in der Budapester Gruppe halten. Im allgemeinen unterstützen die Beobachtungen aus unserer Gruppe vielfach die Wiener Aussichten, ohne die prinzipielle Bedeutsamkeit des Mutes zu leugnen, mit dem M. Klein[3] dieses Problem angegriffen hat. Vielleicht stehen die hiesigen Diskussionen einigermaßen unter dem Einfluß meiner neueren Untersuchungen über Traumatogenesis.

[Anlage]
am 30. 11. 1930

---

[3] Melanie Klein (1882-1960), aus Ungarn stammende Psychoanalytikerin in Berlin, später in London. Bekannt wurde sie besonders durch ihre Arbeiten zur Kinderanalyse. Ihr Verhältnis zu Anna Freud war von grundsätzlichen fachlichen Konflikten gekennzeichnet, vgl. King & Steiner (2000).

An Herrn Prof. Freud und Dr. Max Eitingon, sowie Frl. Anna Freud als Beiräte des Internationalen Psychoanalytischen Verlages

Mit der Bitte, den Inhalt der folgenden Zeilen vorläufig als private und diskrete Mitteilung zu betrachten, kann ich nicht umhin, mich in einer Angelegenheit, die die ungarische Freud-Ausgabe betrifft, dringend an Sie um Hilfe, resp. Abhilfe zu wenden.

Vielfache äußere und innere Schwierigkeiten, nicht zu guterletzt Geldmangel und die Langwierigkeit der Verleger hat die Herausgabe längst fertiger ungarischer Freud-Übersetzungen, auf Jahre verzögert. Einige kürzere Arbeiten: die drei Abhandlungen, die Arbeit: »Über den Traum«, und die Fünf Amerikanischen Vorträge Freud's sind längst vergriffen; zwei andere Freud-Werke: »Das Alltagsleben« und die »Massenpsychologie« waren im Besitze eines untüchtigen Verlegers. Da kam uns der Vorschlag von Storfers, alle Freud-Werke vom Verlag herausgeben zu wollen, wie eine Erlösung. Die Arbeit wurde auch in Gang gesetzt, die Manuskripte vom Verlag angekauft, sogar mit dem Druck begonnen. Infolge finanzieller Schwierigkeiten des Verlages wurde aber der Druck plötzlich eingestellt und es vergingen weitere Jahre, so daß z. B. die Traumdeutung, deren Manuskript noch aus der Vorkriegszeit stammt, immer noch nicht erschien.

Als ich vor etwa fünf Monaten mich darüber beschwerte, erklärte sich Storfer für bereit, uns die Rechte und Manuskripte zum Selbstkostenpreis zurückzugeben. Leider hatten wir nicht das zur Übernahme nötige Geld. Vor kurzem aber eröffnete sich die Möglichkeit, den größten ungarischen Buchverlag (Athenaeum) für unsere Sache zu interessieren. Ich wandte mich also an Storfer mit der Bitte die Summe des Selbstkostenpreises anzugeben. Statt darauf zu antworten, erhielt ich von ihm beiliegenden, stellenweise unnötig sarkastischen, in merito aber feindlich ablehnenden Brief, den ich zu lesen bitte.

Und hier ist die Stelle darauf hinzuweisen, daß Storfer starke bewußte und unbewußte Motive hat Ungarn, sein eigenes Vaterland, das er nicht leiden kann und das ihn auch nicht sehr freundlich behandelte, zu hassen. Sein zwiespältiges Benehmen in dieser Angelegenheit muß ich teilweise auf diesen Haß zurückführen.

Es ist aber höchst ungerecht, daß darunter auch die ungarische psychoanalytische Bewegung zu leiden habe, ich muß also die Beiräte, insbesondere Freund Eitingon ersuchen, darauf zu bestehen, daß mir die gewünschten Daten mitgeteilt und falls sich die Vereinbarung mit dem

Athenaeum verwirklichen läßt, das Recht erteilt werde, den Verkauf zu perfektuieren. Ich muß neuerlich darauf hinweisen, daß während der mehr, als zehnjährigen Pause der ungarische Büchermarkt von den Werken eines Stekel-Schülers überschwemmt wurde, die sozusagen die einzige Quelle ist, aus der heute der ungarische Leser psychoanalytische Kenntnisse schöpfen kann.

Leider muß ich hinzufügen, daß die Verhandlungen mit dem Athenaeum noch lange nicht abgeschlossen sind, so daß es sich auch hier um eine Möglichkeit, nicht aber um etwas feststehendes handelt.

Könnte uns aber der Verlag einen sicheren und nicht allzu fernen Termin für die Fertigstellung des Druckes und des Vertriebes zusichern, so hätten wir natürlich nichts dagegen, die Bücher beim Verlag zu belassen. Ich bitte also Eitingon, diese Angelegenheit selbst in die Hand zu nehmen und sie mit der bei ihm gewohnten Objektivität möglichst bald zu erledigen.

Mit freundlichen Grüßen

Ferenczi

11.1.1931/L[1]

[ohne Briefkopf][2]

Jan. 11, 1931

L.2/Berl. 13, Budap.1, W.12.

Dear Friends:
Let us agree with Abraham's proposal for the 1st, 11th, and 21st· and 1s' today's letter sound as Nr. 3.
Budapest. Nov. 1919 of the Proceedings of the S.P.R. contains a long contribution by Hubert Wales on telepathy. If you haven't this number I can send it to you. I am much in favour of your reviewing Groddeck's book, this is very necessary and you are the one to do it.
Berlin. Best thanks for the clear expression of opinion about Dr Herford[3], which will be very valuable. I expect we shall act in your sense. Till now, however, I have not heard from her.
You seem to have misunderstood my question about the date of the Congress, when you write »als einladende Gruppe können wir den Aufschub nicht gut zuerst beschliessen«. My question was not an official one addressed to the group, but a private expression of opinion of whether there are special considerations which we others might not have in mind that would make the holding of the Congress this year specially desirable. The counter-grounds we all know.

---

[1] Quelle: Sigmund-Freud-Copyrights (Wivenhoe-Colchester).

[2] Maschinenschriftlicher Brief.

[3] Ethilda Herford (1872-1956). Ärztin in Reading (England). Postgraduale Ausbildung in Berlin, München, Wien und Budapest. Wurde im Oktober 1921 zum außerordentlichen Mitglied der British Psychoanalytical Society gewählt. 1923 beendete sie ihre Lehranalyse bei Ferenczi. . Noch bis Anfang der fünfziger Jahre wird sie als aktives Mitglied im *KB* geführt. Veröffentlichungen u.a.: »The Infantile Mind and its Relation to Social Problems« (1918) und »Mental Hygiene« (1918); vgl. Payne (1957); Who was Who, Bd. 5, 1951-1960. London: Adam & Charles Black 1961, S. 513.

Wien. My wife will write the review of Kolnai[4]. What do you think of the idea of selling the translation rights of Kolnai? We cannot publish everything ourselves, but only selected books, and there is nothing against sending the others to other publishers, especially when we can gain a little money by it. The report of the British Society has already been sent to Hiller[5], so that you can have it to translate for the 3.. I wish that all groups were as punctual.

One defect in the 3 and the recent Verlag books is much commented on here, namely, the fact that they fall to pieces when they are out open. is it impossible to arrange for a little stronger binding? You were so successful with the J.

Would Professor be so good as to write an editorial footnote for Berkely-Hill's article in the sense of his suggestions?

London. I wrote o[n] Jan. 4th to Holland and Switzerland asking for expression of opinion as to the date of the Congress, and would suggest that you do the same for your three groups, as I shall do at our meeting on 'he 13th. Of course I agree with Ferenczi that the final decision lies with our Committee. Flügel is in favour of 1922.

As to the date of the Committee meeting, that must of course be decided by Professor, and we will all come where and when he says. He seems to exclude the beginning of September (as well as the Spring). Does that

---

[4] Aurél Kolnai (1900-1973), stammte aus Ungarn, studierte Philosophie, Geschichte und Ökonomie in Freiburg. Konvertierte vom Judentum zum Katholizismus. 1920 erschien sein umstrittenes Hauptwerk *Psychoanalyse und Soziologie. Zur Psychologie von Masse und Gesellschaft.* 1929 polemisierte er in einem Aufsatz »Thomas Mann, Freud und der Fortschritt« gegen Thomas Manns Schrift »Die Stellung Freuds in der modernen Geistesgeschichte«. Er emigrierte über Paris, Madrid und Lissabon in die USA. 1945 wurde er Professor für Gesellschafts- und Staatsphilosophie in Quebec/Kanada, vgl. Harmat (1988), S. 110ff.

[5] Eric Hiller (1893-1965), Mitglied der British Psychoanalytical Society, ohne praktizierender Analytiker zu sein, Geschäftsführer der Press, von Dezember 1920 bis März 1923 in Wien. Als Mitarbeiter Ranks im Verlag war er zuständig für die Übersetzungsarbeit und den Organisationsbereich, der die Koordination zwischen Wien, London und Berlin regeln sollte, sofern es sich um Verlagsangelegenheiten handelte. Kooperationsschwierigkeiten mit Rank veranlaßten ihn, wieder nach London zurückzukehren. Eine umfangreiche Korrespondenz von über 100 Briefen zwischen Hiller und einigen Komitee-Mitgliedern befindet sich im Otto-Rank-Archiv in New York; vgl. u.a. Mühlleitner (1992), S. 147.

mean that he prefers the end of September, or sometime in August? We need a full week.
The campaign in London extends still more and every day the newspapers have several columns on Psa, for the sale of the Pall Mall Gazette! The Baily Graphic have appointed a special commission of lawyers and doctors to investigate the matter and they publish daily reports. The animus is chiefly directed against the lay analyst, charlatans, quacks, and spiritualists being the commonest epithets. Occasionally a distinction is drawn between quacks and »genuine analysts", but more often not. I got Flügel and Barbara Low[6] to grant interviews., which may do some good, but at our meeting this week the whole question of reaction will be discussed.
The Brill question is becoming again rather acute. Till the end of Vol. 1 of the J. we have enough Sammelreferate, but before then we must arrange a staff of regular abstractors for current Literature, including of course America. Without Brill we can hardly do this, nor select the American editors as arranged at the Congress, nor get news of the movement there. On Nov. 14th I wrote to him a long diplomatic letter, painting out that he was our only avenue of approach to a whole Continent, and begging him to open this. The letter I sent to Professor, who, I think, approved of it; he had himself written to Brill some time before in a similar sense. Now. although there has been ample time, I have had no response (even to urgent questions such as list of members, subscriptions, etc.), and I suppose Vienna has heard nothing also, else we should have known of it. I hesitate to write to Stern, who has now returned, for fear of further offending, but the question is what is to be done? I should welcome comments and suggestions from everyone, especially of course from Professor. Would he contemplate sending him an ultimatum himself, or dealing with him in some other way?
I had a long and touching letter from Strømme[7] of Christiania, who seems to have a lonely and difficult fight, with great financial strain. He

[6] Barbara Low (1874-1955), Kindergärtnerin, Analysandin von Sachs und Jones, Laienanalytikerin und Dozentin am Londoner Psychoanalytischen Institut, entschiedene Gegnerin Melanie Kleins. Sie war die Schwägerin von David Eder, vgl. Grosskurth (1993).

[7] Johannes Strømme (1876-1961), norwegischer Psychiater und Psychotherapeut, norwegisches Mitglied der Skandinavischen Psychoanalytischen Arbeitsgemeinschaft. Strømme modifizierte die Analyse in seiner Osloer Praxis; vgl. KB, *IZP*

rightly says that Bjerre[8] is no Freudian, but thinks that Geijerstam[9] of Goteborg, Sweden, his best friend, is. He was a pupil of Pfister's , which will settle him in Sachs's eyes! He seems to be an honest follow, but with vague ideas. Z.B. »Ich rechne mich für Freudianer, obschon Freud selbst es kaum tut. Alles was F. geschrieben hat, schreibe ich unter (sic!), wenn das Wort Sexualität mit Arbeitslust umgeschrieben wird«. This is what Housfield[10] would call a slight modification of Freud (see my review of his pretentious book).

Miss Hubback[11] has made a good translation of the Jenseits, but I have not yet had time to correct it. Flügel's correction of the Bernays version of the Vorlesungen, on the other hand, is peerly done, but must be done again; so far, he has sent only the first four chapters. These are being

---

18(1932), S. 425; Svens Uppslagsbok. Bd. 27. Malmö: Förlagshuset Norden 1953, S. 1030; Gyldendals Store Konversasjonsleksikon. Bd. 5, Oslo: Gyldendals Norsk Forlag 1965, S. 1420.

[8] Poul Bjerre (1876-1964), schwedischer Neurologe, der zunächst Freud nahestand und später mit Jung zusammenarbeitete. Lou Andreas-Salomé fand durch seine Vermittlung zur Psychoanalyse. Er nahm auch am III. Psychoanalytischen Kongreß 1911 in Weimar teil. In den Diskussionen um die »Psycho-Analyse « brachte Bjerre den Begriff der »Psychosynthese« ins Gespräch. Mit Jung trennte er sich von der Psychoanalyse. Dennoch gehörte er bis 1914 zum Mitarbeiterstab der IZP, vgl. Freud (1966a), Jones (1960-1962), Bd. 3, S. 111.

[9] Emanuel af Geijerstam (1868-1928). Schwedischer Psychotherapeut und Hypnotiseur, der sich seit 1911/12 als Analytiker betätigte. Er hat sich zwar als ein Gegner der Analyse betrachtet, aber dennoch in der IZP und in anderen Zeitschriften zu psychoanalytischen Themen publiziert. Im Jahre 1923, also in einer Zeit, in der sich Freud mit Themen der Religion und des Narzißmus beschäftigte, verfaßte Geijerstam einen Beitrag unter dem Titel »Einige Worte über das religiöse Gefühl und den Narzißmus vom psychoanalytischen Standpunkte«; vgl. *Fortschritte der Sexualwissenschaft und Psychoanalyse*, Bd. 1, Wien 1923; vgl. auch Tamm (1928); vgl. auch IZP 14(1928), S. 562.

[10] Unklar; die Besprechung eines solchen Buch von einem Housefield oder Hounsfield durch Jones konnte nicht nachgewiesen werden.

[11] Caroline Jane Mary Hubback (1871-1959), Urgroßnichte von Jane Austen und Übersetzerin einiger Schriften Freuds, darunter *Das Motiv der Kästchenwahl* und *Mythologische Parallele zu einer plastischen Zwangsvorstellung.*

gone through again by Mrs Rivière[12] and then by myself. The first chapter is nearly ready for press, which is high time, for Unwin is raging.
With cordial wishes to all yours

[Ernest Jones]

[12] Joan Rivière (1883-1962), Freud-Übersetzerin und erste Laienanalytikerin Englands. Sie begann 1916 eine Analyse bei Jones, wurde 1919 Gründungsmitglied der British Psycho-Analytical Society, kam 1922 nach Wien, um bei Freud ihre Analyse fortzusetzen. Begann bereits 1920 Freuds Werke ins Englische zu übersetzen. 1924 näherte sie sich den Ideen Melanie Kleins an und wurde eine der wichtigsten Vertreterinnen Kleinscher Theorien und Lehranalytikerin in London, vgl. Gast (1996).

26.1.1932/Bp[1]
[ohne Briefkopf][2]

[Budapest], den 26. Jan. 1932

Lieber Max,
abgesehen davon, wer in der Affaire Reich recht hat[3] (ich, für meine Person, bin vollkommen auf Professors Seite), halte ich es, nach dem Aufsehen, die diese Angelegenheit bereits erregt hat, unumgänglich notwendig, daß die Leitung der Vereinigung (Du, ich und Jones) irgend eine offizielle Erklärung im Korrespondenzblatt abgibt, die die Affaire in guter Form und endgültig beschließt. Ohne solche Erklärung erschiene die Nichtveröffentlichung als ein Rückzug aus Angst; ein solcher Anschein könnte aber einen dauernd schlechten Eindruck hinterlassen. Um aber die sich verletzt Fühlenden nicht unnötig zu reizen, halte ich eine rein akademische Erklärung ohne Nennung des Namens und des Gegenstandes, für angebracht, etwa wie folgt:
»Aus Anlaß eines konkreten Falls beschloß die Leitung der Vereinigung, den Herausgeber unserer offiziellen Zeitschriften zu ersuchen, dafür zu sorgen, daß die Autoren, die einen Artikel von ausgesprochen partei- oder religionspolitischer Färbung veröffentlichen wollen, ihre Zugehörigkeit zu einer Partei von nicht wissenschaftlichem Charakter zu erkennen geben.[4] Natürlich ändert dies nichts an der Tatsache, daß in den Zeitschriften nach wie vor die verschiedenen Ansichten zu Worte kommen können. Unterschrift, Eitingon, Präsident, Ferenczi, Jones Vizepräsidenten«.
Diese Veröffentlichung gehört natürlich in die entsprechende Rubrik des Korrespondenzblattes. Vorläufig unterbreite ich diesen Vorschlag nur Dir und dem Professor; falls wir uns einigen, bitte ich Dich, die Zustimmung Jones' zu verschaffen.
Mit herzlichem Gruß

Dein Sándor

26. I. 32

---

[1] Quelle: Sandór-Ferenczi-Nachlaß-Dr. Dupont (Paris).
[2] Nur an Freud und Eitingon.
[3] Vgl. dazu u.a. Nitzschke (2020), Peglau (2017).
[4] Ist nicht umgesetzt worden.

Lieber Herr Professor,
Vorangehender Brief sende ich mit gleicher Post an „Eitingon. Schönen Dank für den ausführlichen Brief.
Ihr

Ferenczi

27.3.1932/W[1]
[Briefkopf Freuds][2]

Ostern 1932
An die Vorsitzenden der psychoanalytischen Vereinigungen!

Lieber Herr Kollege!
Ich bitte Sie, den nachstehenden Ausführungen, die sich auf das Verhältnis des Internationalen Psychoanalytischen Verlags zur Internationalen Psychoanalytischen Vereinigung beziehen, Ihre Aufmerksamkeit zu schenken, sie zur Kenntnis Ihrer Gruppe zu bringen und zum Gegenstand einer Diskussion in deren Mitte zu machen.
Der I. PsA. Verlag ist unmittelbar nach Kriegsende gegründet worden dank einer Stiftung unseres seither verstorbenen ungarischen Mitglieds Dr. Anton von Freund.[3]

---

[1] Quelle: Sigmund-Freud-Copyrights (Colchester).
[2] Maschinenschriftlicher Brief.
[3] Anton von Freund (1880-1920). Ungarische Namensform Antal Freund von Tószegh; Budapester Brauereibesitzer und Dr. phil. Wurde auf dem Budapester Kongreß 1918 Sekretär der IPV. Im Sommer des gleichen Jahres hatte Freud ihn als Mitglied des »Geheimen Komitees« vorgesehen, aber aufgrund seiner Erkrankung konnte er nicht an der Arbeit des Komitees teilnehmen und Max Eitingon trat an seine Stelle (Freud 2009h, S. 639). Von Freund hatte 1918 beschlossen, eine von ihm schon vorher eingerichtete Stiftung speziell zur Gründung und Unterstützung einer psychoanalytischen Poliklinik mit Lehrinstitut in Budapest zu verwenden. Aufgrund seines frühen Todes und der inneren Wirren in Ungarn blieb der Plan unverwirklicht. Von diesem »großen Fonds«, der trotz vielfacher Bemühungen nie der Psychoanalyse zugute kam, ist ein anderer zu unterscheiden, ebenfalls aus den Mitteln von Freunds, der vor allem zur Schaffung des *Internationalen Psychoanalytischen Verlags* diente, und dessen Kapital 1918/19 nach Wien transferiert wurde. Harmat berichtet, daß die Summe, die A. von Freund für den *Verlag* vorsah, »ungefähr fünfhunderttausend Dollar« betrug. Ein Viertel davon konnte noch 1918 transferiert werden. Ab August 1919 gelangten die Überweisungen nicht mehr nach Österreich, weil Ungarn auf Grund der dort herrschenden Inflation solche Summen im Inland halten wollte. Ende 1919 entschieden die städtischen Behörden Budapests, daß das Geld für humanitäre Zwecke verwendet werden dürfe. Bürgermeister Bódy »erbat von einem Professor der Medizin - vielleicht von Jendrassik? - einen Bericht über den wissenschaftlichen Status der Psychoanalyse. Ferenczi wurde um eine Gegenexpertise gebeten ... Die Aktion blieb schließlich

Er sollte die psychoanalytische Literatur unabhängig machen von der Willkür der Verleger, die an unserer Sache nicht interessiert waren., sollte den Autoren aus unseren Kreisen bequeme Wege in die Öffentlichkeit eröffnen und gleichzeitig ihre Werke wie durch eine Art von offizieller Eichung[4] von der Masse der psychoanalytischen Produktion abheben.
Es war von vornherein unzweifelhaft, daß ein Verlag mit solchen Zielen und Einschränkungen kein gewinnbringendes Unternehmen sein werde. Aber das war auch gar nicht unsere Absicht. Wir hofften, daß der Verlag im Laufe der Zeit und mit der Ausbreitung der Psychoanalyse selbsterhaltend werden würde, und waren bereit, ihn bis dahin durch reichliche Zuwendungen zu stützen. Der Mittel dafür glaubten wir sicher zu sein, denn Dr. Freunds Stiftung betrug über eine Drittelmillion oestr.-ungarischer Kronen. Diese waren zur Zeit nicht mehr vollwertig, aber mit sovielen anderen kurzsichtigen Zeitgenossen rechneten wir darauf, daß der Wiederaufschwung der Wirtschaft nach dem Friedensschluß ihnen bald den vollen Goldwert wiedergeben werde.
Ich glaube, es wäre ungerecht, uns den Vorwurf zu machen, daß wir bei der Verlagsgründung leichtsinnig vorgegangen sind. Aber es ist bekannt, daß es anders kam, als wir erwartet hatten. Die österreichische Währung wurde hinweggeweht, im Jahre 1922 war die Krone nur mehr 1/15000stel der Goldkrone wert, und der Fond, der den Verlag über die Jahre seiner Entwicklung hätte stützen sollen, war zergangen. Wenn nicht ein Zufall gefügt hätte, daß wir einen gewissen Bruchteil des Fonds in fremden Geldmitteln erhalten hatten, wäre der Verlag schon die kürzeste Zeit nach dem Beginne seiner für uns alle so wertvollen Tätigkeit aufgelöst worden.
Vom Währungssturz an ließ sich aber nicht vermeiden, daß er immer tiefer in Schulden geriet. Wir haben das Möglichste getan, um diesen Verfall aufzuhalten. Wenn bei mehreren feierlichen Anlässen beträchtliche Summen für gemeinnützige analytische Zwecke von den Mitgliedern und Freunden der I. P. V. gesammelt wurden, so war es selbstverständlich, daß sie eine Hilfeleistung für den Verlag bedeuteten. Ich selbst suchte die Situation zu dadurch erleichtern, daß ich meine

erfolglos«; vgl. u.a. Mühlleitner (1992), S. 107; Harmat (1988), S. 63, 78f.; Jones (1960-1962), Bd. 3, S. 49-51; Freud (1919c).

[4] Im Original »Aichung«.

Autorenhonorare beim Verlag stehen ließ, die im Laufe dieses Jahrzehnts die Höhe von beinahe Dollar 20.000,- erreicht haben. Auch habe ich nicht die Absicht, diese Forderung geltend zu machen. endlich aber bereitete in diesen letzten Zeiten die Absatzkrise auf dem deutschen Büchermarkt allen Hoffnungen auf eine gedeihliche Entwicklung des Verlags unter seinen bisherigen Bedingungen ein Ende.

Zu Anfang des Jahres 1932 stand es so, daß es kaum vermeidlich schien, den Bankrott zu erklären. Es waren keine Geldmittel vorhanden, um die laufenden Ausgaben zu bestreiten und die drängendsten Schulden zu bezahlen. Aber der Bankrott hätte den Verlust großer Bücherwerte zur Folge gehabt und wäre zu schmerzlich gewesen. Man mußte sich eines Ausrufs von Lord Bacon[5] unter ähnlichen, vielleicht mehr verschuldeten Verhältnissen erinnern: *I won't be plucked of my feathers.* Auch wuchs die Überzeugung von der Unentbehrlichkeit des Verlags für die psychoanalytische Sache immer höher, je mehr man sich mit der Vorstellung befreunden wollte, ihn aufzugeben. So haben wir denn mit der Hilfe bewährter Freunde und mit eigenen Opfern eingegriffen, die unaufschiebbarsten Verpflichtungen erledigt, eine neue Geschäftsleitung eingesetzt, die die sorgsamste Wirtschaft zu führen verspricht. Es ist dieser neuen Kraft gelungen, bei den Gläubigern des Verlages ein Moratorium zu erwirken. die Schulden müssen und sollen abgezahlt werden, aber erst im Verlauf einiger Jahre. Unterdes kann der Verlag fortbestehen, er kann arbeiten lassen, wenn er keine neuen Schulden macht, unsere Zeitschriften werden erscheinen können und solche Bücher, deren Autoren dem Verlag die erforderlichen Kosten vorstrecken.

Dies alles zur Einleitung, lieber Herr Kollege, und nun komme ich zu dem, was mich veranlaßt, Sie und die Mitglieder Ihrer Vereinigung um Ihr Interesse zu bitten.

Sie haben gehört, daß der Verlag meine Schöpfung ist, mein Kind. Und Sie wissen, man will seine Kinder nicht überleben, will ihnen vielmehr die Existenz nach seinem eigenen Abgang versichern. Und da ich erkenne, welch schweren Zeiten der Verlag entgegengeht, ist mir in den Sinn gekommen, daß ich die I. PsA. Vereinigung auffordern könnte, sich

---

[5] Francis Bacon (1561-1626), war ein englischer Philosoph, Jurist und Staatsmann, dessen Satz »Geld gleicht dem Dünger, der wertlos ist, wenn man ihn nicht ausbreitet« (Of Seditions and Troubles, 1625) laut Freud auch für die Psychoanalyse gelten sollte.

seiner anzunehmen und für seine Zukunft zu sorgen. Der Verlag stand bisher in einem lockeren und einseitigen Verhältnis zur Internat. PsA. Vereinigung. Er ist das Eigentum einer Ges. m. b. H. (gegenwärtig bestehend aus Dr. Eitingon, Dr. Ferenczi, meiner Tochter und mir), deren Mitglieder niemals daran gedacht haben, Vorteil aus ihm zu ziehen, von denen Eitingon vielmehr beträchtliche Opfer für ihn gebracht hat. Er stand immer der I. PsA. Vereinigung zu Diensten, hat für sie gearbeitet und keinen Anspruch an sie gestellt. Daß er der psychoanalytischen Sache große Dienste geleistet, wird wohl unbestritten sein. Für unsere beiden offiziellen Zeitschriften (»Internationale Zeitschrift für Psychoanalyse« und »Imago«) hätten wir wahrscheinlich Verleger gefunden, da sie durch die Jahresbeiträge der Mitglieder teilweise garantiert sind, aber die ganze reiche und schöne Literatur, die die Mitglieder der I. PsA. Vereinigung in diesen Jahrzehnt geschaffen haben, wäre nicht zustande gekommen oder nur vereinzelt, zersplittert und mit Untauglichem vermengt, wenn der Verlag sie nicht zum Leben befördert hätte. Vielleicht darf ich auch auf die Tatsache hinweisen, die mir das Recht gibt, die Sache des Verlags vor der I. PsA. Vereinigung zu vertreten. Nur dadurch, daß meine Veröffentlichungen den relativ größten Absatz fanden, während ich die Honorare für sie beim Verlag nicht behob, wurde er in den Stand gesetzt, die Werke unserer Mitglieder zu drucken.

Ich nähere mich nun einer Schwierigkeit, lieber Herr Kollege, die ich gewiß nicht unterschätzen werde. Wir heißen uns mit Recht einen internationalen Verein; unsere Mitglieder sprechen, lesen, publizieren in verschiedenen Sprachen. Da läge es nahe zu sagen: der Internationale PsA. Verlag ist, obwohl er sich »International« nennt, eine reindeutsche Angelegenheit, an der Anderssprachige nicht interessiert sind. Diese haben, wie besonders die englische Gruppe, ihre eigenen Zeitschriften, Literatur, Verlagsangelegenheiten. Damit entfällt die Möglichkeit, den Kongreß als die Repräsentanz der I. PsA. Vereinigung mit dem Problem des I. PsA. Verlages zu beschäftigen. Mögen die deutsch sprechenden Analytiker, deren Interessen allein bedroht sind, die Sorge für den Verlag allein übernehmen!

Gewiß, wenn unsere anderssprachigen Kollegen dabei verharren, wird uns nichts anderes übrig bleiben! Aber lassen Sie uns tiefer in den Sachverhalt eindringen. Der Verlag hat sich nicht grundlos mit dem Beiwort »International« geschmückt; er war wirklich auf Tätigkeit über das deutsche Sprachgebiet hinaus angelegt: der englische Verlag war anfangs ein

Teil von ihm, die ersten Jahrgänge des »Journal of Psycho-Analysis« wurden in Wien erzeugt, und noch nachdem der englische Zweig sich abgesondert hatte, sind vom Verlag Versuche unternommen worden eine ungarische und eine italienische Literatur ins Leben zu rufen. Versuche, die in der Not der Zeiten ersticken mußten. Es ist auch zum Glück nicht richtig, daß die anderssprachigen Literaturen so unabhängig von der deutschen sind, wie jener Einwand andeuten möchte. Werfen Sie eine Blick in die Nummern des Londoner Journal und überzeugen Sie sich, welche Beiträge zu deren Text die Übersetzungen von Arbeiten aus den deutschen Zeitschriften geliefert haben. Das englische Journal erfüllt nur ein Stück seiner Aufgabe, wenn es die Übersetzungen bringt: das Recht, über sie nach Belieben zu verfügen, ist ihm als Rest der alten Einheit mit dem deutschen Verlag verblieben; es würde sofort hinfällig, wenn die Zeitschriften in einen fremden Verlag übergingen.
Aber Sie werden mir gewiß vorhalten, daß es unbillig und unserer unwürdig ist, diese Interessengemeinschaft von so engherzigen Gesichtspunkten zu beurteilen, wenn soviel Wichtigeres in Betracht kommt. Lassen wir uns nicht durch den Anschein des Nachlassens der Feindseligkeit gegen unsere Analyse verblenden; es ist mehr eine Besserung im Ton als im Wesen, mehr *modo* als *re.* Noch für längere Zeit wird es notwendig sein, daß die Analytiker zusammenhalten, enger zu einander halten als zu den nahe stehenden Gruppen der Neurologen, Psychiater, Psychotherapeuten. In den U. S. von Amerika ist die Neigung der Analytiker zur Absonderung am schwächsten entwickelt, weil dort die Eigenart der Psychoanalyse am wenigsten verstanden wird. Lassen Sie sich nur berichten, welche Widerstände sich auch dort gegen den Einlaß der Psychoanalyse in die medizinische Fakultät erhaben. Nein, solange dieser Zustand draußen besteht, darf der Analytiker nicht eher Engländer Franzose, Amerikaner oder Deutscher sein wollen als Jünger der Analyse, muß er die gemeinsamen Interessen höher stellen als die nationalen und natürlich die professionellen. Wenn die psycho-analytische Bewegung in Deutschland zerbröckelt, wie es nach dem Untergang des Verlags gewiß geschehen würde, werden Sie alle, auch in England, Frankreich und Amerika den Zerfall und die Entwicklungsstörung zu spüren bekommen.
Wenn Sie in Deutschland helfen, tuen Sie sich selbst wohl.
Ich fordere Sie also zu einer Betätigung des analytischen Gemeinsinnes auf, indem ich Ihnen die Hilfeleistung für den Verlag vorschlage, und stütze mich darauf, daß die glücklichen Zeiten, in denen jeder seinen

sicheren Weg gehen können wird, ohne auf den Nebenmann zu achten, noch nicht gekommen sind. Einigkeit und Gemeingefühl sind derzeit noch vorteilhaft, ja vielleicht unerläßlich. Was ich von Ihnen haben möchte, sind natürlich Geldopfer. Sie werden leicht darauf hinweisen können, daß Sie mit Jahresbeiträgen, Abonnements, Subventionen für Institute genügend belastet sind. Ich glaube es Ihnen und doch wüßte ich den neuen Aufwand noch zu rechtfertigen. Sehen Sie, es geht uns allen schlecht, allen Ärzten, auch allen Spezialisten. Und nun will man die Beobachtung gemacht haben, daß gerade die Analytiker es um ein Stückchen besser haben als andere. Es ist ein großer Triumph für die Analyse, daß eine ganze Anzahl Arbeiter von ihrer Ausübung leben kann, und wenn wir wirklich von ihr leben, zeigen wir doch, daß wir ihr auch dankbar sein können! Ich habe reichlich Geldopfer für die Analyse gebracht, warum nicht auch Sie, jeder nach seinem Maß?
Wie stelle ich mir nun die Hilfeleistung vor, um die ich bei Ihnen werbe? Ich meine, die Einzelheiten der Ausführung muß ich Ihnen überlassen. sie könnten innerhalb Ihrer Gruppe Vorschläge machen, darüber diskutieren, ihre Ergebnisse dem Vorstand der I. PsA. Vereinigung bekanntgeben und dann auf dem Kongreß im nächsten September die Entscheidung treffen. Ich will selbst nur einige unverbindliche Winke wagen. Vielleicht hilft man dem augenblicklichen Notstand am besten durch eine einmalige Sammlung ab. Aber das allein genügt nicht, es ist etwas erforderlich, was der Anteilnahme der I. PsA. Vereinigung am Verlag einen dauernden Ausdruck gibt, wie z. B. ein für den Verlag bestimmter Zuschlag zum Mitgliedsbeitrag. In weiterer Folge bleibt zu erwägen, in welchen Formen der auf dem Kongreß gewählte Vorstand der I. PsA. Vereinigung die Aufsicht über die Geschäftsführung des Verlags ausüben soll. Kurz ich möchte es erreichen, daß der Verlag der I. PsA. Vereinigung nicht mehr als private Unternehmung gegenüberstehe, daß der Verein sich seiner bemächtigt und ihn in Acht nehme als eine gemeinsame Angelegenheit. Wenn Sie zur Durchsetzung dieser Absicht beitragen, sind Sie meines Dankes sicher; ich glaube, Sie werden damit etwas Richtiges und für unsere Sache Gutes getan haben.
Ihr herzlich ergebener

Freud

19.12.1932/L

[Briefkopf: Internationale Psychoanalytische Vereinigung][1]

19th December, 1932.

My dear Friends,

On returning from Wiesbaden I had the good intention to suggest the reviving of our old custom of a regular Rundbrief. The main reason for my delay in doing so is the fact that two of us, van Ophuijsen and myself, have been in constant and often daily contact with Vienna, and hence indirectly with Eitingon and Frl. Anna Freud. The main concern of the past three months has naturally been the Verlag difficulties. The Sub-Committee (van Ophuijsen", Sarasin and myself), are extremely pleased at the quite extraordinary efficiency and tact with which Martin Freud[2] has been dealing with an almost impossible situation; I cannot imagine anyone else who would have been half so useful as he has been. The prospects of salvaging the situation seem to me to be rather better than I judged them to be in August, whereas they might very easily have been worse. It is still too early to say what our chances are of getting out of the wood, and to do so will need the exerting of all our united powers. Two of the creditors have been finally dealt with by a composition of 65 or 70%, and I gather that of the six remaining, only one is really dangerous.

Laforgue was in London recently and described to me fully the difficulties he is encountering with the French group. It is clear that he made the mistake all of us made at first, of building the first group from uncertain elements, and that he is paying sorely for it now. There is an inordinate amount of intrigue and a strong anti-international feeling. Unfortunately a great part of the resistance concentrates on the need for thorough knowledge of psycho-analysis, including the need for instruction. Van Ophuijsen has also reported to me very similar difficulties in his group, where in addition the question of lay analysis plays a considerable part.

---

[1] Maschinenschriftlicher Brief.

[2] Martin Freud (1889-1967), ältester Sohn Freuds. Er hatte am 16. Januar 1932 die Geschäftsführung des Internationalen Psychoanalytischen Verlags von Adolf Storfer übernommen, vgl. Freud (1999).

Locally there is little for me to report, and only good. Our Society is working well and harmoniously. My four Radio talks appear to have been successful and must at least have been of some use for propaganda purposes. My name, of course, was for medical reasons not mentioned, but via the B.B.C. I received nearly a hundred letters from correspondents. It was amusing to note that the most frequent objection brought forward was against what was felt to be my threat to take away from people the right to have prophetic dreams! I come, last but not least, what was probably the immediate occasion for my writing now. We have known that for many years Sadger has been making stenographic notes in Professor's presence, with the obvious intention of writing his memories. A book to this effect has been printed, and bound, since 1929, by the Ernst Wengraf Verla, and a so-called translation by Emma Hecht has been printed by Farrar and Rinehart of New York. My knowledge of it came about through the Hogarth Press sending me the copies, as they had received a query from Curtis Brown about the British publication. (I naturally replied that no reputable publisher would publish such a book). The book is disappointing inasmuch as one hoped for some interesting and unrecorded anecdotes from earlier days, but it is worthless in this respect too. On the other side it reveals [3]Sadger's worst characteristics, his envy, pettiness and general disgruntledness. He makes wild statements about matters he knows nothing of, reports a number of facts which I know to be quite untrue, and gives an entirely distorted impression of Professor himself. The accounts of the Vienna meetings sound like a nightmare, with Professor behaving as a hysterical woman or, as he often called, an »arger Sadist«. Instructions have been given that the book be not published until after Professor's death »lest it rouse his ire“. I imagine this chiefly applies to a chapter in which the astonishing thesis is maintained that Professor has always been disloyal to his Jewish origin, that he loved only Christians and vented all his hate on his Jewish colleagues. Equally astonishing is the news that he has always sternly refused to allow any of his followers to have any original ideas of their own, but when in a gracious mood would present them with his to develop in their own name. This latter custom applied only to the

[3] Isidor Sadger (1867-1942), Arzt, von 1906 bis 1933 Mitglied der »Mittwoch- Gesellschaft«, vgl. Mühlleitner (1992), S. 282, Sadger (2006).

heads of the Ortsgruppe and varied inversely with the distance from Vienna; from this one might expect that, e.g van Emden would have made vastly more original contributions than our friend Ferenczi. How much of all this Frl. Anna may wish to relate to her father is of course left to her discretion.

I now seriously propose that we each of us choose a date, perhaps every six weeks or two months, by which we undertake to write a Rundbrief to one another. It is obviously of the greatest value that we remain in the closest contact, not only individually, but also as a group.

With my best wishes for the Christmas holidays and for the coming New Year,

Yours always,

Ernest.

1.3.1933/L

[Briefkopf: Internationale Psychoanalytische Vereinigung][1]

1st. March, 1933.

Dear Friends,

Although I have not had a single reply to my last Rundbrief, I am not discouraged and will again make the suggestion of reviving the practice. I feel the danger of our getting too much out of contact without some regular mode of intercommunication among us all, even if, as on the present occasion, one has little actual news to report.

The most important international news is the highly efficient way in which is dealing with the salvage of the Verlag. He has so far been exceptionally successful, though it needs one more special effort to deal with an acute situation arising in April. Six out of eight creditors have been paid off through compromise arrangements, leaving the two most difficult to the last. I cannot of course say how the political situation in Germany will affect the business prospects as regards sales.

I hear of turmoils in the groups at New York, Paris and Holland, but hope that the other Societies are as peaceful as the British one.

From England the chief news is that in an extensive re-organisation of the medical curriculum now taking place there is an urgent demand to introduce training in Clinical Psychology. Those practising it have been approached officially, and Glover and I are on a Sub-Committee entrusted with the drawing up of the detailed syllabus for the lectures. It is certain that psycho-analysis will receive a prominent place in this work and will for the first time be *thought* ~~on~~ at all the Universities and Medical Schools in this country. We are still at the preliminary work, but the prospects appear brighter than I should have expected and I will report further progress at a later date.

Brill's translation, which is much better than the previous one, of the last edition of the Traumdeutung has recently been publish. We are at present preparing a translation of the Neue Vorlesungen.

With greetings to you all and the expression of hunger for your news.

Ernest Jones

[1] Maschinenschriftlicher Brief.

22.3.1933/L[1]
[Briefkopf: Internationale Psychoanalytische Vereinigung][2]

22nd March, 1933.

Sent to Dr. Brill,
Dr. Eitingon,
Dr. Ferenczi,
Fräulein Anna Freud
Dr. van Ophuijsen

You will be interested to know that a new South African group has been formed in Johannesburg, which applies for affiliation to the British Society.

I rather doubt whether the qualifications are as yet up to our standard, but am making enquiries from analysts where the South Africans have studied. What I am now seeking your advice for is the problem of what we shall do in the future in respect of Societies formed in British Dominions. Should such a Society be admitted direct to the International or via some All-British organisation?

We cannot follow the new American system, because in America the members of the Pan-American Regulating Council are all within easy contact of one another, where as this would not be so with a Council some of whose members were in New Zealand and some in Canada. The only way to imitate the American system is to make the present British Society in London the Regulating body for the Empire. There is obviously much to be said in favour of this owing to our seniority and the fact that most Colonials will come to London to study and qualify, but I do not know whether it would be a satisfactory permanent arrangement. Perhaps it could be introduced for ten or twenty years until the daughter nations grew up sufficiently. I should, however, be very grateful for your personal opinion on this important matter and will ask you to be good enough to let me know as soon as you can anything you may wish to say; they are pressing for an early answer.

With kindest regards,
Yours always,

[Ernest Jones]

---

[1] Quelle: Sigmund-Freud Copyrights Wivenhoe (Colchester).
[2] Maschinenschriftlicher Brief.

26.3.1933/H

[Briefkopf: Internationale Psychoanalytische Vereinigung][1]

den 26. März 1933.

Liebe Freunde,

Freund Jones hat Recht, wir sollten uns wirklich öfter schreiben, als wir es in letzter Zeit gemacht haben, besonders in dieser schwierigen Periode. aber ich nehme an, daß es Euch ebenso geht wie mir und daß es gerade die schwere Zeit ist, welche bedrückt und hemmt. Jetzt habe ich mich aufgerafft, weil ich Euch mitteilen möchte, in welchem Maße die Situation unsere Deutschen Freunde mein Besorgnis erregt. Von verschiedenen Seiten habe ich erfahren, daß zum Programm der heutigen Regierung gehört die Ausübung der Psa. zu verbieten und zwar unter Drohung mit Zuchthausstrafe für Arzt und Patient. Sobald ich das erfuhr und es einigermaßen sicher erschien, habe ich Freund Eitingon telefoniert und eine Anspielung auf die Gefahr gemacht. Er antwortete, als ob er von gar nichts wüßte und behauptete, er würde als Letzter gehen und dergleichen mehr! Wie wenn es von ihm abhängig wäre! Ich habe dann versucht ihm einen ziemlich ausführlichen Brief über die Situation und über seine Einstellung durch die Gesandtschaft seines Landes zukommen zu lassen. Aber gestern wurde mir vom Attaché telefoniert, die Gesandtschaft könne die Sache nicht übernehmen. Sie hat nämlich keinen Kurier nach Berlin und ein Brief unter dem Kuvert der Gesandtschaft würde ohne Zweifel geöffnet werden! Was er über den andern Weg Warschau-Berlin sagte habe ich nicht genau verstanden; ich glaube, er meinte für eine Warnung wäre der Weg zu lang. Ihr seht, auch die Autoritäten betrachten die Sache nicht als gleichgültig. Heute ist mir gelungen zu erreichen, daß ein jüdischer Rechtsanwalt, der nach Berlin fährt und der ein Verbot der Psa. auch nicht für ausgeschlossen hält, sich bereit erklärt hat Freund Eitingon zu warnen. Außerdem werde ich morgen versuchen ihn durch unsre Gesandtschaft zu erreichen. Wovor ich ihn warnen möchte ist Folgendes: falls die Psa. verboten wird, ist es sozusagen sicher, daß im Institut eine Haussuchung vorgenommen werden wird. Und ich möchte sicher sein, daß dort kein Material vorhanden ist, welches als belastend für Arzt und Patient betrachtet werden könnte. Wie leicht wäre das, wenn man bedenkt, wie viele Phantasien heute

[1] Maschinenschriftlicher Brief.

aussehen! Entweder Eitingon hält sich absichtlich dumm und blind, oder er zeigt einen leichtsinnigen Mut, den ich nicht schätzen kann. Da er die Absicht hat sowieso zu verreisen, verstehe ich nicht, warum er es nicht schon jetzt macht, nachdem er die Situation für jede betreffende Person soviel wie möglich gefahrfrei gemacht hat. Er sieht, glaube ich, nicht ein, daß er gerade sehr exponiert ist, als polnischer Untertan, als Jude, als Analytiker und nicht zuletzt als Sohn eines Mannes, dem die Stadt Leipzig sehr Vieles verdankt.[2] Aber genug hierüber; wir werden ruhig abwarten müssen.

Von Holland ist sehr wenig zu berichten. Der Sturm, welcher drohte, hat sich wieder gelegt, merkwürdigerweise, nachdem der Vorstand durch eine notwendige Änderung der Reglemente gerade dasjenige erreicht hat, was die Unzufriedenheit der Majorität erweckt hatte! Merkwürdige große Kinder gibt es.[3]

Am vorigen Sonntag hatte ich das Vergnügen vor einer Versammlung des Instituts für Arbeiterentwicklung (sozialistisch) den alten Film Abraham`s und Sachs' einzuleiten. Ich habe selten ein so offenes Auditorium gehabt wie an dem Tage. Die ungefähr 1000 Leute waren ganz still und ruhig und man konnte förmlich spüren, wie sie die neue Materie gewissermaßen eingesogen haben. Der Film ist m. E. gewiss nicht schlecht und das bedeutet etwas, wenn man ihn in mehr wie 7 Jahren nicht gesehen hat. Ich werde versuchen ihn für didaktische Zwecke in Holland zu behalten.

Ich hoffe, daß Ihr, die Ihr doch sicher Interessanteres zu erzählen habt wie ich, bald der Aufforderung Jones' Folge leisten werdet und etwas von Euch auch hören läßt.

Mit den besten Grüßen

Euer

van Ophuijsen

---

[2] Eitingons Vater Chaim Eitingon (1857-1932) war Pelzhändler und galt in Leipzig als „König vom Brühl", der Strasse, in der die meisten Pelzwarenhändler ihre Niederlassung hatten. Er stiftete Leipzig u.a. ein Krankenhaus, vgl. auch Freud (2004h), passim.

[3] Bezieht sich auf die Auseinandersetzungen unter den holländischen Psychoanalytikern, s. RB 4.6.1929/B.

29.3.1933/W
[ohne Briefkopf][1]

Wien, 29. III. 1933.

Liebe Freunde!
Ich folge dem Beispiel von Jones und Ophuijsen und schicke einen Rundbrief als Erwiderung und Fortsetzung. Auch hier haben wir das Bedürfnis nach Kontakt und Zusammenhalt vielleicht nie stärker gespürt als gerade jetzt. Der Brief geht aber nicht an Eitingon, weil ich mich sonst im Schreiben zu sehr einschränken müßte.
Jones fragt in einem Brief an mich, warum von Eitingon keine näheren Nachrichten und keine Situationsschilderung der Wirkung auf unsere Vereinigung kommt. Das ist unter den jetzigen Verhältnissen natürlich nicht möglich. Auch hierher bekommen wir von unsern vielen dortigen Verwandten und Freunden nur sehr sparsame Nachrichten, die nur gelegentlich durch einen Besucher ergänzt werden. Viele Briefe kommen offen. Aber: das Institut ist geöffnet und arbeitet noch. Das habe ich eben vor wenigen Minuten telefonisch bestätigt bekommen. Eine ganze Reihe von Kollegen haben Berlin schon verlassen und sich andere Arbeitsmöglichkeiten gesucht. Eitingon Simmel und andere arbeiten ruhig weiter und sind bisher nicht behelligt worden. Wie weit Ophuijsens Besorgnisse berechtigt sind, können wir von hier auch nicht beurteilen. Aber mein Vater und ich beurteilen Eitingons Standpunkt doch ganz anders als Ophuijsen. Wegfahren ist eine zu einfache Lösung und man läßt damit zu viele im Stich. Wenn man hinausgeworfen wird, dann bleibt einem nichts anderes mehr übrig; das kann man abwarten.
Ich weiß nicht, wieviel Sie aus den Zeitungen über Wien wissen. Vielleicht mehr als wir selber, vielleicht ist aber auch gar nicht zu wissen. Die Stadt ist unruhig und aufgeregt und jeder erwartet etwas, keiner weiß, was eigentlich zu erwarten ist. Viele Freunde reden meinem Vater zu, Wien zu verlassen, ehe es zu etwas kommt, aber er denkt nicht daran, ist sicher der Ruhigste unter sehr vielen Aufgeregten hier.
Die Arbeit bei uns ist vorläufig nicht betroffen, alles geht im Lehrinstitut und in der Vereinigung seinen gewohnten Gang. Der Geschädigte ist natürlich der Verlag. Das Geschäft mit Deutschland hat völlig aufgehört. Die neue kleine Schrift meines Vaters, die im Völkerbund

[1] Maschinenschriftlicher Brief.

erschienen ist[2], sollte von Deutschland aus vertrieben werden. Scheinbar kann sie der betreffende Kommissionär aber weder anzeigen noch verkaufen. Mein Bruder hat sich eben an ihn gewendet und ihm den Vorschlag gemacht, daß der Verlag diesen Vertrieb übernehmen will. Mein Bruder erstattet übrigens selber einen Bericht über die Lage, was er natürlich besser kann als ich.
Es ist sehr schwer, jetzt von etwas anderem als von diesen Dingen zu schreiben, die uns ständig an ihre Existenz mahnen, aber ich möchte doch noch etwas vorbringen. Bei dem letzten Besuch Eitingons in Wien haben wir die Angelegenheit Sadger besprochen und mein Vater und ich waren dringend der Meinung, daß die Wiener Vereinigung von dieser Sache erfahren müßte (der Vorstand natürlich nur).[3] Eitingon hat uns schließlich zugestimmt, anfangs war er nicht dafür. Nun bitte ich Jones ausdrücklich um Erlaubnis, von seinen Mitteilungen im ersten Rundbrief Gebrauch machen zu dürfen.
Außerdem hat die Wiener Vereinigung einige Sorgen in Angelegenheit der amerikanischen Laien, die aber Frau Dr. Deutsch und Dr. Federn in einem direkten Bericht an Jones und Eitingon formulieren werden.
Nächste Woche hätte hier der Kongreß der Deutschen Gesellschaft für Allgemeine Psychotherapie tagen sollen, an dem ich eines der Hauptreferate hätte halten sollen. Heute früh ist er der Verhältnisse wegen abgesagt worden. Ich bin nicht böse darüber.
Viele Grüße an alle, Mitteilungen sind sehr erwünscht.

Anna F.

---

[2] Der Briefwechsel mit Albert Einstein unter dem Titel «Warum Krieg?» war am 22. März in Paris dreisprachig in einer Auflage von jeweils 2000 Exemplaren pro Sprache vom Internationalen Institut für geistige Zusammenarbeit des Völkerbund herausgegeben worden, vgl. Tögel (2009).

[3] Ernest Jones hatte am 19. Dezember 1932 den Vorstand der IPV - und damit auch Freud und Anna - über die Gefahr informiert, daß Isidor Sadgers niedergeschriebene Erinnerungen an Freud in England publiziert werden könnten, vgl. Sadger (2006), S. 99f.

1.4.1933/L[1]

[Briefkopf: Internationale Psychoanalytische Vereinigung][2]

1st April, 1933.

Dear Friends,

This is a response to Anna Freud's very welcome letter which arrived to-day. I am glad to see you are appreciating the value of closer Contact. As with her letter, no copy of this is going to Berlin, for obvious reasons, but I have managed to break Eitingon's silence at last and we are in regular correspondence.

So fa as I can judge the situation I should advise Eitingon, and all others who can, to remain at their post. The Professor is surely right in avoiding panic or panicky measures. It is not even at all likely that Eitingon would be expelled even if they bring in a Deporting Law; my information gives 1914 as the furthest date of retrospection. Even in the very worst case he could doubtless find a satisfactory home in Paris.

Anna Freud speaks of the number of analysts who have already left Berlin. I should be grateful if she would let me know names and details, as I am trying to keep in contact with all that is happening. The only one I know of is Kaiser who is now in Switzerland, and Hárnik[3] who is planning to go to Copenhagen. You will have seen from Brill's Rundbrief that Radó has wisely decided to stay in New York.

As to Vienna, the news we have in London is that the Schutzbund has been dissolved as the price of the Heimwehr's continued support of Dollfuss[4]. We gather that the Heimwehr has a similar relation to the Nazis

---

[1] Quelle: Sigmund-Freud Copyrights, Wivenhoe (Colchester).

[2] Maschinenschriftlicher Brief.

[3] Jenö Hárnik (1888-1937), Ungarischer Psychiater, bewarb sich bereits 1912 um die Aufnahme in die Wiener Vereinigung. Wird auf Anraten Ferenczis jedoch abgelehnt und dann doch 1914 Mitglied der Budapester IPV-Ortsgruppe. Seine Emigration hing mit seiner Tätigkeit für die ungarische Räteregierung zusammen. Hárnik zog im Dezember 1920 nach Berlin, wo er an der Poliklinik angestellt und einer der wichtigsten Lehranalytiker wurde. Er ging 1933 ins Exil nach Kopenhagen, galt damals als psychotisch. Ab 1936 wird Hárnik nicht mehr in der Mitgliederliste der IPV geführt. Er soll in einer Budapester Irrenanstalt gestorben sein, vgl. Freud (1992g), Bd. I/2, S. 167f., Harmat (1988).

[4] Engelbert Dollfuss (1892-1934), österreichischer konservativer Politiker, von 1931 bis 1933 Landwirtschaftsminister und von 1932 bis 1934 Bundeskanzler,

as the German Stahlhelmer have. I hear from the Austrian Embassy here that their Government is making a maximum effort to maintain the status quo, but that if it fails there is no alternative to a Nazi Anschluss.

I am trying to get a copy of the Einstein-Freud book. If the Verlag has any copies perhaps they would send me one.

To go from big to little things: I am under no promise to keep the Sadger information private, so can give permission for any use to be made of it. At the same time I do not understand what is to be gained by any action with the Vienna Ausschuss. How would it improve matters to take action against Sadger and make him - if that is possible - more bitter still? The only good would, of course, be if he could be persuaded to stop the publication of something dear to his heart. That would not be easy, but possibly someone has sufficient influence with him.

All letters are welcome these days, therefore please write again soon.

[Ernest Jones]

---

regierte u.a. mit Notverordnungen und wurde 1934 ermordet, vgl. Czeike (1993), S. 52.

3.4.1933/H

[ohne Briefkopf][1]

Prinsevinkenpark 5
den 3 April 1933.

Liebe Freunde,

es scheint mir außerordentlich schwer in dieser verhängnisvollen Zeit die Bedeutung der einzelnen Erscheinungen richtig abzuschätzen und den Ablauf der Ereignisse mit Wahrscheinlichkeit zu erraten. Ich habe selbst erfahren, daß ich mich in gewissen Vermutungen geirrt habe. Vielleicht habe ich in meinem vorigen Brief meine Vermutungen nicht ganz klar ausgedrückt. Aber eines muß ich doch sagen: daß es mir sehr, sehr leid getan hat, daß Herr Professor und Fräulein Anna Freud mich für fähig halten einem Mitarbeiter ohne weiteres die ganz einfache Lösung vorzuschlagen wegzufahren und die Sache im Stich zu lassen, ihn also zu Fahnenflucht zu verführen. Was ich wußte hatte auf mich den Eindruck gemacht, daß Freund Eitingon ohne genügenden Grund zu lange zögerte; eine Sache kann durch zu langes Hinausschieben einer gewissen Tat doch gewiß ebensogut geschädigt werden, wie durch ein verfrühtes Eingreifen! Nachdem ich meinen Rundbrief geschrieben hatte kam - früher als er zuerst die Absicht hatte! - Dr. Staub[2] nach Holland und erzählte mir, daß er genau meine Ansicht bei Eitingon vertreten hatte, ihn beschworen hatte doch wegzufahren, da er für unsre Sache doch nichts mehr tun konnte als schon gemacht worden war und durch sein dableiben und der damit verbundenen Gefahr vielleicht unsre Sache schädigen könnte. Das sagte mir ein Mann, der noch vor zwei Tagen in Berlin war und die dort herrschenden Verhältnisse viel besser beurteilen konnte als ich.

Am nächsten Tage erhielt ich aber offizielle, ganz beruhigende Mitteilungen über die Gefahr, welche Eitingon persönlich riskierte - ich habe das sofort auch an Dr. Jones geschrieben - und da konnte ich mir sagen, daß ich, da ich die Verhältnisse doch nicht kannte, nicht das Recht hatte, weiter zu drängen. Ihr werdet Euch gewiß erinnern, daß ich Eitingon

---

[1] Maschinenschriftlicher Brief.

[2] Hugo Staub (1886-1942), aus Schlesien stammender Psychoanalytiker, verfaßte gemeinsam mit Franz Alexander das Buch *Der Verbrecher und seine Richter*. Freud hielt die Grundideen für zutreffend und war der Meinung, daß sie große Aufmerksamkeit verdienen, vgl. Alexander (1943).

durch einen Bekannten den Rat gegeben hatte sich auch noch einmal mit den Krankengeschichten zu befassen.
Die Nachrichten über das Boykott haben mich Samstag bestimmt nach Berlin zu fahren und an Ort und Stelle zu untersuchen, wie es mit unsrer Sache stand. Ich war also gestern den ganzen Tag dort und habe außer Eitingon auch die Abrahams besucht: Hilde, der noch etwa fünf Monate des praktischen Jahres fehlen, ist herausgeworfen worden aus der Klinik von Goldstein[3] - der Junge ist wahrscheinlich heute herausgeworfen worden und der Onkel Bürgner[4], der doch soviel für die Familie getan hat wird voraussichtlich weiter helfen können, da es sehr unwahrscheinlich ist, daß er zu den 35 jüdischen Anwälten gehören wird, welche aus den weit über 2000 Rassegenossen zur Fortsetzung der Praxis zugelassen werden! Dies erzähle ich nur nebenbei; falls jedoch jemand von Euch irgend eine Idee hat, was man für die Familie tun könnte so bitte ich, es mir zu schreiben. Ich brauche kaum zu sagen, daß man in dem brieflichen Verkehr mit Deutschland außergewöhnlich vorsichtig sein muß!
Von der Deutschen Vereinigung sind sehr viele Mitglieder fortgefahren. Ich weiß es mit Bestimmtheit von: Boehm[5] (Riga), Cohn[6], Fenichel[7]

---

[3] Kurt Goldstein (1878-1965), Neurologe und Psychiater, seit 1930 Leiter der neurologischen Abteilung am Krankenhaus Moabit, vgl. Benzenhöfer (2012):

[4] Hans Bürgner (1882 - 1974), Bruder von Abrahams Frau Hedwig.

[5] Felix Boehm (1881-1958), Neurologe und Psychiater, ab 1913 Mitglied der IPV, zunächst in der Ortsgruppe München. Siedelte im April 1919 nach Berlin über und wurde Analysand Abrahams. Ab 1923 Dozent am Berliner Psychoanalytischen Institut, vgl. Lockot (1985), S. 113-117; Brecht (1985), S. 154.

[6] Franz Cohn (1888-1978), deutscher jüdischer Arzt, seit 1926 Mitglied der DPG. Er emigrierte 1933 nach London und wurde Mitglied der British Psycho-Analytical Society, später wanderte er in die USA aus und wurde Mitglied der New York Psychoanalytical Society, KB passim.

[7] Otto Fenichel (1897-1946). österreichischer Arzt, hatte bereits als Student 1915/16 Freuds Vorlesungen gehört. Er gehörte der Wiener Jugendbewegung um Siegfried Bernfeld an. Seit 1920 Mitglied der WPV. Seine analytische Ausbildung erhielt er bei Paul Federn und nach seiner Übersiedlung 1922 nach Berlin bei Sándor Radó. Ab 1924 war er Mitarbeiter in der Berliner Poliklinik und von 1926 bis 1934 Mitglied der DPG. 1933 emigrierte Fenichel nach Oslo und war Mitglied der dänisch-norwegischen psychoanalytischen Vereinigung. 1935 übersiedelt er nach Prag, um als Nachfolger von Frances Deri die Leitung der Prager Vereinigung, die der WPV angegliedert war, zu übernehmen. Als diese Vereinigung 1938 aufgelöst wurde,

(Oslo), Gross[8], Hárnik (fährt nächstens nach Kopenhagen), Lampl[9] (Haag) und seine Frau[10], Simmel (Schweiz), Spitz[11] (reist vielleicht nach Brasilien), Staub (Paris), Waterman[12] (Amsterdam), Wulff (Palästina). Ihr wißt natürlich alle, wer schon vorher fortgefahren ist. Ob Boehm zurückkommen wird ist fraglich; denn es wird geflüstert, daß sein Vater doch jüdischer Abstammung sein soll! Simmel wird wohl nicht zurückkommen könne.

Alles, was ich als Vorbereitung für kommende Möglichkeiten mir gedacht hatte, war von Eitingon schon gemacht worden. auf meinen Rat

---

emigrierte Fenichel nach Amerika und ließ sich in Los Angeles nieder, vgl Mühlleitner (1992), S. 93f., Fenichel (1998).

[8] Alfred Gross (1893-1957), Psychiater, seit 1926 Mitglied der DPG. 1927/28 arbeitete er im Sanatorium Tegel; 1933 emigrierte er zunächst nach Italien, 1935 nach England und 1947 in die USA. Hier war er in der Menninger-Klinik in Topeka tätig und gründete das »Western New England Institute for Psychoanalysis« mit, vgl. Lockot (1985), S. 150, Meisel & Kendrick (1995), S. 322.

[9] Hans Lampl (1889-1958), Pathologe und Anatom. Teilnehmer des Internationalen Psychoanalytischen Kongresses 1920 im Haag. Er ging 1921 nach Berlin, um sich als Analytiker ausbilden zu lassen. Ein möglicher Grund für diesen Ortswechsel war seine Werbung um Anna Freud. Nach der Machtergreifung der Nazis ging L. 1934 zurück nach Wien. 1938 emigrierte er mit seiner in Berlin kennengelernten Frau, Jeanne Lampl-de Groot, nach Holland, wo beide am Aufbau des psychoanalytischen Instituts in Amsterdam maßgeblich beteiligt waren. Lampl starb bei einem Autounfall, vgl. Spanjaard & Mekking (1977), S. 55-72; Mühlleitner (1992), S. 199ff.

[10] Jeanne Lampl-de Groot (1895-1987), Frau von Hans Lampl, holländische Ärztin, die bereits 1912 Freuds Schriften gelesen hatte und 1922 zu Freud in Lehranalyse ging. 1925 wechselte sie nach Berlin und setzte ihre Analyse bei Abraham fort und wurde vorübergehend Mitglied der holländischen Vereinigung. Nach ihrer Verlobung zog sie wieder nach Berlin und wurde Mitglied der DPG. Als die Nazis in Deutschland die Macht ergriffen, übersiedelten Lampls nach Wien, mußten aber nach dem »Anschluß« Österreichs nach Holland emigrieren. Jeanne praktizierte im geheimen in der »Amsterdamsche Werkgroep« ab 1941 Psychoanalyse und war an der Organisation und Gründung des Psychoanalytischen Instituts in Amsterdam nach dem Zweiten Weltkrieg beteiligt, vgl. Freud (2018), S. 13-43.

[11] René Spitz (1887-1974) ungarischer Entwicklungspsychologe, liess sich aurf Empfehlung Ferenczis 1911 von Freud analyisieren. 1939 emigrierte er in die USA:

[12] August Watermann (1890-1944), Hamburger jüdischer Psychoanalytiker, emigrierte 1933 nach Holland. Nach der deutschen Besetzung wurd er und seine Familie nach Auschwitz deportiert und ermordet, vgl. Mühlleitner (1992), S. 311f.

hin, hat er sich die Krankengeschichten auch mal angesehen und richtig, er hat ungefähr ein Dutzend gefunden, in welchen für den betreffenden Patienten gefährliche Sachen standen (z. B. der Pat. stand in enger Beziehung zu kommunistischen Führern!) Es gibt nun einige Möglichkeiten: es kann die Psa. verboten werden - dann könnte man sie, unter großer Gefahr doch noch ausüben; es kann der Verein aufgehoben werden, dann kann man zwanglose Zusammenkünfte abhalten - allerdings auch nicht ohne Gefahr; es kann das Institut geschlossen werden - dagegen läßt sich natürlich wenig machen. Nun ist es Eitingons Erwartung, daß dies entweder in den nächsten Tagen oder erst nach einigen Wochen geschehen wird; objektive Gründe für diese Meinung hat er nicht, aber es spricht etwas dafür. Da nun jemand da sein muß um das Institut zu schließen, bleibt Freund E(itingon) bei seinem Plan am 11. d. M. zu verreisen und Ende d. M. zurückzukommen. Es passt das genau zu seinen Erwartungen. Am Besten wäre es natürlich, daß er selbst dabei wäre, wenn man das Schließen des Instituts verlangen würde, denn er kann natürlich selbst am besten verhindern, daß man die Inventar beschlagnahmt, welche ja nicht der Vereinigung, sondern ihm gehört. Während seiner Abwesenheit wird er einen Stellvertreter ernennen. Wer das ein könnte, ist nicht leicht zu bestimmen. Falls Boehm nicht zurückkommen sollte, wohl wahrscheinlich Dr. Müller-Braunschweig.
Da im Institut die Arbeit noch weitergeht - was ich nicht wußte, als ich meinen vorigen Brief schrieb; ich hielt die Berichte für ebenso verfälscht oder mächtig verschönert, wie alles andere, was man aus Deutschland erfuhr - kann ich mich mit dem Gedankengang E(itingons) ganz gut vereinigen, obwohl es natürlich doch eine Frage bleibt, ob nun gerade er sich noch länger der Gefahr aussetzen soll auf der Straße molestiert zu werden, der auch der ausländische Jude ausgesetzt ist. Wie gesagt, ich halte diese Gefahr für nicht sehr groß und keinen anderen so geeignet wie er um zu machen, was noch zu machen ist. Daß er trotzdem in die Ferien geht, findet seinen Grund in dem Wunsch nicht die geringste Konzession zu machen. Ich habe ihn sehr ruhig gefunden nur nicht in jeder Hinsicht ganz vorsichtig.
Auch die andere Frage bleibt noch, ob es nicht besser wäre das Institut jetzt freiwillig zu schließen um es später ohne Formalitäten, also leichter wieder aufmachen zu können. Leider weiß man nicht, wann dieses 'später' sein wird.

Eitingon hat die Absicht auf der Rückreise über Holland zu reisen und vielleicht könnte man dazu ein Wochenende aussuchen, an welchem auch Freund Jones herkommen könnte. Das wäre eine sehr schöne Gelegenheit alle Ereignisse und deren Folgen noch einmal zu besprechen.

Von dem, was ich sonst in Berlin gesehen habe, brauche ich wohl nichts zu erzählen. Es war ebenso scheußlich, als ich es nach der Beschreibung in unsren Zeitungen erwartete. Bezeichnend ist, daß, wie ich eben erfahre, unsre große liberale Zeitung die Nieuwe Rotterdamsche Courant, der man nicht nachsagen kann, daß sie sich auch nur im Geringsten eine Hetze hat zu Schulden lassen kommen, für längere Zeit in Deutschland verboten worden ist![13]

Daß Herr Professor in Wien bleiben will, das verstehe ich vollkommen. Für Notfälle habe ich mich unsren Berliner Freunden zur Verfügung gestellt. Dasselbe gilt natürlich auch für Professor und seine Familie!

Mit meinen besten Grüßen an Alle

Euer

van Ophuijsen

---

[13] Ophuijsen meint hier vermutlich den Werbeboykott deutscher Touristikunternehmen, ein Verbot scheint es nicht gegeben zu haben.

9.4.1933/Bp
[Briefkopf Ferecnzis]1

Budapest, den 9. April
1933.

Liebe Freunde !
Ich finde es voll gerechtfertigt, daß unter den Eindruck der letzten wichtigen Ereignisse der Rundbriefverkehr lebhafter und dadurch der Geist der Zusammengehörigkeit gehoben werde. Gegenseitiger Hilfe bedürfen wir jetzt mehr denn je. Leider können wir derzeit hier weder finanziell noch sonstwie tatkräftig eingreifen, wie es zum Beispiel Freund van Ophuijsen tun konnte.
Die Vereinigung arbeitet, so auch die Poliklinik. Das wichtigste Ereignis der letzten Wochen war das Erscheinen einer Broschüre von Dr. I. Hermann, mit guten Beiträgen zur psychoanalytischen Methodenlehre. Es wäre der Mühe wert, diese Schrift auch für Nichtungarn zugänglich zu machen, etwa als Sonderdruck der Internationalen Zeitschrift. Natürlich müßte erst die Broschüre in Übersetzung vorliegen.[2]
Vielleicht gelingt es mir, Hermann zu veranlassen die deutsche Übersetzung den Schriftführern der Zeitschrift und des International Journal vorzulegen. Stekel hat im letzten Semester mehrere Vorträge in seiner gewohnten Art gehalten. Wir haben dafür gesorgt, daß seine Sonderstellung in der psychoanalytischen Bewegung allgemein bekannt werde.
In der Generalversammlung am letzten Freitag haben wir beschlossen, unserer Sympathie für die hartbetroffenen Kollegen Ausdruck zu geben. Ich bitte Herrn Kollegen Ophuijsen, dies den betreffenden Kollegen in geeigneter Form bekanntzugeben.
Viele herzliche Grüße

Ferenczi

---

[1] Maschinenschriftlicher Brief.
[2] Ist dann 1934 erschienen, Hermann (1934).

4.6.1933/W

[ohne Briefkopf][1]

Wien, 4. Juni 1933.

Liebe Freunde,
diesen Brief, den ich am Pfingstsonntag schreibe, wollte ich gleich nach meiner Rückkehr aus Budapest abschicken.[2] Das Gemisch von Arbeit und Unruhe, in dem man jetzt lebt, gemischt mit einer großen Müdigkeit, hat mich nicht gleich dazukommen lassen. Der Eindruck in Budapest war unendlich traurig. Ich glaube, keiner von uns hat auch nur geahnt, was für ein Martyrium die letzten Monate für die Umgebung Ferenczis waren. Seine Frau und seine nächsten Freunde dort haben mehr erlebt als den Verlust eines Menschen, von dem sie alle innerlich und äußerlich abhängig waren; es war die langsame Zerstörung, die körperliche und seelische Auflösung, die umso ärger gewesen sein muß, weil immer dazwischen noch sehr viel von seiner gesunden Persönlichkeit herausgekommen ist und sich behaupten wollte. Ich weiß schon, daß wir alle sagen, für uns war Ferenczi schon in Wiesbaden nicht mehr da; aber es ist doch etwas anderes. Jetzt ist es andgiltig. Mein Vater hat noch vor einigen Wochen nach den ärztlichen Nachrichten, die er fortlaufend von Dr. Levy[3] bekommen hat, gemeint: vielleicht wird Ferenczi doch noch wieder der alte.

Von Wien aus sind Dr. Federn und Frau Dr. Deutsch, Martin und ich beim Begräbnis gewesen. Es wurden sogar am Grab verschiedene Reden gehalten, auch Dr. Federn hat gesprochen. Es kann sein, daß es richtig gewesen wäre, wenn ich im Namen der I.P.V. etwas gesagt hätte. Ich habe es nicht getan, nicht nur deshalb, weil es mir schwer gefallen wäre, sondern vor allem, weil ich weiß, wie sehr mein Vater seit jeher

[1] Maschinenschriftlicher Brief.

[2] Anna war mit ihrem Bruder Martin zum Begräbnis von Ferenczi am 24. und 25. Mai in Budapest.

[3] Lajos Lévy (1875-1961). Internist, Gründungsmitglied der »Ungarländischen Psychoanalytischen Vereinigung« 1913. Chefarzt mehrerer Krankenhäuser in Budapest, zuletzt Direktor des Jüdischen Krankenhauses. Herausgeber der Zeitschrift *Heilkunde*, in der die ersten psychoanalytischen Arbeiten in ungarischer Sprache erschienen. Mitte der fünfziger Jahre wanderte Lévy nach Großbritannien aus, vgl. Harmat (1988), S. 120.

gegen Begräbnisreden ist. Die von Jones bestellten Kränze waren sehr schön, alles überhaupt sehr würdig. Frau Ferenczi hat sich vorbildlich benommen.
Was aus der verwaisten Gruppe werden wird, kann ich mir noch nicht recht vorstelle. Die Gruppe ist uneinig, hat die letzten Lehren Ferenczis wahrscheinlich schlecht verdaut[4] und wird sich irgendein neues Zentrum suchen müssen. Hollós übernimmt vorläufig die Leitung. Wir Würden gerne irgendeine andere Verbindung mit Wien herstellen, aber es scheitert bei den Vortragenden oder Kursteilnehmern immer wieder an den Reisekosten.
Mein Vater schreibt jetzt an dem Nachruf für Ferenczi[5], der in der Zeitschrift, außerdem in einem von der ungarischen Gruppe herausgegebenen Ferenczibuch erscheinen soll. Hier in Wien halten wir in 14 Tagen eine Trauersitzung für Ferenczi mit einer sachlichen Würdigung seiner Arbeiten.
Ich habe noch aúf den letzten Rundbrief von Ophuijsen zu abtworten, nämlich auf seinen Vorschlag über die Mitgliedschaft der Berliner Mitglieder. Eitingon kommt am nächsten oder übernächsten Weekend nach Wien, da könnte ich das Ganze ausführlich mit ihm besprechen. Ich hätte nur zwei Einwendungen. Erstens, daß es vorläufig nicht wahrscheinlich ist, daß Berliner Mitglieder bei der Auswanderung Wien als Ziel nahmen, weil sie nicht mit Unrecht fürchten, hier keine wirtschaftliche Existenz zu finden. Sie erwerben dann aber natürlich lieber die Mitgliedschaft der Gruppe, in deren Nähe sie gehen. Als Übergang wäre es aber trotzdem durchaus möglich. Der zweite Gegengrund bezieht sich nur auf eine Einzelperson, nämlich auf Dr. Reich. Wenn die Vereinigung hier alle Berliner Mitglieder übernimmt, müßte sie auch Reich mit übernehmen, was eine große Schwierigkeit für uns hier wäre. Es ist auch für die Wiener Gruppe am schwersten, Reich entgegenzutreten, weil er hier alte Rechte durch langjährige Mitarbeit erworben hat, die z. B. bei dem Verhältnis der Berliner Gruppe zu ihm nicht in Betracht kommen.
Ich werde wieder berichten, wenn ich mit Eitingon gesprochen habe.
Sehr viele Grüße von meinem Vater und mir.

Anna

---

[4] Z.B. über das Trauma und seine technische Bedeutung in der Analyse, vgl. Ferenczi (1988)

[5] Erschienen 1934 in Heft 3 der *IZP,* S. 301–304.

7.11.1933/H

[ohne Briefkopf][1]

Haag, Prinsevikenpark 5,
den 7. November 1933.

Liebe Freunde,
ich nehme an, daß Ihr alle wohl die Anfrage der neuen holländischen Gruppe erhalten habt, um jetzt interimistisch und am nächsten Kongreß endgültig in die I. P. V. aufgenommen zu werden. Wie ich in der Anfrage in Aussicht stellte, werde ich Euch in diesem Rundbrief einige Einzelheiten über das, was vorging, mitteilen.
Ihr wißt, daß ich seit langem Schwierigkeiten habe mit der Majorität der alten Vereinigung, welche sich dem Geiste der I.P.V. nicht anpassen wollte. Mehrere Male habe ich versucht einen entscheidenden Kampf hervorzurufen, aber im letzten Moment haben die Anderen dann soviel nachgegeben, daß es unmöglich gewesen wäre, darauf eine Trennung zu beschließen. Die Laienfrage und die Ausbildung waren die besonders umstrittenen Gebiete. An meiner Seite hat es immer Mitglieder gegeben, welche von vornherein behauptet haben, daß eine Zusammenarbeit auf die Dauer doch unmöglich werden würde, da ja die Führer der Majorität mehr eigenes Interesse suchten, als das Wohl unserer Sache, teils aus Ehrgeiz, teils aus Mangel an Verständnis. Ich habe dies nicht recht glauben wollen, bis die Ereignisse in Deutschland die Möglichkeit schufen, daß wir eine Ausbildung nach dem Muster der großen Schwestervereinigung bekommen könnten. Da ging wirklich der Kampf los und wurde mir klar, daß ich wirklich zu viel Vertrauen gehabt hatte. Es wurde geschimpft auf die Juden, auf die ausländischen Analytiker, auf die Ausbildung im Ausland, usw. und als diese Schimpfen die Form annahm eines ganz unschönen Briefes von Dr. Westerman Holstijn[2], der einigen von Euch bekannt ist, da hatte ich genug und faßte den Entschluß der Zusammenarbeit ein Ende zu machen, denn es ist klar, daß es nicht länger um Ausländer, usw. ging, sondern um die Analyse selbst, wie Fräulein Anna Freud mir übrigens auch schrieb.

[1] Maschinenschriftlicher Brief.

[2] Antonie Westerman-Holstijn (1891-1980), holländischer Psychoanalytiker, vgl. Stroeken (2010).

Nun machte ich aber einen falschen Schritt und einen Fehler dazu, was ich beides aber erst nachträglich eingesehen habe. Indem ich also die Absicht hatte mich, mit einigen anderen, von der Gruppe zu trennen, benahm ich mich wie wenn ich diesen Schritt von einer Entscheidung der Generalversammlung abhängig machen wollte. Ich stellte der Versammlung einige Anträge, welche an sich nicht sehr weit gehen, der Gruppe aber bedeutende Anforderungen stellten. Die Anträge waren: man möge das Institut als Lehrinstitut der Vereinigung anerkennen
- man möge Herrn Dr. Landauer[3] als Lehranalytiker anerkennen - man möge die Herren Dr. Landauer und Dr. Watermann als ordentliche Mitglieder aus der Deutschen Ges(ellschaft) in die Holl(ändische) übernehmen. Ich hatte gute Gründe für die Annahme, daß die Versammlung die Vorschläge nicht akzeptieren würde und hatte die Absicht in dem Moment, in welchem dies geschah meinen Austritt zu erklären. Allerdings bereiteten einige meiner Freunde mich darauf vor, daß die anderen im Stande sein könnten die Anträge doch anzunehmen. Ich entsinne mich, daß ich darauf antwortete, daß dies erst recht ein Grund für mich sein würde, daß sie nur auf ihr Vorteil eingestellt waren und nicht aus aufrichtiger Überzeugung handelten.
An der Sitzung erlitt ich nun eine schwere taktische Niederlage. Die Majorität hatte es inzwischen fertiggebracht den Akzent ganz auf mein Vorgehen zu verlegen und dies einer derartigen Besprechung zu unterwerfen, daß ich keine Lust mehr hatte Vorsitzender zu bleiben und meine Funktion aufgab. Die gegen mich angeführten Argumente halte ich alle (mit einer Ausnahme) auch noch jetzt für gänzlich verfehlt, aber man wollte ja nicht hören und war fest entschlossen die Anträge nicht in dieser Sitzung zu behandeln. Nur in einem Punkte hatte die Kritik recht. Ich hatte nämlich, wie ich sagte, die ausländischen Ärzte als ordentliche Mitglieder vorgeschlagen und dabei folgendes aus dem Auge verloren. Es heißt in unseren Statuten, daß ordentliche Mitglieder werden können Ärzte usw. Da jedoch unsre Vereinigung eingetragen worden ist, hat

[3] Karl Landauer (1887-1945). Mediziner. 1912 in Lehranalyse bei Freud und psychiatrisch tätig bei Wagner-Jauregg. 1919 gründete er mit Heinrich Meng das Frankfurter Psychoanalytische Institut, das im »Institut für Sozialforschung« (Adorno/Horkheimer) eingegliedert war. 1933 emigrierte Landauer nach Amsterdam. 1943 wurde er in das KZ Bergen-Belsen deportiert und dort von den Nazis ermordet; vgl. Rothe (1996).

dieses Wort Ärzte die offizielle Bedeutung von: Leute mit einem holl(ändischen) Arztdiplom! Daran habe ich überhaupt nicht gedacht, auch beim Zusammenstellen der Statuten nicht, denn ich halte diese Einschränkung für etwas, was nicht in Übereinstimmung ist mit den Stauten der I. P. V. Sie bedeutet nämlich, daß prinzipiell alle anderen Mitglieder der I. P. V., welche nicht im Besitze eines holländischen Arztdiploms sind von der ordentlichen Mitgliedschaft der Niederländischen Vereinigung ausgeschlossen sind. Ich komme auf diesen Punkt noch einmal zurück.

Am Tage nach der Sitzung war unser Präsident, Freund Jones, wegen einer anderen Angelegenheit in Haag. Wir sprachen auch über diese Sache und er riet mir in der nächsten Versammlung dieselben Anträge zu stellen und damit das Alternativum des Austretens zu verbinden. Ich war ihm für diesen Rat sehr dankbar, hatte jedoch nicht alles bedacht, was ich oben erzählt habe. Als mir die Einsicht in meine Fehler kam, beschloß ich nicht bis zur nächsten Sitzung zu warten, sondern schon vorher auszutreten. Es kam etwas hinzu. In der vorigen Sitzung, hatte man eine Kommission ernannt mit der Aufgabe meine Anträge genauer zu prüfen und das Resultat der nächsten Versammlung vorzulegen. Die Ernennung war ein Unsinn, denn man wußte schon alles Nötige. Die Art und Weise in der nun der Präsident dieser Kommission bei seiner Arbeit vorging - der Präsident war Dr. Westermann Holstijn! - zeigte mir klar, daß er dabei war zu versuchen ungeschehen zu machen, was er bis dahin angestellt hatte; er ist gescheit genug um einzusehen, daß er die Opposition doch nicht immer würde fortsetzen können und redet genug, um den anderen den Kopf zu verdrehen und glauben zu machen, daß er immer gewollt habe, was ich vorschlug und daß er gegen mich nur deshalb vorgegangen sei, weil er die Art in der ich meine Anträge gestellt hatte, für unrichtig hielt!

Dies gab mir Anlaß meinen Freunden vorzuschlagen jetzt auszutreten und eine neue Vereinigung zu gründen, in welche prinzipiell alle Analytiker zugelassen werden können. Ich sage absichtlich prinzipiell, denn Ihr versteht, daß es in diesen schweren Zeiten unmöglich ist, jeden ausländischen Kollegen, der kommen möchte, aufzunehmen, entweder aus ökonomischen, oder aus persönlichen Gründen. Die neue Vereinigung hat das Institut, in welchem das Frankfurter Institut aufgenommen wurde, als Lehrinstitut anerkannt und will in kürzester Zeit die Ausbildung auf das gewünschte Niveau bringen.

Ihr versteht, daß ich für die interimistische Aufnahme der neuen Gruppe stimme und hoffe, daß Ihr es auch tun werdet.
Nun aber die alte Vereinigung. Wie gesagt habe ich erst jetzt »entdeckt“, daß ihre Statuten m. E. nicht im Einklang sind mit den Absichten der I.P.V. Aus diesem Grunde könnte ich Euch vorschlagen die Vereinigung zu suspendieren, falls sie ihre Statuten nicht ändert. Ich möchte das aber nicht tun, wenn Ihr mit einem anderen Vorschlag einverstanden sein würdet. Man könnte die Vereinigung ruhig existieren lassen als ärztliche Vereinigung, vorausgesetzt, daß sie die Ausbildung auf dasselbe Niveau bringt, wie wir es in unserer Vereinigung machen wollen. Das könnte sie sehr leicht, wenn sie meinen Vorschlag annehmen möchte, das Institut ebenfalls als Lehrinstitut anzuerkennen; es liegt ja kein Grund vor, weshalb sie es nicht tun sollte - in der Weise könnte man friedlich neben einander arbeiten*. Tut sie es aber nicht, indem sie den Kandidaten weniger strenge Bedingungen stellt, so stört sie unsere Arbeit ganz erheblich und dann hat sie mit ihrer falschen Einschränkung der Mitgliedschaft eigentlich keine Existenzberechtigung! In dem Fall müßte man m. E. gegen sie einschreiten.
Hoffentlich habe ich die Situation Euch genügend klargelegt. Ich bitte Euch eure Antwort auf die Anfrage der neuen Gruppe mir durch Fräulein Anna Freud zukommen zu lassen und Eure Meinung über das Vorgehen gegen die alte Vereinigung mir persönlich mitteilen zu wollen. Für weitere Anregungen, Kritik und Ratschläge wäre ich sehr dankbar.
Mit den besten Grüßen
Euer

JHW van Ophuijsen

*[Handschriftlicher Zusatz:]
Beim Nachlesen meines Briefes frage ich mich, ob mein Vorschlag nicht doch wieder eine unerwünschte Konzession ist.
P.S. I will answer your last letter in a few days Best wishes

vO

24.12.1933/H

[Briefkopf: Internationale Psychoanalytische Vereinigung][1]

Prinsevikenpark 5
den 24. Dezember 1933

Hochverehrter Herr Professor und liebe Freunde,

es tut mir leid Ihnen gerade zu einer Zeit schreiben zu müssen, in welcher Sie alle wohl von Ihren Ferien geniessen möchten. Allein, für mich bedeuten diese Tage die einzige Gelegenheit meine Korrespondenz zu erledigen und ich bitte Sie mich entschuldigen zu wollen, daß ich Sie mit einer langen Reihe von Fragen belästige. Ich hatte gehofft ein paar davon mit Freund Jones besprechen und ev. erledigen zu könne, indem ich wußte, daß er die Absicht hatte vorigen Freitag nach Haag zu kommen. Aus dieser Reise ist - leider für mich - nichts geworden und so kommt es, daß Sie alle davon hören müssen.

Die neue Holl. Vereinigung.

Da ich Dr. Jones genannt habe, möchte ich damit anfangen ihm vor Ihnen herzlichst zu danken für seine Hilfe, indem er dem Vorstand der alten holl. Vereinigung auf einen Brief in einer so feinen diplomatischen und zu gleicher Zeit menschlichen und loyalen Weise geantwortet hat, daß dieser nicht mehr in Zweifel sein kann über die Frage, was bei uns als Hauptsache gilt. Der Brief des Vorstandes erzählt die Ereignisse in der alten Gruppe nach seiner Auffassung und ist bestrebt gewesen sachlich zu bleiben. Einige Sachen sind nachweisbarerweise nicht richtig wiedergegeben worden, aber darauf braucht man vorläufig noch nicht einzugehen.

Wahl eines stellvertretenden Beirates.

Wie Sie alles wissen oder wenigstens angenommen haben, sollte eigentlich nach dem Tode Ferenczi's ein stellvertretender Beirat gewählt werden. Dadurch, daß wir keinen dritten Ex-Präsidenten haben, wird die Sache etwas erschwert; ebenfalls dadurch, daß am vorigen Kongreß schon einige zukünftige Kandidaten für die Präsidentschaft genannt worden sind. Man müßte nämlich die Wahl so treffen, daß der Gewählte nicht am nächsten Kongreß wieder ausscheiden müßte, oder beim übernächsten Kongreß bereit wäre eine der Arbeit-verlangenden Funktionen zu erfüllen.

[1] Maschinenschriftlicher Brief.

Ich bitte Sie alle sich über diese Frage mal zu äußern. Besonders jetzt, wo Eitingon uns bald verlassen wird[2], ist es doch erwünscht, daß wir einen Vize-Präsidenten in Europa haben.

Neue Gruppen.

Ich danke Ihnen allen sehr für Ihre Bereitwilligkeit die neue Holl. Gruppe interimistisch aufzunehmen und hoffe, daß sie bald beweisen wird das ihr geschenkte Vertrauen zu verdienen. Ich habe bis vor einer Woche immer noch auf eine offizielle Mitteilung durch unsere Sekretärin gewartet, bis diese mir mitteilte, daß ich diese doch schon durch einen Brief unseres Präsidenten bekommen haben dürfte. Gewiß war das der Fall, aber ich muß gestehen, daß ich die Mitteilung nicht für die offizielle gehalten habe. Sie haben wohl nichts dagegen, wenn Fräulein Anna Freud uns die Aufnahme durch einen speziell für uns hergerichteten Brief bestätigt, den wir in unserem Archiv aufbewahren können?

In bezug auf die Skandinavische Anfrage möchte ich bemerken, daß unsere Statuten nationale und örtliche Gruppen kennen, jedoch keine internationale. Damit wäre die Sache erledigt. Man könnte sich später, wenn es in den Skandinavischen Ländern wenigstens je eine gesunde und gut funktionierende Gruppe geben sollte, überlegen, ob es nützlich wäre die Verbindung mit der I.P.V. durch den Vorstand einer ev. Federation dieser Gruppen stattfinden zu lassen. Aber mir scheint das in Anbetracht der Nähe dieser Gruppen vollkommen überflüssig. Jetzt eine Skandinavische Gruppe anerkennen hieße ermöglichen, daß drei Leute in Oslo, ebensoviele in Stockholm und Helsingfors einen Verein bilden könnten. Das kann wohl die Absicht nicht sein. Daß Kopenhagen mit der Anfrage nicht mitgemacht hat, erklärt sich wohl aus der Tätigkeit Reich's, welche den andern wohl bekannt sein dürfte. A propos Reich; auch die Angelegenheit hat Jones m. E. ausgezeichnet angefaßt!

Durch Eitingon habe ich erfahren, daß sich eine zweite Japanische Gruppe angemeldet hat für die Aufnahme in die I.P.V. Stimmt die Nachricht oder sind Verhandlungen im Gange, welche eine Verquickung der neuen Gruppe mit der alten beabsichtigen?[3]

---

[2] Eitingon bereitete seit 1933 seine Emigration nach Palästina vor und übersiedelte endgültig am 5. Mai 1934, vgl. Freud (2004h), S. 29.

[3] Kurz nach der Aufnahme der japanische Gruppe, hat sich in Japan eine zweite Gruppe unter Leitung von Kiyoyasu Marui (1886-1953) von der Psychiatrischen

Schließlich wissen Sie alle schon, daß in Palästina eine kleine Gruppe gebildet worden ist, welche demnächst sich um Aufnahme an uns wenden wird. Eitingon hat mir vieles von dieser Gruppe erzählt und es würde mich gar nicht wundern, wenn ihr ein ganz eigenartiges Schicksal zu Teil fallen würde!

Der nächste Kongreß.

Ich bin Jones ganz einverstanden, daß die Dauer des Kongresses vom Zentralvorstand bestimmt werden muß; das Kongresskomitee kann doch nicht wissen, wie viele von den angemeldeten Vorträgen angenommen worden sind ! Durch Eitingon habe ich erfahren, daß viele Amerikaner - wenn ich nicht irre gerade die Jüngeren, welche gewissermaßen als Gegner Brill's zu betrachten sind - den Wunsch geäußert haben, der Kongreß möge doch schon Ende August stattfinden, weil ihre Arbeit Mitte September einen Anfang nimmt. Ich fürchte, daß die Kosten für einen Kongreß im August beträchtlich höher sein werden, aber es wäre viel wert die Gelegenheit zu haben mit diesen Mitgliedern selbst mal zu sprechen.

Ganz konfidentiell möchte ich Ihnen mitteilen, daß ich den Plan habe - außer mit Eitingon habe ich noch mit keinem Menschen davon gesprochen - den Kongreß 1936 nach Holland einzuladen!

Jetzt habe ich noch zwei schwierige Affären mit Ihnen zu besprechen:

Wohin soll Dr. Reik?

Jeder von uns weiß, daß Dr. Reik ein sehr begabter, aber unsteter und unberechenbarer Mensch ist. Wie es um ihn steht, weiß, glaube ich, kein Mensch. Sicher aber ist, daß er in Wien keine Arbeit hat und, daß er sie dort voraussichtlich auch nicht finden wird. Nun gibt es s. E. nur zwei Möglichkeiten für ihn, entweder nach England oder nach Holland zu reisen um dort Arbeit zu suchen. Schon unter normalen Umständen würde ich meinen, daß R. viel besser nach England reisen könnte, wie nach Holland. Es gibt in England sicher für ihn mehr zu tun und dadurch könnte er, was für ihn nötig ist, seine Frau viel eher nachkommen lassen. Aber viel wichtiger ist, daß er in dem großen London mit seinen Eigentümlichkeiten vielweniger Schaden stiften kann, wie etwa in Haag oder Amsterdam. In London könnte er sich längere Zeit aufhalten ohne, daß man etwas von ihm erführe. In Haag oder sogar in Amsterdam würde

---

Klinik an der Kaiserlichen Tohoku-Universität in Sendai gebidet und um Aufnahme in die IPV gebeten, vgl. KB, *IZP*, 9(1933), S. 263.

er sofort mehr oder weniger bekannt sein. Unsere neue Gruppe ist noch viel zu wenig consolidiert, um R's Gegenwart ertragen zu können; die englische Gruppe dagegen ist in sich gefestigter und kann gewisse Traumata verarbeiten. Und nun kommt noch dazu, daß die Situation in Holland noch nicht klar ist. Wie wird R. sich der alten Gruppe gegenüber verhalten, wenn er von dort aus angefragt wird? Er muß doch leben. Es ist außerordentlich schwierig mit gewissen Menschen zusammenzuarbeiten und nicht von ihnen beeinflußt zu werden. Wenn das wiederum geschehen würde, so würde unser Freund R. uns noch viel mehr schaden, als er schon einmal getan hat, als er ganz plötzlich nach einer Verabredung sich entschloss nicht hierher zu kommen. Ich muß also Dr. Jones dringendst fragen seinen Entschluß zu revidieren indem er sich fragt, wer momentan gewisse Traumata besser vertragen: das große England oder das kleine und vorläufig noch geteilte Holland?

Die Situation in Deutschland.[4]

Diese kann ich kurz so zusammenfassen, daß die Deutsche Gesellschaft nicht im Stande ist alle geschriebene und ungeschriebene Bedingungen, welche die Mitgliedschaft der I.P.V. stellt zu erfüllen. Man könnte sogar die Frage stellen, ob sie in der jetzigen Form eigentlich der I.P.V. angehören dürfte. Aber es handelt sich um einen Notstand, die Vereinigung kann nichts dafür, ebensowenig, wie etwa die Russische Gruppe dafür kann, daß sie uns die Jahresbeiträge schuldig bleiben muß. Ich sprach von einem Notstand, das ist nicht das richtige Wort; man müßte sagen es sei eine Zwangslage, welche jedoch nicht für alle Mitglieder dieselbe Folgen hat. Eine Anzahl der Mitglieder sind nun wirklich in einen Notzustand geraten. Man darf nicht von allen erwarten, daß sie die Geduld oder den Masochismus besitzen um diesen Zustand zu ertragen - sie haben ja ein Recht auf mehr. Ich verstehe vollkommen diejenigen, welche unter diesen Umständen ausgetreten sind und preise die glücklich, welche sich einer anderen Gruppe haben anschließen können. Sie erinnern sich, daß ich schon vor Monaten den Gedanken gehabt habe diese Möglichkeit im voraus zu schöpfen. Aber für alle gilt sie nicht; weder Österreich noch Holland bieten die verlangte Sicherheit. Ich meine, daß wir als Zentralvorstand ausgetretenen, langjährigen Mitgliedern, welche sich nicht irgendwo anschließen können, schuldig sind zu beschließen, daß sie, wenigstens bis zum nächsten Kongreß, ihre

[4] Vgl. dazu Brecht (1985), Lockot (1985).

Mitgliedschaftsrechte nicht verlieren. Wir handeln damit nicht gegen unsere Statuten, denn diese rechnen nicht mit dem Ausnahmezustand; es obliegt dem Zentralvorstand in Ausnahmefällen Beschlüsse zu fassen, welche natürlich dem Kongreß zur nachträglichen Genehmigung vorgelegt werden müssen.
Ich stelle also den Antrag, daß die alten Mitglieder der Deutschen Psa. Ges., welche sich durch den Notzustand veranlaßt fühlen auszutreten und nicht die Möglichkeit haben sich bei einer anderen Zweigvereinigung anzuschließen, bis zum entgültigen Beschluß des nächsten Kongresses als Mitglieder der I.P.V. betrachtet werden mögen. Ich bitte um Abstimmung über diesen Antrag.
Nun hätte ich noch einen Punkt zu besprechen, aber für heute werde ich es sein lassen. Sie werden sich wahrscheinlich - vielleicht aber auch nicht mehr - darüber wundern, daß ich gerade an diesem Tage schreibe. Es ist aber nicht eine Holländische Sitte Weihnachten zu feiern. Glückwünsche schickt man sich zum neuen Jahr. Und mit meinen besten Wünschen an Sie alle und an die Ihrigen für ein gutes 1934 schließe ich diesen Brief!
Ihr

van Ophuijsen

25.12.1933/B

[Briefkopf: Hotel Hessler Berlin-Charlottenburg][1]

25. Dezember 1933

Liebe Freunde,

Es ist nun der letzte Rundbrief, den ich aus Berlin schreibe! Am 29. d. M. verlasse ich endgültig Deutschland[2], hoffe aber, aus meinem neuen Wirkungskreis bald genug über für unsere Sache Nützliches berichten zu können.

Ich möchte mich beeilten, eine Frage, die Jones in seinem letzten Briefe in einer Paranthese aufgeworfen hat, zu beantworten: ob ich zum nächsten Kongreß zu kommen gedenke. Natürlich werde ich es. Es müßten schon ganz andere Gründe als geographische sein, die mich hindern würden, einem Kongresse beizuwohnen, bei denen ich ja bisher nie gefehlt habe. Ich habe vor, soweit es von mir abhängt, in der Zukunft unserer Sache unverändert zu dienen, und bitte Euch, mir darin dadurch zu helfen, daß Ihr über alle Entfernungen hinweg mich dauernd, und vor allem rasch, auf dem Laufenden über das haltet, was vorgeht.

Mit dem Ort, den die Schweizer für den Kongreß vorschlagen, bin ich sehr einverstanden. Bezüglich des Datums sollte man sich noch nicht festlegen, weil, soviel ich weiß, besonders eine Gruppe der New Yorker ein früheres Datum wünscht, weil die New Yorker im September nach den Sommerferien ihr Arbeitsjahr wieder beginnen, und es ist jene Gruppe der jungen New Yorker, die sehr wertvoll zu sein scheint, aber bewegungspolitisch die Träger jener Fronde gegen Freund Brill sind. Wir werden sie am besten richtig beeinflussen können, wenn wir ihnen Gelegenheit geben, zum Kongreß zu kommen, und damit in Kontakt mit uns. Das ist ein so wichtiger Umstand, daß er vielleicht wert wäre, den Kongreß vorzuverlegen, wenn dadurch auch der Aufenthalt in der

---

1 Maschinenschriftlicher Brief.

2 Bereits drei Monate nach der „Machtergreifung gab es - von Felix Boehm und Carl Müller-Braunschweig vorangetriebene - Versuche, ihn vom Berliner Institut zu vertreiben. Wenige Monate später wurde Eitingon zum Rücktritt gezwungen. Eitingon entschloss sich, nach Palästina zu gehen und blieb mit seinem Entschluss nicht alleine: Es folgten ihm seine Berliner Kollegen Kilian Bluhm, Ilja Schalit, Anna Smeliansky, Walter Kluge und Moshe Wulff. Anna Freud kommentierte am 18.8.1934, dass »die 25 Mitglieder, die gegangen sind, haben dies getan, weil sie Juden waren, nicht weil sie Analytiker waren«, Rolnik (2013). S. 110.

Schweiz sich etwas verteuern würde. wir sind uns ja alle darüber klar, daß die Verhältnisse in der New Yorker Gruppe sehr beunruhigend sind.
Jetzt möchte ich Ihnen mit einer Botschaft kommen, die allen einzelnen von Euch schon bekannt ist, und die sicherlich eine angenehmere ist. Das ist die Bitte um Aufnahme der neu gegründeten Palästinensischen Psychoanalytischen Vereinigung (Chewra Psychoanalytith b'Erz Israel) in den Verband unserer Zweigvereinigungen. Ich habe bei meinem ersten Besuch in Tel Aviv etwa ende September, wo ich Dr. Wulff (Tel Aviv), Fräulein Dr. Smeliansky[3] (Tel Aviv), Dr. Schalit[4] (Haifa), Dr. Kluge[5] (Jerusalem), bei Wulff versammelt fand, aus den fünf in jenem Moment dort versammelten Mitgliedern der Deutschen Psychoanalytischen Gesellschaft die Palästinensische gegründet, wobei ich zum Vorsitzenden derselben, Dr. Schalit zum Sekretär gewählt worden sind. Nun sah ich sehr bald darauf, daß Dr. Kluge nicht in Palästina bleiben würde. Er ist ~~sicher~~ seither auch schon wieder nach Deutschland zurückgekehrt. Die Palästinensische Gesellschaft besteht demnach aus vier alten Mitgliedern, hat aber im Lande schon drei wertvolle Mitgliedschaftskandidaten, zwei sehr ernsthafte, palästinensische Pädagogen, die in Berlin ausgebildet worden sind, der eine davon ganz vollständig. (Ihre Namen sind Goldschein, Lehrer an einer Aufbauschule in Mischmar Haemek in der Nähe von Haifa, und Idelsohn[6], bisheriger Leiter einer sehr

[3] Anna Smeliansky (1879-1965), aus Russland stammende Psychoanalytikerin. Sie hatte in der Schweiz, Medizin studiert und war von 1921 bis 1933 Mitglied der Berliner Psychoanalytischen Vereinigung bzw. der DPG. Seit 1920 arbeitete sie an der Psychoanalytischen Poliklinik in Berlin. 1933 emigrierte sie nach Palästina, wo sie mit Max Eitingon, Mosche Wulff und Ilja Schalit 1934 die Palästinensische Psychoanalytische Vereinigung gründete, vgl. Gumbel (1962).

[4] Ilja Schalit (1861-1953), aus Riga stammender Psychoanalytiker. Er hatte in St. Petersburg Medizin und später in Freiburg und Zürich Medizin studiert und war nach der Oktoberrevolution nach Deutschland ausgewandert. Sein Lehranalytiker war Max Eitingon. Schalit arbeitet am Sanatorium Tegel und emigrierte 1933 nach Israel, wo er mit Max Eitingon, Mosche Wulff und Anna Smeliansky die Palästinensische Psychoanalytische Vereinigung gründete, deren Sekretär er wurde, vgl. Kloocke (2002), passim.

[5] Walter Kluge (geb. 1882), ehemaliger Analytiker Arnold Zweigs, Kloocke (2002), passim, Rolnik (2013), passim.

[6] David Idelsohn (1891-1954), Pädagoge 1912 besuchte er von Palästina aus Europa und suchte reformpädagogische Institutionen m der Schweiz und Deutschland auf. Er stand in engem Kontakt mit Siegfried Bernfeld. Von 1929-1930 reiste er für

fortschrittlichen Schule in Tel Aviv.) Ferner eine Schulärztin, Frl. Dr. Brandt[7], jetzt in Jerusalem, bei uns in Berlin vollständig ausgebildet. Ich glaube, daß die neue Gruppe unter guten Auspizien auf den Plan tritt und hoffe, daß sie die Sympathie, die Ihr ihr sicher schon jetzt entgegenbringt, voll verdienen wird.

Wenn ich noch persönlich darum bitten darf, so wollet im Korrespondenzblatt die Tatsache meiner Übersiedlung nach Palästina bekannt geben. Meine genaue Adresse dort wird freilich erst Ende April mitzuteilen sein, weil die Straße, in der ein Haus gebaut wird, das mich beherbergen soll, zur Zeit noch keinen Namen hat.

Die Angelegenheit meines Vorschlages, Frau Dr. Happel[8], und eventl. irgend einem anderen Exmitglied der deutschen Gruppe, die einstweilen sich keiner anderen der existierenden Gruppen anschließen können, eine unmittelbare Mitgliedschaft in der I.P.V. zu gewähren, braucht, trotzdem es nicht in den Statuten vorgesehen ist, keine Diskussion auf dem Kongreß, weil die Frage bis dahin gelöst sein dürfte. Solche Dinge kann meiner Ansicht nach der Vorstand selbst beschließen bei so unvorhergesehenen Situationen, bei Fragen, die übrigens wegen ihrer Besonderheit nicht Präzedenzfall zu werden brauchen.

Über die hiesige Vereinigung ist zur Zeit nichts weiter zu sagen. Ich bin mit den besten Wünschen für Euch alle und für unsere
Sache mit den herzlichsten Grüßen
Euer

Max Eitingon

P.S. Meine Adresse ist für die nächste Zeit: Cap Ferrat (Alpes Martimes, France) Grand Hotel du Cap Ferrat.

---

mehrere Monate nach Wien und Berlin und absolvierte psychoanalytische Kurse an den dortigen Lehrinstituten und eine Lehranalyse bei Moshe Wulff. Seit 1939 war er außerordentliches Mitglied der Palästinensischen Psychoanalytische Vereinigung, www.psychoanalysis.org.il/en/idelsohn-david/.

[7] Margarete Brandt (1892-1977), studierte Medizin und arbeitete als Kinderärztin. Später machte sie eine Lehranalyse bei Franz Alexander. 1933 emigrierte sie nach Jerusalem und wohnte seit seiner Gründung im psychoanalytischen Institut, Kloocke (2002), passim.

[8] Clara Happel (1889-1945), deutsche jüdische Psychoanalytikerin, Lehranalyse bei Hanns Sachs. Später leitete sie mit Karl Landauer Frankfurter Niederlassung dcer DPG. 1936 emigrierte sie über Palästina in die USA und baute die Detroit Psychoanalytic Society auf, vgl. Brecht et al. (1985), S. 80, Mühlleitner (1992), S. 205.

31.12.1933/B
[Briefkopf: Hotel Hessler - Berlin-Charlottenburg][1]

31. Dezember 1933

Liebe Freunde,
da ich durch eine leichte Erkältung meiner Frau meine Reise um mehrere Tage aufschieben musste, kann ich im alten Jahr noch einen Rundbrief schreiben, um im Wesentlichen noch auf einige Mitglieder, die nicht in eine andere eintreten können, für eine sehr wichtige, und sein Vorschlag ist so einfach und einleuchtend, dass der Zentralvorstand sich ohne weiteres ihn zu eigen machen kann. Die betreffenden Mitglieder, es handelt sich bisher eigentlich nur um die Frau Dr. Happel, fallen durch ihren Austritt aus der deutschen Gruppe eben nicht aus unserer psychoanalytischen Welt, d.h. aus der I.P.V. heraus, zum mindesten bis zum nächsten Kongress, und dann wird sich schon eine Stellungnahme des Kongresses herbeiführen lassen, wenn es noch nötig sein sollte.
Was die Frage der Besetzung des durch Ferenczis Tod verwaisten Vicepräsidentenpostens betrifft, so würde ich vorschlagen, dass Ophuijsen von uns auf diese Stelle berufen wird unter Beibehaltung seines bisherigen Amtes, sodass wir keinen neuen Menschen jetzt in den Zentralvorstand berufen müssen.
Wenn Ophuijsen darauf hinweist, dass auf dem letzten Kongress bereits einige zukünftige Präsidentschaftskandidaten genannt worden sind, so muß ich dazu erklären, dass er selbst in erster Linie genannt worden ist, und ich gebe ja wohl zweifellos unser aller Empfinden Ausdruck, wenn ich sage, dass er ja der nächste Kandidat ist, und da ja unsere verehrte Anna Freud es unter ungeteiltester Anerkennung auch ist, haben wir für eine Reihe von Arbeitsperioden ja keine Sorgen um eine gute Leitung zu haben.
Mit guten, warmen Neujahrswünschen für Euch alle und unsere Sache
Euer

gez. Max Eitingon.

---

[1] Maschinenschriftlicher Brief.

8.1.1934/H
[Briefkopf: Internationale Psychoanalytische Vereinigung - Zentralkassenwart][1]

Haag, Holland,
Prinsevinkenpark 5,
den 8. Januar 1934.

Hochverehrter Herr Professor und liebe Freunde,
eher als ich erwartet hatte, gibt es jetzt einen Anlaß für mich Ihnen wieder einen Rundbrief zu schreiben. Samstag vor einer Woche war Freund Jones auf der Durchreise einige Stunden bei uns und wir haben die kurze Zeit benützt die Angelegenheiten, welche uns alle jetzt beschäftigen, durchzusprechen. Der Inhalt dieses Gespräches hat mich vieles zu denken gegeben und einige meiner Gedanken will ich Ihnen jetzt mitteilen.

Der Fall Reik.

Es hat sich herausgestellt, daß der Fall nicht so einfach ist, als ich ahnungslos oder eigentlich dummerweise gedacht habe. Ich habe Dr. Reik für einen »Deutschen Flüchtling« gehalten, während er weder Deutscher, noch Flüchtling ist. Unter diesen Umständen begreife ich, daß er nicht die Erlaubnis bekommen kann sich in England niederzulassen. Dann habe ich gemeint, daß er, falls er in Deutschland wohnen würde, sein Geld dort bekommen könnte. Er schreibt mir aber, daß das nicht der Fall ist. Also, was bleibt sonst übrig als ihm hier zu helfen, wie es eben geht?
Ohne zu wissen, was ich mit gewissen Bemerkungen in einem Briefe an Fräulein Anna Freud gemeint habe, hat er mir einen wirklich sehr hässlichen Brief geschrieben. Und, nachdem er weiß, daß er sich gründlich geirrt hat entschuldigt er sich nicht einmal! Aber , ich bin ihm darum nicht böse und ich werde ihm, falls ich den Eindruck habe, daß er hier bleiben wird, geeignete Fälle schicken, wenn ich sie selbst habe. Nur eines kann ich nicht machen und ich hoffe, daß Sie das verstehen. Ich kann ihn nicht als Mitarbeiter in die Bewegung aufnehmen, denn ich habe genug erfahren, daß er dazu zu unberechenbar ist.

---

[1] Maschinenschriftlicher Brief.

Die Skandinavische Gruppe.

In meinem vorigen Rundbrief habe ich einen formellen Grund angeführt, warum man diese Gruppe nicht aufnehmen kann. Der Grund ist nicht nur formell. Von einer Gruppe erwartet man doch, daß sie entstanden ist aus dem Bedürfnis der Mitglieder zusammenzuarbeiten. Ich verstehe nicht, wie die Mitglieder in Oslo, Stockholm und Finnland das machen könnten. Aus dem Grund würde ich auch dagegen sein, wenn diese Mitglieder um den Statuten formell gerecht zu werden etwa einen örtlichen Verein gründen würden z. B. in Oslo, dem sich dann die Schweden und Finnen anschließen könnten. Stimmt es, daß wirklich nur 6 Mitglieder die Gruppe bilden wollen? Und wie ist es nun mit Dänemark?

Die Jahresbeiträge der Gruppen.

In Bezug auf diese Angelegenheit habe ich zweierlei Schwierigkeiten. Erstens gibt es Gruppen, welche überhaupt nicht bezahlen. Die, welche es nicht können, z. B. Ungarn beantworten wenigstens die diesbezüglichen Briefe. Andere, z. B. Russland und Frankreich bezahlen nicht und antworten nicht. Eine zweite Schwierigkeit ist, daß sich die ökonomische Situation vollständig geändert hat. Am Kongreß wurde beschlossen, daß der Jahresbeitrag für die Gruppen, mit Ausnahme von England, Mark 8,- oder dessen Gegenwert betragen würde. Dementsprechend habe ich den in Betracht kommenden Kassierern geschrieben, z. B. den Amerikanern. Soviel ich weiß hat keiner von diesen Herren geantwortet. die New Yorker und die Indische Gruppe bezahlen sh. 8/- und $ 2,00 pro Mitglied weiter, wie wenn ich nicht geschrieben hätte. die anderen Amerikanischen Gruppen sind uns, glaube ich, noch immer einen Teil der Jahresbeiträge schuldig. Ich habe nun die Absicht heute wiederum zu mahnen. Falls dann wiederum keine Reaktion erfolgt, möchte ich vorschlagen im nächsten Korrespondenzblatt eine Notiz über die Sache aufzunehmen.

Der »stellvertretende« Beirat.

Über die Wahl eines stellvertretenden Beirates habe ich bis heute nur den Vorschlag von Freund Eitingon gehört, für dessen Vertrauen ich sehr dankbar bin. Ich glaube aber, daß es nicht geht einen Menschen zwei Funktionen zu verleihen. Es hätte dies bloß die Bedeutung die Zahl der Vorstandsmitglieder nicht zu vergrößern, was sehr wichtig ist und es wird damit die Schwierigkeit umgangen, wen man sonst wählen sollte. Das ist nämlich wirklich nicht leicht. M[eines] E[rachtens] kämen ev. nur zwei Personen in Betracht, nämlich die Prinzessin und Dr. Sarasin. Es gibt zwar noch einen Menschen, der sich geeignet findet, für den würde ich

unter keinen Umständen stimmen. Das ist Dr. Federn. Sein letzter Brief an Dr. Jones über die Skandinavier zeigt wiederum klar, daß man mit ihm nur Verwirrung hinein bringen würde. Falls alles geht, wie es Eitingon schreibt und wir es uns gedacht haben, so würde bei der nächsten Änderung der Präsidentschaft der stellvertretende Beirat entweder aus dem Vorstand auszutreten haben, oder eine andere Funktion bekommen. Das Erstere ist unerwünscht, das Zweite ginge noch, wäre aber auch nicht einwandfrei. Vielleicht wäre doch das Beste, wir nehmen uns jetzt das Recht die Situation für ungewöhnlich zu erklären und keinen Stellvertreter zu ernennen!
Ich habe auch noch daran gedacht den Artikel über den Vorstand zu ändern, d. h. dem Kongreß eine Änderung vorzuschlagen in dem Sinne, daß Präsident, Sekretär und Kassierer zusammen die Executive bilden und die Vize-Präsidenten einen wirklichen Beirat. Falls diese Änderung Sie interessiert, bin ich gerne bereit einen kleinen Entwurf zu machen und ihn Ihnen zuzuschicken.
Mit meinen besten Grüßen
Ihr

van Ophuijsen

11.1.1934/W

[Briefkopf: Internationale Psychoanalytische Vereinigung][1]

11. Januar 1934

Liebe Freunde!

Vor allem möchte ich sagen, daß ich mich freue, daß wir die Einrichtung der Rundbriefe plötzlich wieder aufgenommen haben. Gerade die letzten haben die Korrespondenz und das Verständnis verschiedener Situationen wirklich sehr erleichtert. Leider muß ich den meinen wieder einmal mit einer persönlichen Nachricht beginnen. Wir haben seit einer Woche einen schweren Patienten, diesmal ist es Martin. Er mußte in einem Anfall von Nierenkolik (seinem dritten oder vierten) sehr eilig operiert werden. Zwei Tage nach der Operation hatte er dann einen argen Zustand mit hohem Fieber und Schüttelfrost, so daß der Operateur meinte, er müßte noch einmal öffnen und die eine Niere ganz entfernen. Das war zum Glück nicht nötig. Der Zustand ist jetzt ruhiger, die Nieren funktionieren auch wieder, aber er fiebert noch immer sehr hoch und wird wahrscheinlich noch sehr lange krank sein. Das ist die persönliche Seite der Sache.

Im Verlag ist zum Glück alles Wichtige geordnet, schwierige Verhandlungen gibt es ja augenblicklich nicht, für alle laufenden Rechnungen liegt das Geld bereit. Frau Zweig[2] ist ja sehr tüchtig und verläßlich, ich bleibe in ständigem Kontakt mit ihr und glaube, daß alles in Ordnung gehen wird. Wenn es bei Martin gut weitergeht, wird er wohl auch in ein oder zwei Wochen wieder fähig sein, wenigstens vom Bett aus seine Geschäfte zu führen.

Und nun zur Antwort auf die letzten Rundbriefe.

Reik: Ich war besonders froh darüber, gestern hier zu erfahren, daß Reik zur Abreise nach Holland rüstet. Ich bin Ophuijsen besonders dankbar dafür, daß er ihn auf sich nimmt. Reik wäre hier bestimmt

---

[1] Maschinenschriftlicher Brief.

[2] Stella Zweig (1894-1934), Einzelprokuristin im Internationale Psychoanalytische Verlag in Wien. Sie war eine geborene Weigel und die Schwester von Bertolt Brechts letzter Ehefrau Helene Weigel. Sie starb am 14. Juni 1934 an Kinderlähmung. Freud bat aus diesem Anlaß Roy Grinker, der gerade bei ihm in Analyse war, ihn über die letzten Forschungsergebnisse zur Kinderlähmung zu informieren, vgl. Tögel (2022).

zugrunde gegangen und hätte schwer auf uns gelastet. Ich hoffe sehr, daß er dort keine große Schwierigkeit wird, wenigstens nicht so sehr, daß O. seinen Entschluß bereut.
Die skandinavische Gruppe. Wir sind uns offenbar einig darüber, daß diese Gruppe in der vorgeschlagenen Form eine überflüssige Schwierigkeit und Gefahrenzone für die I.P.V. bedeutet, während kleine lokale Gruppen in den nordischen Ländern nur ein Gewinn sein können.
Mitgliedsbeiträge. Ich finde es schrecklich, daß die Gruppen so schlecht zahlen, weil sich in diesem Mangel an Bereitschaft ja auch eine allgemeine Einstellung zur I.P.V. ausdrückt. Was die Pariser Gruppe betrifft, so würde ich Freund Ophuijsen bitten, gleich jetzt einen Brief in dieser Angelegenheit an die Prinzessin direkt zu schreiben. Sie war gerade jetzt einige Tage in Wien, ich habe einige lange und ernsthafte Gespräche über die Stellung der Pariser Gruppe zur I.P.V. mit ihr geführt und ich glaube, sie hat vor, in dieser Richtung in Paris wirklich etwas zu tun. Daß die Pariser Gruppe weder ihre Beiträge bezahlt, noch Mahnungen beantwortet, wird bei ihr, glaube ich, gerade jetzt die richtige Reaktion hervorrufen. Sie hat übrigens auch zugesagt, daß die Revue jetzt das Korrespondenzblatt veröffentlichen wird.[3]
Deutsche Mitglieder.
Ophuijsens Antrag, daß austretende deutsche Mitglieder ihre Mitgliedschaft der I.P.V. bis zum Kongreß behalten, ist von allen angenommen worden und wird im nächsten Korr. Bl. mitgeteilt werden.
Stellvertretender Beirat.
Es scheint mir am wichtigsten, daß wir jetzt kein neues, doch nur interimistisches Mitglied dazubekommen und daß Ophuijsen der Tat nach an Ferenczis Stelle rückt. Mit jeder Form, die das entweder ausdrücklich festlegt oder auch nur stillschweigend anerkennt, bin ich durchaus einverstanden.
Kongreß. Ich frage bei Sarasin an, wie Jones mir geraten hat, ob sich der Kongreß in der Schweiz im August überhaupt durchführen läßt und wie groß etwa der Unterschied in den Kosten wäre. Mir persönlich wäre der Zeitpunkt gleichgültig.
Zum Schluß nur noch herzliche Grüße an alle. Meinem Vater geht es gut. Politisch beginnt es gerade jetzt wieder etwas unruhiger zu werden,

---

[3] Ab Januar 1934 veröffentlicht *Revue française de psychanalyse* das KB auf Französisch.

wenigstens schwirren wieder alle Gerüchte in der Luft herum, die sich in der Weihnachtszeit stillgehalten hatten. Aber an das alles gewöhnt man sich.

[handschriftlich:]

Sincerely yours

Anna Freud

17.1.1934/B

[Briefkopf Grand Hotel Cap Ferrat][1]

17.1.34

Liebe Freunde,

Hier schreibe an einem sonnigen Nachmittag und wünschte Euch allen gleich schönes Wetter.

In der Angelegenheit der skandinavischen Gruppe bin ich, wie ich schon Jones geschrieben habe, der Ansicht, daß man doch daran denken könnte, sie aufzunehmen. Die besonderen Gefahren, die damit verbunden wären, sehe ich eigentlich nicht und die Leute müssen doch andererseits besondere Gründe haben, sich so zu organisieren, wie sie es vorschlagen. Ich kann diese Gründe, über die ich nichts Genaueres gehört habe, teilweise erraten und nehme doch an, daß ebenso Professor Schjelderup[2] in Oslo, wie Dr. Tamm[3] in Stockholm, die beide diese Organisationsform wollen, es begründet haben. Gewiß wären uns kleine nationale Gruppen in den skandinavischen Ländern einfacher und gewohnter, aber ich fürchte wir bekommen, wenn wir und dem skandinavischen Plane entgegensetzen, nicht einmal die norwegische Gruppe, denn es müssen doch besondere Ursachen vorliegen, welche die Norweger verhindern, eine eigene Gruppe zu bilden, obgleich von der eingesandten Liste der sieben Mitglieder für die skandinavische Gruppe fünf Norweger sind. Und Versicherungen der Schweden, wie auch der Finnländer, in die zu gründende norwegische Gruppe einzutreten zu wollen, dürften auch nicht vorliegen. Das sind wahrscheinlich keine erhebenden Dinge, aber doch schließlich auch keine überraschenden. An wie

---

[1] Maschinenschriftlicher Brief, Anrede handschriftlich.

[2] Harald Schjelderup (1895-1974), norwegischer Psychoanalytiker, gründete gemeinsam mit Alfhild Tamm und Yrjö Kulovesi (1887-1943) eine Arbeitsgruppe skandinavischer Psychoanalytiker, die 1934 am 13. Internationalen Psychoanalytischen Kongreß in Luzern von der Internationalen Vereinigung offiziell anerkannt wurde, vgl. Nilsen (2010).

[3] Alfhild Tamm (1874-1959), schwedische Ärztin und Psychiaterin; absolvierte kurze Analysen u.a. bei Paul Federn, Helene Deutsch und August Aichhorn. 1926 wurde sie Mitglied der WPV. 1931 gründete sie mit Harald Schjelderup und Yrjö Kulovesi die Arbeitsgruppe skandinavischer Psychoanalytiker, Mühlleitner (1992), S. 341f.

vieles bei psychoanalytischen Individuen und Kollektiven uns zu gewöhnen haben wir im Laufe der Zeiten doch Gelegenheit gehabt.
In der Sache Reik bin auch ich Ophuijsen für seine Haltung sehr dankbar, möchte aber doch nicht verschweigen, daß ich die Argumente von Jones in dieser Angelegenheit nicht für ganz stichhaltig halte. Daß Reik weder Flüchtling noch Deutscher ist, ändert doch nichts an meinem Eindruck, daß er viel geeigneter für England als für Holland ist. Schließlich gelangen auch noch andere Menschen nach England als deutsche Flüchtlinge, und Ophuijsen hätte doch die besondere Schwierigkeit Reik außerhalb der Gruppe halten zu müssen, was bei den heiklen Verhältnissen der Psychoanalyse in Holland gewiß nicht einfach sein dürfte, während Reik der so gut geführten englischen Gruppe im großen London kaum etwas besonderes antun könnte, was die so viel weniger vulnerable nicht ertragen könnte. Ich vergesse dabei natürlich keinen Augenblick, wie unbequem Reik ist; meine so lange Korrespondenz darüber mit Jones illustriert ja diese Unbequemlichkeit hell genug. Reik hat ja aber auch Verdienste, die sicherlich Jones selbst nicht weniger anerkennt als ich, deshalb bitte ich nicht um Entschuldigung für die so beharrliche Unterstreichung meines Standpunktes in dieser Sache. Und ich wäre Jones sehr dankbar, wenn er Reik seine Bitte erfüllen und Ophuijsen diese Aufgabe abnehmen könnte.
Die Beirats-Angelegenheit erledigen wir nun ~~wohl~~ nach dem Votum Anna Freuds, wohl so, daß wir Ophuijsen zunächst bis zum Kongreß als Stellvertreter Ferenczis fungieren lassen.
In der Hoffnung, daß wir über das Befinden von unserem so tüchtigen Verlagsleiter bald wieder ganz beruhigende Nachrichten erhalten, bin ich mit den besten Grüßen für Euch alle

Euer Max Eitingon

[Handschriftlicher Zusatz:]

20.1.
Liebe Anna Freud. ich hoffe Martin macht Ihnen inzwischen keine Sorgen mehr und ist auch sonst alles ruhig in der Berggasse.
Wir sind nun schon zwei Wochen hier, hatten bisher schönes warmes Wetter und das half, viel loszuwerden, was die letzten Wochen von Berlin an Spuren hinterlassen haben.

Mirra hat sich von der Berliner Erkältung rasch erholt; meine ältere Schwester[4] bleibt noch bis etwa 8. Februar mit uns. Sie ist in einem relativ guten Zustand. Ende nächste Woche kommt auch meine jüngere Schwester[5], nach ihrer schweren Lungenentzündung, auf einige Zeit hierher. Man mußte schon einiges noch für die Familie tun.
Unsere Palästinenser freuen sich, daß die Gruppe schon aufgenommen ist, wir bitten Sie alle, die Ehrenmitgliedschaft unserer Gesellschaft annehmen zu wollen. Außer Ihnen soll es Eder[6] noch werden, der wohl als erster im Lande für die Psychoanalyse geworben hatte. Unsere Leute bitten Sie auch, sobald es Ihnen nur möglich sein wird, zu einer Vortragsreihe zu uns dorthin zu kommen; mir haben Sie es doch schon zugesagt. Anna, ich werde Ihnen dann bereits selbst das Land zeigen können.
Mit den wärmsten Grüßen

Ihr Max Eitingon

[4] Fanny Eitingon (1887-1965)
[5] Esther Eitingon (1893-1968)
[6] David Eder (1865-1936). Sozialistischer Arzt. Schriftführer der 1913 gegründeten Londoner Ortsgruppe der IPV. Nach einer Analyse bei Ferenczi verlor sich sein Interesse an Arbeiten Jungs und er kehrte 1923 als Mitglied der British Psychoanalytical Society zurück. Er war ein führender Zionist, saß 1921-1928 im Vorstand der Bewegung, lebte 1918-1923 in Jerusalem; vgl. Freud (1992g), Bd. 3/1, 168; Roudinesco & Plon (2004), S. 207f.

28.1.1934/H
[Briefkopf: Internationale Psychoanalytische Vereinigung][1]

Prinsevinkenpark 5,
den 28. Januar 1934 .

Hochverehrter Herr Professor und liebe Freunde,
am 19. d. M. schickte mir unsere Sekretärin einen Brief, der folgendermaßen anfing: »Ich schicke Ihnen inoffiziell den Institutsbericht der alten holländischen Vereinigung ein, den ich gerade bekommen habe. Er gefällt mir aus verschiedenen Gründen nicht, aber offiziell habe ich keinen Grund dazu Stellung zu nehmen. Immerhin möchte ich sehr gerne, daß Sie sich dazu äußern und mir sagen, inwieweit sein Inhalt durch den Zwiespalt mit Ihnen zu verstehen ist. Der letzte Absatz verlangt auch eventuell eine Erwiderung von Ihnen.« Bald nach Empfang dieses Briefes depeschierte ich Fräulein Anna Freud, daß große Bedenken gegen die unveränderte Publikation des Berichtes habe und daß ich Sie bat meinen nächsten ausführlichen Rundbrief abzuwarten. Daß Fräulein Anna Freud von sich aus gegen den Bericht, oder besser gegen die Vereinigung nichts offizielles unternehmen kann ist klar, aber ich glaube die Notwendigkeit beweisen zu können, daß der Vorstand, dem ich hiermit den Bericht vorlege etwas offizielles unternehmen müßte. Eine Abschrift desselben füge ich deshalb bei. Es tut mir leid, daß ich Ihre Aufmerksamkeit so lange in Anspruch nehmen muß, umsomehr, weil ziemlich viel von mir selbst die Rede sein muß, aber dafür kann ich nichts und jedenfalls wird Ihnen klar werden, daß auch für mich nur unsere große Sache das wichtigste ist.
Aus der Maschinenschrift und aus der Sprache - vielleicht auch aus dem Ton geht hervor, daß der Bericht, den Fräulein Anna Freud wahrscheinlich vom Sekretär, Herrn Dr. Endtz[2], bekommen hat, von Dr. Westerman Holstijn stammt. Und ich muß gleich vorab schicken, daß ich erst jetzt

[1] Maschinenschriftlicher Brief.
[2] Adriaan Endtz (1894-1970) hatte in zweiter Ehe Alida Grisay (geb. 1890) geheiratet, vgl. *De website van de Families van der Kroef / Geers / van Dalen / Havenaar / Wilt /van Kuijen* (www.myheritage.ch/research/collection-1/ myheritage-stammbaume?itemId=55529951-8-30&action=showRecord&record Title=Adriaan+Endtz.

eingesehen habe, daß er in allen Schwierigkeiten mein eigentlicher Gegner gewesen ist und es noch ist.
Ich will nun zuerst einige Bemerkungen persönlicher Art machen, dann mich über Behauptungen und Tatsachen äußern und schließlich mitteilen, was ich meine, daß unsererseits geschehen soll. Ich bitte um Entschuldigung, wenn ich einiges wiederhole, aber es geht nicht anders.
Die Alinea 1,2 und 3 des Berichtes enthalten Mitteilungen über die Tätigkeit einer Anzahl unserer Mitglieder, welche schon im Kongreßbericht - ich meine in den für den damaligen Präsidenten, Freund Eitingon, bestimmten Bericht über die Vereinstätigkeit von der Hand des Sekretärs Dr. Endtz vorkamen. Freund Eitingon hat die Mitteilungen in seinem Bericht am Wiesbadener Kongreß nicht erwähnt. Darüber war eine Anzahl der anwesenden Holländer sehr böse und auch auf mich, weil ich nicht die Gelegenheit benützt habe den Bericht des Präsidenten zu ergänzen; es wurde mir dies später erzählt. Ob ich überhaupt daran gedacht habe es zu tun, oder ob man mich gebeten hat, ist mir nicht mehr erinnerlich. Im letzten Falle hätte ich mich doch verweigert, denn ich liebe diese Mitteilungen am Kongreß nicht. Wer das Korrespondenzblatt liest dürfte so ziemlich orientiert sein und braucht keine Einzelheiten zu wissen. Man hatte mich in den Verdacht irgendwie absichtlich verhindert zu haben, daß die I.P.V. etwas über diese für sehr wichtig gehaltenen Tätigkeiten der betreffenden Vereinsmitglieder erfahren sollte, und zwar wohl aus Eifersucht! Ihnen gegenüber brauche ich mich wohl nicht zu verteidigen. Ich kann nur erzählen, daß ich unsere Mitglieder, welche dafür in Betracht kamen, immer wieder getrieben habe doch etwas zu unternehmen, um die Analyse unter die Studenten zu bringen, weil sie dazu am besten in der Gelegenheit waren. Auf meine Veranlassung hin ist Dr. van der Hoop Privat-Dozent geworden; auf meine Veranlassung hin liest Dr. Muller in Leiden Sexologie um dadurch die Möglichkeit zu haben die psa. Sexualtheorie zu besprechen und ich habe wiederholt davon geredet, daß die Amsterdamer Mitglieder doch irgendwie Zugang zur Universität zu gewinnen versuchen sollten; habe, glaube ich, auch die Wege angegeben.
Woher die Beschuldigung der Eifersucht stammt, weiß ich ganz genau. Sehr kurze Zeit, nachdem in der alten Vereinigung beschlossen worden war, daß alle Ausbildungsangelegenheiten nur von dem Unterrichtsausschuß behandelt werden könnten, wurden wir überrascht von einem

Brief von den Herren van der Hoop, Rümke[3] und Westerman Holstijn, welche dem Ausschuß mitteilten, daß sie, nach Rücksprache mit Prof. Bouman[4] beschlossen hatten, die Ausbildung der Amsterdamischen Studenten und Ärzte zu Analytikern zur Hand nehmen würden und hofften, daß Zusammenarbeit mit der Unterrichtskommission
- von der nota bene Westerman Holstijn Mitglied ist! - sich als möglich erweisen würde! Ich habe dann Westerman H. darauf hingewiesen, daß dieser Schritt in Widerspruch zu dem Beschlossenen genommen worden war. Ich verstand natürlich, daß Prof. Bouman auch dahinter stand. Ich habe dann die Situation in der Weise gerettet, daß ich in der nächsten Unterrichtsausschußsitzung vorgeschlagen habe, die Kurse der verschiedenen Herren als zum theoretischen Unterricht[5] der Ausbildungskandidaten gehörend zu betrachten. Ausdrücklich habe ich dabei den Wunsch ausgesprochen, daß spezieller Unterricht für die Ausbildungskandidaten bald möglich werden würde. Dr. W.H. hat mir dann in rührender Weise gedankt für mein Entgegenkommen! Ich meine dies erklärt genug.
Sie müssen außerdem bedenken, daß bis zu unserem Austritt das Nederlandische Instituut voor Psychoanalyse zwar noch nicht das offizielle Vereinsinstitut war, aber doch mehr oder weniger als solches betrachtet wurde, mit Ausnahme vielleicht von denjenigen, welche schon den Plan hatten, der jetzt ausgeführt worden ist. Tatsache ist, daß wenigstens Dr. W.H. das Institut tot erklärt hat, nur weil ich aus leicht ersichtlichen Gründen seine Tätigkeit eingestellt hatte, um mit Seminaren und Kursen anzufangen, sobald wir eine Anzahl analysierter Kandidaten haben würden. Die Arbeit für das weitere Publikum, über welches wir regelmäßig berichtet haben, schien mir wenig aussichtsvoll.
Erst in diesem Zusammenhang ist zu verstehen, wie der Bericht die darin erwähnte Tätigkeit der Mitglieder darstellt als Vorarbeit für das neue Institut. Die geheime Absicht war nämlich schon vorhanden! Und

---

[3] Henricus Rümke (1893-1968), Professor für Psychiatrie in Utrecht, war besonders interessiert an der Nutzung der Psychoanalyse für die Forensische Psychiatrie, *Neurotree. The Neuroscience Academic Family Tree* (neurotree.org/beta/peopleinfo.php?pid=23696).

[4] Klaas Herman Bouman (1874-1947), Professor für Psychiatrie an der Universität Amsterdam, *Neurotree. The Neuroscience Academic Family Tree* (neurotree.org/beta/peopleinfo.php?pid=23697).

[5] Das ist die erste Erwähnung, dass die Lehranalyse vor der Ausbildung und nicht während dieser abgeschlossen werden soll.

inzwischen wurde entgegengearbeitet, was ich geplant hatte. Erst jetzt, wo ich nicht mehr da bin, wird es ausgeführt und zwar genau nach meinen Plänen. Ich sollte es nicht machen; Westerman Holstijn wollte derjenige sein, dem die Ehre zukommen würde (s. auch Alinea 6).

Zu Alinea 4 möchte ich nur bemerken, daß das Seminar von Dr. van der Hoop das einzige Neue im abgelaufenen Vierteljahr ist; alles andere ist Zukunftsmusik und es ist gewiß nicht ganz sicher, daß alle Pläne ausgeführt werden.

Al[inea] 5 verrät zu deutlich die Absicht eine führende Rolle zu spielen. (Über den Wahrheitsgehalt dieses Absatzes mache ich nachher einige Worte.)

Alinea 6. Das Zitat unseres Meisters wird hier im gleichen Sinne gebraucht. Es scheibt das derjenige, der bis jetzt niemals einen Kongreß besucht hat oder sich sonstwie für die I.P.V. interessiert hat. Das inzwischen von dem Präsidenten der I.P.V. anerkannte Nederlandsche Instituut voor Psychoanalyse wird einfach totgeschwiegen.

Wunderbar ist die Mitteilung, daß die Mitarbeit anderer geschulter (event. ausländischer) Analytiker einberufen werden wird. Auch das stammt von demjenigen, der sich gegen die Niederlassung ausländischer Analytiker gewehrt hat, der einen Brief geschrieben hat, für welchen unser Professor das einzig richtige Epitheton geprägt hat - der aber an der Sitzung, an welcher es klar wurde, daß sie nicht mitmachen würden schon anfing einen Ausweg zu suchen und jetzt den Großartigen spielen wird! Und das sich berufen auf die Richtlinien der Kommission bekommt demnach auch eine andere Bedeutung, wenn man weiß, daß es einen Moment gegeben hat, an dem Dr. W. H. böse war, daß ich diese Richtlinien für wichtiger zu halten hatte als seine Vorlesungen für die Studenten (für alle diese Sachen habe ich natürlich die nötigen Beweisstücke.) Es ist natürlich ganz klar, daß man erreichen will, die I.P.V. günstig für sich zu stimmen.

Zu den Tatsachen übergehend fange ich mit der eben besprochenen Alinea 6 an. Dort ist die Rede von geschulten Analytikern. Nun ist tatsächlich keiner von den Mitgliedern der A(mster)damschen Arbeitsgemeinschaft, also des Instituts geschult in dem in der I.P.V. üblichen Sinne. Dr. W.H. ist zweifellos sehr begabt, aber, daß er selbst niemals selbst die analytische Erschütterung durchmachte und niemals genügende Gelegenheit hatte die Technik zu studieren, spürt man nur zu oft. Van der Hoop war bis vor kurzem Schüler Jungs und machte ein Stück nur therapeutischer Analyse durch; ich meine damit, daß er noch so neurotisch war, daß er nicht fähig gewesen sein kann, für die Praxis etwas zu lernen. Momentan fühlt er sich wieder stark von der Oxford Bewegung angezogen, denn die Religion kann er nicht vermissen und er besucht die bekannten Parties (unter Diskretion mitgeteilt). Rümke wurde von Mäder[6] kurze Zeit analysiert, versteht von der Psa. im Grunde nichts. Der einzige, der in der Hinsicht etwas wert ist, ist Dr. van der Waals[7], der bei Landauer in Analyse ist und auch unserer Gruppe angehört. Ich erwarte, daß er nicht sehr lange mehr zögern wird und seine Mitgliedschaft der anderen Gruppe aufgeben. Von Prof. Bouman brauche ich nichts zu sagen, der hält sich immer hinter den Kulissen. Dr. Tas[8], der ständiger Mitarbeiter an der Poliklinik sein wird, wurde nach Beendigung seiner Lehranalyse im letzten Sommer als a.o. Mitglied aufgenommen. Eine Kontrollanalyse hatte er damals noch nicht gemacht. Möglicherweise wird seine Arbeit nur eine administrative sein.

Sonderbar klingt diesen Tatsachen gegenüber die Behauptung von Alinea 5, daß Amsterdam »die einzig mögliche Stelle in Holland« ist, »wo eine richtige, nach unseren internationalen Vorschriften organisierte ärztliche Ausbildung möglich ist.« Dort, wo, in der Arbeitsgemeinschaft keine geschulten Kräfte sind! In unserer Gruppe gibt es Landauer, Watermann und neuerdings Reik, welche doch als geschulte Kräfte betrachtet werden können; es ist somit unwahr, daß das A'damsche Institut die einzige Möglichkeit bietet für eine richtige Ausbildung. Ich bitte Sie darauf achten zu wollen, daß in dem Bericht die Rede ist von »ärztliche Ausbildung".

---

6 Alphonse Maeder (1882-1971). Schweizer Psychotherapeut, zeitweilig Obmann der Züricher Psychoanalytischen Vereinigung, arbeitet 1910 kurzzeitig am Bellevue in Kreuzlingen. In dieser Zeit begann auch sein Briefwechsel mit Freud. Nach dem Bruch zwischen Jung und Freud entschied er sich für die analytische Psychologie. Später machte er sich einen Namen durch die Entwicklung einer Kurztherapie; vgl. Freud (1992a), S. 37, passim.

7 Hermann van der Waals (1894–1974), holländischer Psychoanalytiker, emigrierte in die USA und wurde später Direktor des Menninger Memorial Hospital in Topeka in Kansas, vgl. Kuiper (1974).

8 Jacques Tas (1892-1972), Neurologe, Sohn des Diamantenhändlers Levie Tas (1851-1925), Geni (https://www.geni.com/people/Jacques-Tas/) 6000000000427317433)

Ich könnte noch viele Bemerkungen zu dem Bericht machen und es wird mich vielleicht morgen dauern, daß ich es nicht getan habe, aber für heute muß ich es hierbei lassen und jetzt übergehen zu meiner Behauptung, daß wir etwas tun müssen. Früher habe ich Ihnen geschrieben, daß es mir nicht einfallen würde etwas gegen die alte Vereinigung zu unternehmen, wenn sie uns bloß in Ruhe läßt. Ich habe nicht geglaubt, daß sie so bald die Dummheit begehen würde dies zu tun. Aber nun ist es m. E. notwendig einzugreifen und zwar für die drei betreffenden Instanzen.

Erstens für die Redaktion des Korrespondenzblattes, für Fräulein Anna Freud also. Der ganze Bericht ist eine Oratio pro domo. Die Alineae 1, 2, und 3 gehören nicht mehr in den Quartalsbericht des Sekretärs hinein. Es wird versucht die Mitteilungen darzustellen als Vorgeschichte der Gründung des neuen Instituts und das ist unleugbar irreführend. Alles übrige kann man aufnehmen, aber ist es erwünscht, da es teilweise unwahr ist und sich stillschweigend gegen uns richtet. Wird nicht jedermann fragen, was aus dem anderen Institut geworden ist? Ich kann doch keine Polemik anfangen.

Zweitens geht die Angelegenheit die I.U.K. an. Ist es erlaubt, daß sich ein Institut als vollwertig benimmt, während es dies nicht ist? Ich habe früher das Nederlandische Instituut auch nicht als solches gelten lassen und habe die Anerkennung vom Präsidenten der I.U.K. erst verlangt, als wir die zwei geschulten Analytiker Landauer und Watermann hatten. Ich bitte Freund Eitingon sehr sich hierüber zu äußern.

Und schließlich ist die Sache eine Angelegenheit des Zentralvorstandes. Der Bericht spricht ausdrücklich von ärztlicher Ausbildung. Ich habe Ihnen bei einer vorigen Gelegenheit berichtet, daß unter Ärzten nur solche mit eine holl. Diplom verstanden werden. Von Ausländern und Laien ist nicht die Rede und es sieht nicht danach aus, als ob in dieser Hinsicht eine Änderung eintreten würde (Prof. Bouman!). Das Mindeste, was wir verlangen müssen, ist, daß die Vereinigung ihren Namen ändert. Unserer Auffassung gemäß, kann sie nicht mehr d i e Nederlandsche Vereinigung sein. Meinetwegen soll sie sich Nederlandsche <u>Artsen</u> Vereenigung voor Psa. nennen, wenn Sie meinen, daß eine solche exclusivische Vereinigung in der I.P.V. möglich ist neben der mehrumfassenden neuen Vereinigung, aber ihren Charakter soll sie zeigen! Sonst schadet sie uns und der Sache der Psa. Über diesen Punkt bitte ich Sie alle sich äußern zu wollen.

Falls Fräulein Anna Freud sich mit meiner Auffassung vereinigen kann, würde ich ihr vorschlagen dem Sekretär zu schreiben, daß sie eine Änderung der Redaktion des Berichts vorschlägt, nachdem sie darüber die Meinung des Zentralvorstandes gefragt hat; vielleicht könnte sie auch mitteilen, wie man die Änderung wünscht. Wenn die alte Vereinigung sich nicht aus Klugheit entschließt sich dem Vorschlag zu fügen, werden wir etwas Schönes erleben!

Hoffentlich bin ich mit meinen Ausführungen nicht allzu langweilig gewesen. ich möchte nun noch kurz zwei Punkte aus dem Rundbrief von Freund Eitingon besprechen. Dr. Reik ist jetzt hier und zwar mit seiner Frau. Er hat also wirklich die Absicht zu bleiben und ich werde versuchen für ihn zu tun, was ich kann und insofern es im Interesse unserer Gruppe ist. Ganz im Geheimen sage ich mir: wäre ich doch bloß sicher, daß die Meinigen nicht mit der alten Vereinigung paktieren werden! Aber ich tue ihnen wahrscheinlich Unrecht und sage es nur Ihnen. Natürlich hat Freund Jones noch andere Gründe als die von mir erwähnten, weshalb er Reik nicht gerne in England wünscht, aber ich fühle mich nicht berechtigt darüber zu reden. Ich habe sie selbstverständlich als Warnung zur Kenntnis genommen.

Falls Sie mich zum Nachfolger Ferenczi's ernennen wollen, so ist mir das recht, aber unter einer Bedingung, nämlich, daß die Ernennung glich auch für die Periode bis zum übernächsten Kongreß gilt (1936 also). Da voraussichtlich Freund Jones sich am nächsten Kongreß nicht einer Wahl zum Präsidenten entziehen wird, bleibt auch dann nur ein Ex-Präsident übrig und brauchen wir einen Stellvertreter. Ich bin natürlich gerne bereit, nein, bitte sogar darum die Arbeit eines Kassenwartes bis zum nächsten Kongreß fortsetzen zu dürfen, damit nicht ein schreckliches Durcheinander entsteht.

Und jetzt muß ich wirklich abbrechen. Mit den besten Wünschen für das Wohlergehen des Herrn Professors und des Herrn Dr. Freud[9] und mit herzlichen Grüßen an Sie alle,

Ihr

van Ophuijsen

---

[9] Hier ist wohl Freuds Sohn Martin gemeint.

18.2.1934/H

[Briefkopf: Internationale Psychoanalytische Vereinigung - Zentralkassenwart][1]

Haag, Holland
Prinsevinkepark 5,
den 18. Februar 1934

Hochverehrter Herr Professor und liebe Freunde,

Zu meinem Bedauern erhielt ich bis heute nur von Freund Eitingon eine Antwort auf meinen vorigen Rundbrief. Die war allerdings wohltuend energisch und ließ an Deutlichkeit nichts zu wünschen übrig. Es wäre mir aber lieb, wenn ich Ihr aller Meinung über den von mir vorgebrachten Gegenstand hören würde, denn wir machen doch alles gemeinsam. In Eitingon's Brief heißt es, daß ich als Mitglied des Zentralvorstandes selbst gegen die Unwahrheit in dem Bericht der alten Vereinigung vorgehen könnte. Das möchte ich aber durchaus nicht. Und zwar nicht nur weil ich interessiert bin und den Verdacht wecken könnte Mißbrauch von meiner Stellung machen zu wollen, sondern auch, weil meiner Meinung nach der Vorstand auf jeden Fall möglichst als Einheit sich gelten lassen muß. Es gibt natürlich Fälle, wo es nicht anders geht - z. B. der Fall Reich - aber sonst muß die Einheit des Vorstandes gewahrt bleiben.

Nun bekam ich vor etwa vierzehn Tagen von Fräulein Anna Freud ein Dossier zugeschickt, daß die Fortsetzung der Korrespondenz der alten Holl. Vereinigung mit Freund Jones enthält. Ich habe es etwas liegen lassen, weil ich gegen die ganze Sache eine große Abneigung habe. Jetzt habe ich die Dokumente durchgesehen, so weit ich sie kannte, und schicke sie jetzt an Freund Eitingon mit der Bitte sie an Jones, dem sie gehören zurückzusenden.

Das Material zerfällt in drei Teile: die Korrespondenz des Vorstandes mit Freund Jones; die Korrespondenz von Dr. Westerman Holstijn mit Landauer und drittens der Bericht über die Situation, welche von meinen Vorschlägen geschaffen wurde. Über die Art und Weise, in welcher der Bericht zu stande gekommen ist, könnte ich sehr vieles sagen; ich will es aber nicht tun um Ihre Aufmerksamkeit nicht zu lange in Anspruch zu nehmen.

---

[1] Maschinenschriftlicher Brief.

Daß Dr. Landauer sich überhaupt zu einer Korrespondenz mit Dr. W.H. hat verführen lassen, scheint mir - und auch anderen - nicht richtig. Die Möglichkeit einer späteren Analyse, auf welche er hoffte, hat er sich damit, glaube ich gänzlich verdorben. Und übrigens liegt darin etwas von dem Paktieren, von welchem ich im vorigen Brief sprach. Aber auch hierüber nicht weiter.
Der Brief von Dr. de Monchy[2] und die Antwort von Freund Jones muß uns etwas länger beschäftigen. Zuerst hatte ich die Absicht den Brief von Dr. de M. zu zerfetzen; denn es stehen so viele Unwahrheiten darin und soviele mißbrauchte Wahrheiten, daß es schändlich ist. Aber die Lust dazu ist mir vergangen und Ihnen gegenüber brauche ich es wohl nicht zu tun, es sei denn, daß Sie es verlangen: in dem Falle bin ich gerne dazu bereit! Die Hauptsache ist für mich nicht, was die anderen Leute von mir denken, sondern was Sie meine Freunde von mir halten. Und nun muß ich offen gestehen, daß die Antwort von Freund Jones mich etwas enttäuscht hat. Ich gebe die Möglichkeit zu, daß ich durch die Ereignisse der letzten Monate etwas überempfindlich bin und Nuancen falsch auffasse. Aber ich meine, Freund Jones hätte, ohne seinen Standpunkt als Vorsitzender zu verlassen, etwas mehr für mich sagen können.
Der Brief von Dr. de M. nennt mich argwöhnisch, intriguierend und eigenmächtig und zwar in zunehmendem Maße. Womöglich denken die Herren an eine sich entwickelnde Psychose! Aber jedenfalls sind die Beweise, welche sie anführen, unrichtig, was zu beweisen mir nicht schwer fallen würde. Aber die Hauptsache ist: Finden Sie alle mich argwöhnisch, intriguierend und eigenmächtig? Ich hoffte und hoffe, nein und darum wäre es mir lieber gewesen, wenn Freund Jones in seinem Brief geschrieben hätte: »So, wie Sie, meine Herren, Dr. v. O. beschreiben, kenne ich ihn nicht. Ich glaube, daß Sie sich irren, aber es hat natürlich keinen Zweck darüber zu diskutieren. Die Zeit wird Sie eines besseren belehren.« Er hätte auch mich vorher über einige Beschuldigungen befragen können, aber, offen gesagt, bin ich sehr dankbar, daß er es nicht getan hat, denn es ist mir sehr unangenehm über die Sache zu sprechen. So wie die Antwort jetzt ist, wurde sie von der alten Vereinigung als weniger unfreundlich wie die vorige empfunden.

2 René de Monchy (1893-1963), holländischer Psychoanalytiker, war bemüht, die Spaltung der holländischen Psychoanalytiker zu überwinden, Loewenberg & Thompson (2019), 127-137.

Es ist mir sehr viel daran gelegen zu wissen, was Sie von dem Brief von Dr. de M. halten und ich muß Sie um Ihre Meinungsäußerung bitten. Gleichzeitig bitte ich Sie auch meinen vorigen Brief noch einmal vorzunehmen und die darin gestellten Fragen und besprochenen Angelegenheiten zu beantworten.
Schließlich habe ich noch eine Bitte an Freund Jones. Ich betrachte den Brief von Dr. de M zwar an unseren Präsidenten adressiert, aber eigentlich an den Zentralvorstand geschrieben. Darf ich den Brief in der neuen Vereinigung vorlesen? Auch dort will ich wissen, woran ich bin und der Brief scheint mit ein ausgezeichnetes Reagens zu sein.
Ich will nicht schließen ohne zu sagen, daß unsere Gedanken während der letzten Tage sehr oft und viel in Wien verweilten und daß wir unsren dortigen Freunden herzlichst wünschen, daß die Ruhe bald zurückkehren wird.
Mit den besten Grüßen
Ihr

van Ophuijsen

27.2.1934/B

[ohne Briefkopf][1]

Cap Ferrat, 27. II. 1934

Liebe Freunde,

die Lektüre des Dossiers, mit dem Ophuijsen sich in seinem letzten Brief beschäftigen muß, war eine harte Arbeit; es ist eine, gelinde gesagt, teilweise sehr unangenehme Materialsammlung und einige der Stellen der Briefe von Westerman-Holstijn an Landauer sind schon als widerwärtig zu bezeichnen. Sie erinnern mich allzusehr an Dinge, die ich im Lande der »Gleichschaltung« erlebt habe. Wahrscheinlich wäre eine solche Sprache auch vor einem Jahr noch unmöglich gewesen - vor Hitler's Triumph.

Daß er sich erlaubt, so einfach von der Rücksichtnahme auf antisemitische Stimmungen und Regungen bei manchen holländischen Psychoanalytikern zu sprechen, ist doch wirklich interessant und berechtigt zur Frage, welches Maß von »Gleichschaltung« wir in der I.P.V. selbst noch dulden und für berechtigt halten wollen.

Ophuijsen bedarf wirklich keines Gesundheitsattestes von uns: seine seit Jahren wachsende Unzufriedenheit mit den meisten Mitgliedern seiner Gruppe, die fast alle von uns an Psychoanalytiker gestellten Forderungen nicht erfüllen, und nicht erfüllen wollen, war uns bekannt und ihrem guten Begründetsein sehr verständlich. Wenn an van Ophuijsen in dieser Sache überhaupt etwas auszusetzen ist, wäre es nur, daß er zu lange Geduld gehabt hat, und seine Unzufriedenheit den Verursachern derselben nicht noch energischer gezeigt hat. Versteckt hat er sie bestimmt nicht. Unsere hohe Wissenschaft der Psychiatrie in allen Ehren, aber Empfindlichkeit schweren Unzulänglichkeiten einer hohen Sache gegenüber werden wir nicht als paranoisch bezeichnen. Wir, Schreiber unserer Rundbriefe, sind ja der Rest und die Erben jenes psychoanalytischen Komitees, das seiner Zeit geschaffen wurde, als Regulativ der psychoanalytischen Bewegung, um deren, nach immanenten Gesetzen und unter starken äußeren Einflüssen vor sich gehende Entwicklung möglichst zu beeinflussen und bei unerwünschten Anpassungserscheinungen als möglichst gute Bremse zu fungieren.

[1] Maschinenschriftlicher Brief mit Unterschrift Eitingons.

Jones hatte mir seiner Zeit seine Antwort an de Monchy geschickt ohne mir von dem Inhalt des Briefes d. M's Kenntnis zu geben. Ich billigte damals die Äußerungen Jones's, fügte aber, wenn ich mich nicht irre, hinzu, daß man vielleicht der alten holländ(ischen) Gruppe die Unzufriedenheit des Zentralvorstandes mit deren ganzer Art deutlicher zum Ausdruck hätte bringen können. Wenn ich damals den ganzen Inhalt des Dossiers, das jetzt vor mir liegt, oder auch nur den Brief de Monchy's gekannt hätte, so würde ich trotz aller Schwierigkeiten eines solchen Schrittes bei unserem Präsidenten beantragt haben, die alte holländische Gruppe einstweilen zu suspendieren, bis der Zentralvorstand die ganzen Verhältnisse dort noch einmal überprüft haben würde.

Erlauben Sie mir in aller Schärfe das auszusprechen, worin Sie vielleicht alle mit mir mehr oder weniger einverstanden sind, daß so, wie wir bis jetzt die I.P.V. gewollt und geleitet haben, uns ein wirklich nahestehender führender Psychoanalytiker mehr wert sein kann, als der Rest seiner Gruppe, ganz besonders, wenn die Gruppe schlecht ist. Würden und werden wir in zu großer Toleranz dem genius loci diverser Gruppen einfach schalten und walten lassen, dann sind wir nicht besser, und nicht wirksamer, als der Völkerbund. Dabei ist doch der geistige Vater der I.P.V. ein ganz anderer Geist als Wilson[2] gewesen ist.

Nun zu den Details der holländischen Situation: Als ich Ophuijsen vorschlug, zunächst selbst gegen den Bericht der Amsterdamer Gruppe zu protestieren, so meinte ich einen Protest gegen das Verschweigen des Haager psychoanalytischen Instituts und gegen die Usurpation der Amsterdamer, der einzige Ort zu sein, wo eine psychoanalytische Ausbildung möglich sei. Daß dieses Stück Protest nur von dem dazu Nächsten, d. i. Ophuijsen, eingelegt werden kann, ist noch immer meine Ansicht.

Wie ich Ihnen allen bereits einzeln geschrieben habe, wäre es dann Sache der I.P.V. oder meine, die Lehrer des neuen Instituts genau nach ihrer Kompetenz zu fragen.

Das Schwierigste bleibt natürlich, das, was der Zentralvorstand dann noch zu tun hätte. Ophuijsen hat ganz recht, wenn er unsere Aufmerksamkeit auf das gar nicht harmlose, kleine Epitheton »ärztliche« bei der

---

[2] Gemeint ist hier Woodrow Wilson (1856-1924), der 28. Präsident der Vereinigten Staaten von United States 1913 bis 1921. Seit 1930 arbeitet Freud mit William Bullitt (1891-1967), der unter Wilson stellvertretender Außenminister war, an einer Biographie Wilsons. Eitingon wußte davon, vgl. Freud (2004h), S. 720.

Ausbildung der Amsterdamer lenkt. Gar nicht wohl aber ist mir zumute bei der Idee, daß wir selbst Gruppen nahe legen sollen, sich als ärztlich-psychoanalytische aufzutun. Wenn schon solche Doppelorganisationen sich einmal als unvermeidlich erweisen sollten, so dürfen wir dem nicht zu sehr entgegen kommen, gerade mit einer Gruppe den Anfang machend, deren spezifisches analytisches Gewicht und deren Wert für unsere Bewegung hoch anzuschlagen, wir doch wirklich kaum Anlaß haben.
Mit allen guten Wünschen und Gedanken für Wien grüßt Euch alle bestens
Euer

Max Eitingon

22.3.1934/W

[Briefkopf: Internationale Psychoanalytische Vereinigung][1]

Wien, 22. März 1934.

Liebe Freunde!

In meinem letzten Rundbrief bin ich noch die Antwort auf einige Fragen schuldig geblieben, über die ich mich erst in der Zwischenzeit durch private Korrespondenz eingehender orientiert habe.

Skandinavische Union. Ich würde es sehr viel einfacher finden, die Lösung dieser Frage für den Kongreß und die mündliche Besprechung dort, aufzuschieben. Frau Dr. Tamm, mit der ich jetzt Brief gewechselt habe, scheint sich sehr, eine frühere Entscheidung zu wünschen.

Ich weiß nicht, wie sehr dieser Wunsch damit in Zusammenhang steht, daß sie sehr krank ist. Ich weiß nicht genau, was es ist, aber es scheint eine bösartige Erkrankung der Pankreasdrüse. Sie ist nicht sicher, daß sie zum Kongreß kommen kann, nimmt es sich aber jedenfalls vor. Ich habe mir inzwischen gedacht, ob es nicht möglich wäre, die Form der Skandinavischen Union als eine vorläufige anzusehen und als solche nur anzunehmen. Das heißt, die Form der Union könnte beibehalten werden, solange die einzelnen Länder nicht genügend Mitglieder haben, um Ortsgruppen zu bilden. Die Union wäre also nur der Mutterboden für die Bildung solcher Ortsgruppen. Sobald ein einzelnes der Länder die genügende Mitgliederzahl besitzt, müßte es als selbstverständlich aus der Union ausfallen und als selbständige Zweigvereinigung der I.P.V. direkt angehören. Man könnte dann annehmen, daß im Lauf der nächsten 5 oder 10 Jahre die Union wieder verschwunden ist und wir statt dessen drei neue Ortsgruppen haben. Das wäre natürlich nur die Idee, aber wenn Sie sie akzeptieren wollten, so ließe sich sicher irgendeine Art finden, sie in geschicktere Worte zu fassen.

Daß die Skandinavische Union jetzt berechtigt ist, leuchtet mir auch ein, da die Bildung von Ortsgruppen wirklich noch unmöglich ist; aber eine solche Union in einigen Jahren, wenn sie selbst dann vielleicht drei volle Ortsgruppen umfaßt, müßte zu einer Schwierigkeit innerhalb der I.P.V. werden. Es würde sich also wirklich um die Schaffung einer Übergangsform handeln.

---

[1] Maschinenschriftlicher Brief.

Alte holländische Gruppe. Ich gehöre auch wie Eitingon zu denjenigen, die den Wert einer »lauen« Gruppe nicht einsehen können und die Arbeitskraft eines einzigen vollgültigen Analytikers höher einschätzen als die einer ganzen Gruppe, die nur mit einer Seite ihres Interesses der Analyse zugewendet ist. Gleichzeitig gebe ich Jones Recht, wenn er meint, daß bei jedem solchen Abfall auch manches Wertvolle für die Analyse mitverloren geht. Solche Verluste werden wir aber wahrscheinlich immer wieder zu ertragen haben. Wir haben außer an der holländischen Gruppe ja auch an der französischen Gruppe ein Beispiel, wie sich solche Entwicklungen vollziehen. Ich glaube, es lohnt sich, mit Interesse zu beobachten, wer dort die Oberhand behalten wird: die kleine Anzahl wirklicher Analytiker oder die größere Zahl von Psychiatern und Ärzten, die durch ihre Zugehörigkeit zur Gruppe sich mehr gestört als gefördert fühlen.

Ich würde vorschlagen, daß wir den Bruch mit der holländischen Gruppe nicht jetzt aus der sehr berechtigten Verstimmung, die wir ihr gegenüber fühlen, provozieren, sondern ihn der sachlichen Entwicklung überlassen. Es gibt sehr viele Punkte, in denen diese alte holl. Gruppe nicht auf demselben Standpunkt steht wie wir; die Einstellung zur Laienfrage, zur I.P.V. überhaupt (siehe Verlagsaktion), das Interesse für die Kongresse, die neue Frage des Antisemitismus, die alte Frage der Selbstanalyse des Analytikers als Hauptpunkt der Ausbildung. Ergeben sich wie in den vergangenen Jahren Konflikte zwischen uns und ihnen in diesen Beziehungen, so sollte die I.P.V. keine Konzessionen machen, um die Gruppe zu erhalten. So wäre dieser Gruppe noch einmal die Wahl gestellt, sich zu adaptieren oder früher oder später auszuscheiden. Es kommt mir vor, daß es nicht lange dauern kann, bis auch für die Außenwelt das Schwergewicht der analytischen Bedeutung ganz auf die Gruppe von Ophuijsen übergegangen ist.

Amsterdamer Institut. Hier scheint es mir wirklich, daß die I.U.K. Ophuijsen bei der Auseinandersetzung mit den anderen zu Hilfe kommen muß. Schließlich kann Ophuijsen sie nicht hindern, über ihr Institut im Korr. Bl. zu publizieren, was ihnen selbst als geeignet erscheint. Er kann nur durch eine gegenteilige Publikation an gleicher Stelle Protest einlegen. Das aber ist, glaube ich, durchaus unerwünscht, das Korr. Bl. ist doch sicher nicht die geeignete Stelle um Schwierigkeiten zwischen den Vereinigungen darin zu veröffentlichen oder auszutragen.

Um das in diesem und anderen Fällen zu verhüten, habe ich mir einen Plan ausgedacht, zu dem ich von allen Seiten Ihre Äußerungen erbitte.
Reform des Korr. Blattes. Wir hatten bisher an zweiter Stelle im Korr. Bl. immer eine Rubrik, die »Mitteilungen der Internationalen Unterrichtskommission« betitelt war und die Berichte der Institute enthielt. Tatsächlich aber war sie wie das übrige Korr. Bl. von mir redigiert und die Institutsberichte kamen gleichzeitig mit den Gruppenbeichten an mich und wurden erst dann gesondert. Nun schlage ich, schon im Einverständnis mit Jones folgendes vor: diese Rubrik soll tatsächlich zu einer Publikation der I.U.K. umgestaltet und von Eitingon redigiert werden. Sie soll alle den Unterricht angehenden Angelegenheiten enthalten, also die laufenden Institutsberichte, die Ankündigungen von neugegründeten Instituten, eventuelle Berichte oder Vorschläge von den Lehrkomitees der Zweigvereinigungen. Alle dort erscheinenden Berichte sollen von den Instituten direkt an Eitingon nicht an mich gehen und zwar so rechtzeitig, daß ihm die Gelegenheit zu einer Korrektur und Rückäußerung an das betreffende Institut bleibt. Der Redakteur des Korr. Blattes hat nicht die geringste Befugnis, einen Institutsbericht oder eine Ankündigung zu kritisieren, er kann sie nur veröffentlichen. Der Vorsitzende der I.U.K. behält auf diese Art ein Recht des Einspruchs und kann es auch rechtzeitig betätigen. Es kann dann nicht mehr vorkommen, daß in einem Gruppenbericht plötzlich ein neues Institut auftaucht, von dem die I.U.K. noch gar nichts weiß oder daß, wie jetzt in Holland, das eine Institut die Existenz des benachbarten verschweigt oder leugnet. Es erscheint mir auch als ein großer Vorteil, daß Eitingon auf diese Weise die räumliche Entfernung durch einen ständigen Kontakt mit den Instituten und eine persönlichere Einflußnahme wieder ausgleichen muß.
Aus Gründen des Raummangels hatte Jones und ich schon geplant, die Institutsberichte nicht mehr vierteljährlich zu bringen. Für diese Neuordnung würden wir vorschlagen Jahresberichte der Institute (und zwar nach Studien- nicht nach Kalenderjahren) zu bringen.
Wenn Sie diesen Vorschlag annehmen, so würden von laufenden Fragen schon die Ankündigung des Pariser Instituts und die Regelung der Publikation der holländischen Institute in Eitingons Kompetenz fallen.
Diese Mitteilungen der I.U.K. wären natürlich wie bisher ein Stück des Korrespondenzblatts, Eitingon müßte sie mir dann nur zur Veröffentlichung zuschicken.

Kongreß. Der Termin für Anmeldung von Vorträgen ist bis Pfingsten verlängert worden.
Mit herzlichen Grüßen und guten Wünschen für ein Ausruhen in den Osterferien für alle!
Ihre

Anna Freud

27.3.1934/L

[neuer Briefkopf: Internationale Psychoanalytische Vereinigung][1]

March 27, 34.

Dear Friends,

This letter isto supplement and summarise a number of individual ones previously exchanged.dinavian Union. I agree with Frl. Anna Freud that this matter had better be postponed to the Congress time. I am still inclined to agree with van Ophuijsen rather than with Frl. Anna Freud about the undesirability of accepting the Union in its proposed form. This is not because it is a new idea, but because I see no good in it and a considerable risk of trouble. If the various Scandinavian members join other European societies until they are numerous [handschriftlich:]* *enough* to form national societies, then their purpose of belonging to the International would be achieved. If in addition to this they wish to meet once a year among themselves, they could of course do so, but it would not form an official clique of one group of societies contrasting with other European ones.

Dutch Group. I agree with Frl. Anna Freud that the best way of proceeding is to ask Eitingon to function strictly in respect of the work of the Institute there, and also to be prepared to make a complete break with the Oslo group and exclude them from the International if they give us reasonable grounds for doing so. I think we should want stronger grounds than any of the four Frl. Anna Freud mentions (at the end of page 2. in her letter). All these are extremely regrettable, but hardly a reason for officially excluding from the International. The better the pretext we can find, the more chance of winning any of the more useful elements in the old group to join the new. I think, for example of Stärcke, who has done valuable work, and probably there are also newer members of whom something could be made.

As Frl. Anna Freud indicates, the suggestions about the Korrespondenz Blatt we worked out together and I am sure there will be a considerable improvement and simplification. The only difficulty to be foreseen is that many societies may be prone still to send Institute reports to her, or even to myself, instead of to Eitingon. He will need to send them strongly

[1] Maschinenschriftlicher Brief.

underlined reminders of this.
Congress. Papers seem to be coming in already in satisfactory numbers. But for practical reasons the terminus has been shifted to Whitsun, after which we shall have rapidly to make up the programme. The length of the papers has not been officially stated, but I assume they will be as before - 25 minutes.
American Immigrants. On hearing that Brill had been successful in raising a certain amount of money, and knowing that he and his colleagues were anxious to help in settling suitable analytical immigrants wherever possible, I have formed a small European committee to help in collecting information about any intending immigrants. It is composed of Lampl (Vienna), Spitz (Paris), Benedek[2] (Berlin) and Frau Dr Maas[3] (London).
France. Laforgue[4] is to meet the Princess and Eitingon during the Easter holidays and I hope some good will come of the discussion, in respect particularly of their new Institute.

---

[2] Therese Benedek (1892-1977). Ungarische Kinderärztin, erhielt ihre analytische Ausbildung bei Ferenczi, bei dem sie während der Räterepublik studierte. Nach der Konterrevolution des Horty-Regimes 1919 übersiedelte sie nach Leipzig, wo sie als erste Psychoanalytikerin einen kleinen Kreis analytisch orientierter Kollegen leitete (vgl. Bd. 1, S. 77, Anm. 8 und 9), der 1928 zum offiziellen Arbeitskreis der DPG wurde. Von 1933 bis 1935 war sie Lehr- und Kontrollanalytikerin am Berliner Institut. 1936 emigrierte sie in die USA, wo sie bis zu ihrem Tod in Chicago lebte; vgl. May (2000).

[3] Hilde Maas (1893-1983), deutsche jüdische Ärztin, psychoanalytische Ausbildung am Berliner Psychoanalytischen Institut bei Hanns Sachs. 1933 emigrierte sie nach England und wurde sie Mitglied der British Psycho-Analytical Society, vgl. Psychoanalytikerinnen in Deutschland (www.psychoanalytikerinnen.de/ deutschland_biografien.html#Maas).

[4] René Laforgue (1894–1962), französischer Psychiater. Seit 1913 Anhänger Freuds und der Psychoanalyse. Promovierte mit einer psychoanalytischen Arbeit, vgl. Laforgue (1922). Seit 1925 Mitglied der Wiener Vereinigung mit Wohnsitz in Paris. Mit Marie Bonaparte, deren Vertrauter er war und die er zu Freud in Analyse empfahl, gilt er als Wegbereiter der Psychoanalyse in Frankreich. Vor allem in Ausbildungsfragen hielt er sich wenig an institutionalisierte Regeln, was zu einer gewissen Isolierung in der Société Psychanalytique de Paris führte, vgl. Bourgeron (2002), Mühlleitner (1992), S. 169f.

Germany. I am now getting objective information from Dr Benedek who has moved from Leipzig to Berlin, and am of the opinion that the work in Berlin is going forward better than been feared.

With best Easter wishes

Ernest Jones.

19.4.1934/L

[Neuer Briefkopf: Internationale Psychoanalytische Vereinigung][1]

April 19, 34.

Dear Friends,

You will remember that Professor Marui[2] of the Imperial University, Sendai, Japan, visited me in the autumn after spending some little time in Vienna. Partly because of the great distance from Tokio, and also for other reasons of seniority, I advised him to constitute his little group of followers into a Psycho-Analytical Society, and I at the same time notified Mr Yabe of Tokio that in future there would be at least two societies in Japan which I hoped in time would combine into an Imperial Japanese Association on the lines of the Pan-American Association. Mr Yabe sent a very gratifying and cordial response.

Now I get an official letter from Professor Marui announcing the constitution of his society with twelve members, most of whom have been analysed by himself. Unless any of you have any objections I would accept his group provisionally until the time of the Congress.

[Handschriftlich:] Warmest greetings

Ernest Jones

---

[1] Maschinenschriftlicher Brief.

[2] Kiyoyasu Marui (1886-1953), japanischer Psychiater und Lehrer von Heisaku Kosawa, vgl. Anzai (2000).

2.5.1934/H

[Neuer Briefkopf: Internationale Psychoanalytische Vereinigung][1]

Haag, Holland,
Prinsevinkenpark 5,
den 2. Mai 1934.

Hochverehrter Herr Professor und liebe Freunde,
es tut mir aufrichtig leid, daß ich nicht früher dazugekommen bin in einem Rundbrief meine Meinung zu sagen über die Angelegenheit, welche von Ihnen angeführt wurde und ich werde versuchen das Versäumte jetzt schnell nachzuholen. Bevor ich jedoch übergehe zu den Briefen von Fräulein Anna Freud und Freund Jones möchte ich mit einem mehr oder weniger »amused« Gefühl feststellen, daß von den früher besprochenen Sachen eine nicht erledigt wurde, nämlich die Frage, ob Sie mich zum stellvertretenden Beirat ernennen wollen und zwar gleich auch für die Periode bis zum Kongreß 1936 oder nicht. Es wäre mir angenehm hierüber etwas zu erfahren.
Ich bedauere dem Vorschlag einer Skandinavischen Union nicht beistimmen zu können. Eine solche Gruppenbildung, wodurch die Bildung eines gut funktionierenden Zentrums nicht sichergestellt ist, paßt nicht in den Rahmen unserer Organisation hinein. Ich halte die bis jetzt geltenden Regeln für praktisch sehr wichtig und möchte sie nicht umgehen und damit einen Präzedenzfall schaffen, der uns noch sehr viele Schwierigkeiten bereiten könnte. Umsoweniger fühle ich mich hierzu veranlaßt, weil eine andere Lösung innerhalb des Rahmens unserer Organisation sehr wohl möglich ist, wenn die Leute nur ihren Chauvinismus beiseite schieben wollen.

den 7. Mai
Ich darf doch wohl annehmen, daß der Plan einer Skandinavischen Union nicht entstanden wäre, wenn es nicht wenigstens eine gut organisierte und arbeitsfähige Gruppe gäbe, ob in Oslo oder Kopenhagen oder Stockholm ist ja gleichgültig. Ohne eine solche Vorbedingung hätte die ganze Union gar keinen Wert. Nun, was wäre dagegen die eine Gruppe interimistisch aufzunehmen und den Mitgliedern aus den anderen Skandinavischen Ländern zu erlauben sich ihr anzuschließen? Damit wäre genau dasselbe

[1] Maschinenschriftlicher Brief.

erreicht wie mit einer Union; die Abspaltungen könnten nachher genau so stattfinden, falls an anderen Orten arbeitsfähige Gruppen entstehen würden und Schwierigkeiten könnten daraus gar nicht entstehen.
Ich stimme also gegen die Union, für die Gründung einer örtlichen Gruppe und ihre interimistische Aufnahme in die I.P.V. und für die Erlaubnis, daß die I.P.V. Mitglieder in den anderen skandinavischen Ländern sich dieser Gruppe anschließen dürfen.
Mit der Arbeitsteilung in Bezug auf das Korrespondenzblatt bin ich voll und ganz einverstanden. Daß damit das Band mit Freund Eitingon möglichst kräftig bleibt begrüße ich mit großer Freude!
Ich bin dafür, daß man in Bezug auf die alte Holländische Gruppe jetzt nichts unternimmt. Ihre Lebensfähigkeit muß sie erst noch beweisen und ebenso, daß ihr Institut etwas bedeutet. Falls die neue Vereinigung am Kongreß aufgenommen wird, was ich doch wohl als sicher annehmen darf, werde ich vorschlagen, daß die alte Vereinigung ihren Namen ändert und in Übereinstimmung mit ihren Charakter bringt. Sie soll Nederlandsche A r t s e n Vereinigung voor Psychoanalyse heißen. Es ist möglich, daß dann von der Generalversammlung aus, hiergegen protestiert wird. Falls das geschieht ist es besser, als daß der Vorstand als solcher es macht. In Bezug auf das neue Institut gibt es noch Einiges zu besprechen, was ich aber für später aufheben möchte.
Selbstverständlich bin ich mit der interimistischen Aufnahme der zweiten Japanischen Gruppe einverstanden, umsomehr, weil der Prof. Yabe sich schon darüber geäußert hat, und zwar im günstigen Sinne.
Wie Sie vielleicht wissen, ging von der Schweizerischen Ges[ellschaft] für PSA, der Vorschlag aus, einen Reisefonds zu sammeln, um Kollegen den Kongreßbesuch zu erleichtern resp. zu ermöglichen. Es wurde dabei die Frage aufgeworfen, ob die Kasse der I.P.V. zu diesem Fonds beitragen könnte. Ich glaube, daß ich die Frage im verneinenden Sinne beantworten muß. Es wird noch eine ganze Weile dauern, bis wir den durch Storfer erlittenen Verlust werden überwunden haben und bis dahin dürfen wir doch eigentlich nicht zufrieden sein. Die Druckkosten werden immer höher und wir brauchen die Beiträge, welche uns die Kongresse einbringen dringend für den Zweck.
In unserer Gruppe wird regelmäßig und fleißig gearbeitet, vorläufig noch ohne Reibung, aber ohne diese geht es offenbar nicht und ich bin darauf vorbereitet, daß der Gegensatz Reik - Landauer, welchen beide zu vertuschen suchen, was manchmal komisch anmutet, in nicht zu langer

Zeit wohl zu Schwierigkeiten führen wird. Stimmt es, daß Dr. Bernfeld nach Holland kommt?
Neues habe ich sonst nicht. Ich verspreche in der Zukunft nicht so lange mit meinen Antworten zu warten und bin mit den besten Grüßen an Sie alle,
Ihr

van Ophuijsen

18.11.1934/H
[ohne Briefkopf][1]

J. H. W. van Ophuijsen
Beirat I. P. V.

1211 The Belcrest,
5440 Cass Avenue,
Detroit, Mich.

Hochverehrter Herr Professor und liebe Kollegen,
mit Verwunderung habe ich feststellen müssen, daß wenigsten einige unter Ihnen nicht wissen, was sich seit dem Kongreß in meinen Leben geändert hat. Ich glaubte guten Grund zu haben zur Annahme, daß darüber gesprochen worden wäre, welchen Vorschlag Dr. Sachs mir gemacht hatte, welchen Entschluß ich gefaßt hatte und daß ich diesen Entschluß, wie es von mir verlangt wurde, sofort ausgeführt hatte. Zeit zum Schreiben hatte ich nicht. In wenigen Wochen alles für ein neues Leben vorzubereiten läßt dazu keine Möglichkeit. Am Tage vor der Abreise hatten wir z. B. unsere Visa noch nicht! Gegen unsren Wunsch konnten wir in London nur einige Stunden und die Nacht verbringen.
Seit Ende Oktober sitze ich nun da und vor einigen Wochen fing die Arbeit an. Es wäre voreilig schon jetzt meine Eindrücke als Urteil mitteilen zu wollen. Ich kann nur sagen, daß der Anfang hier anders gewesen ist, als er für die Kollegen in den anderen Städten gewesen sein mag und sich kennzeichnet durch eine sehr intensive Berührung mit der medizinischen Welt. Ein Akademiker wäre vielleicht besser am Platze gewesen, obwohl ihm die Anpassung an das neue Milieu vielleicht schwerer gefallen wäre als mir. Es freut mich sagen zu können, daß ich, wie ich erwartete, in Dr. Ward W. Harryman[2], einem Analysanden von Dr. Sachs, einen, wie ich meine, ganz zuverlässigen und wertvollen Mitarbeiter gefunden habe.
Auch über die Situation in der Amerikanischen Federation weiß ich noch nichts zu sagen. In Anbetracht der Schwierigkeiten und der Tatsache, daß ich mich aus leicht ersichtlichen Gründen ganz neutral zu verhalten

---

[1] Maschinenschriftlicher Brief.
[2] Ward Harryman (1894-1963), amerikanischer Neurologe aus Detroit, der schon seit 1925 regelmäßig Europa zur Weiterbildung besucht hatte, *The Michigan Alumnus*, Volume 31, 25.4.1925, S. 580.

haben werde, bitte ich Sie dringend von Ihrem Recht Gebrauch zu machen: mir zu erlauben, mich vorläufig keiner der Amerikanischen Gruppen anzuschließen. Ich habe nicht die geringste Absicht mich irgendwie hinein zu mischen und möchte das in dieser Weise zum Ausdruck bringen. Meine Absicht ist, wenn möglich, in dieser großen Stadt, ich glaube der vierten oder fünften der V.S., in einigen Jahren eine Gruppe zu gründen. Ich bitte die Entscheidung über die Anfrage Herren Dr. Jones und Dr. Glover zu überlassen und wäre für eine baldige Antwort sehr dankbar. Es wird diese es mir erleichtern mich der Arbeit für die Psychoanalyse zu widmen.

Mit den besten Grüßen

Ihr

van Ophuijsen

den 18 November 1934.

23.11.1934/W

[ohne Briefkopf][1]

Wien, 23. November 1934

Liebe Freunde!

Ich habe auf dem Luzerner Kongreß[2] die Aufgabe bekommen, die Verbindung zwischen uns sieben Leuten brieflich aufrechtzuerhalten. Ich hätte meinen ersten Brief in dieser Funktion nicht so lange hinausgeschoben, wenn ich nicht auf zwei Ereignisse gewartet hätte, deren Mitteilung ich gleich in meinem Rundbrief einschließen wollte: nämlich auf einen Brief von Ophuijsen, der uns alle seine neue Adresse und eine erste Nachricht über seine Ankunft an einer neuen Arbeitsstelle geben sollte und auf eine Antwort von Brill auf einen Brief von mir, in dem ich versucht habe, ihm etwas von unseren Kongreßeindrücken zu schildern. Beide Nachrichten sind leider nicht gekommen, aber ich wollte jetzt doch nicht mehr länger mit dem Schreiben warten. Ich schicke Ophuijsens Brief an seine alte Adresse im Haag und bitte um Nachsendung. So hoffe ich, daß wir doch alle wieder in Kontakt kommen.

In den zwei Monaten seit dem Kongreß ist in den Vereinigungen besonders wenig vorgegangen. Ich glaube, alle Mitglieder und Vorstände haben ihre Energie in Luzern ausgegeben. Man hört wenigstens brieflich viel weniger als sonst von Schwierigkeiten und Konflikten innerhalb der Gruppen. Immerhin gibt es einige Neuigkeiten.

Italien. Edoardo Weiss[3] teilt mit, daß es ihm nicht gelungen ist, die Erlaubnis für das Erscheinen der Rivista zu bekommen. Die Zeitschrift muß also eingestellt werden. Anderseits können Broschüren und Bücher ungestört publiziert werden. Weiss will sich bemühen, durch das

---

[1] Maschinenschriftlicher Brief. Am oberen Rand handschriftlich von Anna Freud hinzugesetzt: »1. Rundbrief an Jones, Glover, Eitingon, Brill, Sarasin, Ophuijsen"

[2] XIII. Internationaler Psychoanalytische Kongreß vom 16. bis 31.8. 1934 in Luzern, *IZP* Bd. 21, KB. S. 111, 306.

[3] Edoardo Weiss (1889-1970). Hatte bereits 1909 als Medizinstudent in Wien Kontakt zu Freud und wurde 1913 Mitglied der Wiener Vereinigung. Lehranalysand Paul Federns. Er übersetzte Freuds Schriften und praktizierte in einer psychoanalytischen Praxis in Triest. Unter dem Druck des Faschismus emigrierte er 1939 in die USA. Dort gab er als Schüler Federns dessen Schriften zur Ich-Psychologie heraus; vgl. Mühlleitner (1992), S. 259-361, Freud (1962-75a), Bd. 4, S. XXIII.

Herausbringen von Übersetzungen etc. den Ausfall wieder gut zu machen. Immerhin ist es kein schlechtes Zeichen.

Indien. Wie ich von Jones erfahre, teilt Berkeley-Hill[4] mit, daß die Verbreitung seiner Collected Papers in Bengalen behördlich streng verboten worden ist. Hoffentlich werden sich ähnliche Nachrichten nicht auch aus andern Ländern einstellen.

Holland. Ich bekomme gelegentlich ausführlichere Nachrichten von Landauer und anderen dort. Dr. Katan[5], der die beiden letzten Jahre in Wien gearbeitet hat, aber ein alter Schüler von Ophuijsen ist, hat jetzt Ophuijsens Praxis und Wohnung übernommen. Hoffentlich wird die Entwicklung so vor sich gehen, daß die neue Gruppe allmählich alles Brauchbare um sich sammelt, nicht so, daß die alte Gruppe die jüngeren Mitglieder und die Ausländer zu sich hinüberzieht. Die Ausländer fühlen sich ohne den Halt und Schutz, den Ophuijsen ihnen gegeben hat, unsicher. Die neue Gruppe hat auch wohl ohne das Zentrum Ophuijsen noch keinen rechten Halt. Aber hoffentlich wird es gehen.

Amerika. Wir sind vor allem gespannt zu wissen, was Brill über die Eindrücke der vom Kongreß heimgekehrten Kollegen zu sagen hat und wie er die Wirkung des Kongresses beurteilt. Vorläufig hat sich in der Laienfrage zwischen Wien und Newyork noch nichts Neues ereignet. Sie wissen, ich habe schlechte Vorahnungen wegen der Aufhebung des Oxforder Abkommens und wäre sehr froh, wenn man bis zum nächsten Kongreß eine Neuregelung des Abkommens vorbereiten könnte.

Wien. Von der Vereinigung ist wenig Neues zu sagen. Privat geht es uns gut.

Ich wäre allen dankbar, die mir Nachrichten aus den verschiedenen Ecken und Enden schicken, damit ich sie sammeln und weitergeben kann. Wir sind jetzt ein bischen weit über drei Erdteile verstreut, aber wenn ich genug Nachrichten bekomme, werde ich darauf achtgeben, daß wir trotzdem in guten regelmäßigem Kontakt bleiben.

---

[4] Berkeley-Hill, Owen (), Psychiater und Mitglied der psychoanalytischen Gruppe in Kalkutta. Er war von Ernest Jones analysiert worden und hatte mit dazu beigetragen, daß die Gruppe von Kalkutta die IPV anerkannt wurde, vgl. Alexander & Grotjahn (1966), S. 271 .

[5] Maurits Katan (1897-1977), holländischer Arzt und Psychoanalytiker, war 1934 Mitbegründer der Holländischen psychoanalytischen Vereinigung. 1937 heiratete er die österreichische Psychoanalytikerin Anny Katan (1898-1992), vgl. Mühlleitner (1992), S. 28.

Sehr herzliche Grüße an alle.
Ihre

[Anna Freud]

[Handschriftlicher Zusatz auf Exemplar in BIPA]:

Another letter follows
Sincerely yours

Anna Freud

8.1.1935/H
[Briefkopf: Internationale Psychoanalytische Vereinigung][1]

c/o General Post Office,
Pretoria, South Africa.
a.b. Rex 8 Jan. 1935.

Hochverehrter Herr Professor und liebe Kollegen,
Aus Briefen von Dr. Jones und Dr. Eitingon, die von Dr. Brill und mir Auskunft erhielten, wissen sie wahrscheinlich schon, wie sehr ich mich, unter der Suggestion des Herrn Dr. Sachs, in Dr. Harryman getäuscht habe. Nachdem ich noch nicht ganz drei Wochen gearbeitet hatte, jedenfalls hat sich herausgestellt, dass er mir keine Analysanden zur Verfügung stellen konnte. Ausserdem hat er, glaube ich, Angst gehabt, dass ich ihm etwas von seiner Praxis wegnehmen könnte, denn jede Gelegenheit mich mit den Ärzten Detroit`s in Verbindung zu bringen hat er verschoben oder durch Lügen verpfuscht. Natürlich hat er allerhand Gründe ersonnen um seine Handlung zu motivieren, aber deren Untauglichkeit ist leicht zu beweisen und zu durchschauen, wie es Dr. Brill und auch Dr. Radó, Sándor Ihnen bestätigen können. Ausserdem hätte er es bei genügendem Grund nicht nötig gehabt zu versuchen mich deportieren zu lassen und es mir zu verunmöglichen im Staate Michigan eine Lizenz zu bekommen! Nachdem ich durch Wochen hindurch versucht habe zu einer friedlichen Lösung zu kommen, habe ich jetzt einen Prozess gegen ihn angefangen.
Der Eindruck, den ich nach meiner Entlassung, von Dr. H. bekommen habe, wurde mir ohne Ausnahme von allen Kollegen bestätigt, mit denen ich zu der Wintersitzung der American Federation zusammentraf. Alle, in erster Linie Dr. Alexander, fragten mich warum ich nicht vorher Informationen bei Ihnen eingezogen hatte. Sie wussten, wie unzuverlässig und lügnerisch Dr. H. sei und dass er nicht einen guten Ruf geniesse. Meine einzige Antwort konnte sein, dass ich ganz und gar darauf gerechnet habe, dass Dr. Sachs sich gründlich erkundigt hatte und dass man in den anderen Amerikanischen Gruppen um seinen Plan wusste! Ausserdem hatte Dr. Sachs Dr. H. längere Zeit analysiert und die Analyse, nach Dr. H`s Aussage, für beendet erklärt. Das Benehmen von Dr. S. in

[1] Maschinenschriftlicher Brief.

dieser Angelegenheit ist mehr wie rätselhaft. Mir hat er Dr. H. als vertrauenswürdig und einen guten Ruf geniessend dargestellt. Er wusste z.B. nicht einmal dass Dr. H. nicht Mitglied der allgemeinen und der psychiatrischen Aerzte-Gesellschaften ist. Diese Tatsache hat es den Detroiter Kollegen, welche ohne Ausnahme auf meiner Seite standen, unmöglich gemacht einen Druck auf Dr. H. auszuüben. Dr. Sachs hat zunächst sich verweigert überhaupt mit mir über die Angelegenheit zu sprechen, später aber nur, falls ich keinen Rechtsanwalt zuziehen würde! Warum er davor Angst haben sollte, weiss ich nicht. Vertragsbruch ist doch schließlich eine Sache, über welche das Gericht zu urteilen hat. Jedenfalls hat Dr. Sachs offenbar nicht recht verstanden, was es heisst eine ganz Familie zu entwurzeln und zwei Familien in die grössten finanziellen Schwierigkeiten zu versetzen, abgesehen vom sonstigen Elend, welches die Situation bedeutete.

Ohne Hülfe von Freunden weiss ich nicht, wie ich aus der Situation herausgekommen wäre oder wenigstens die Möglichkeit bekommen hätte auf's Neue anzufangen. Es freut mich aufrichtig hier die Namen von Dr. Brill und Dr. Radó, Sándor nennen zu dürfen, deren Hilfsbereitschaft und Gastfreundschaft uns auf immer unvergesslich bleiben werden. Was die beiden Kollegen während unserer Besuche aus New York und durch ihre Anteilnahme überhaupt für uns getan haben, ist nicht wiederzugeben. Sie haben erreicht, dass wir aus einer begreiflichen Verzweiflung herausgekommen sind und jetzt mit Mut und Zuversicht einen neuen Anfang machen werden. Auch muss ich einer Anzahl Amerikanischer Kollegen gedenken, welche mir einen grossen Betrag aus einem für andere Zwecke bestimmten Fonds für die Reise nach Süd-Afrika[2] zur Verfügung gestellt haben. Und ich bitte Dr. Brill ihnen unseren herzlichsten Dank übermitteln zu wollen.

Wir tauschen jetzt also Dr. (Hanns), U[nited] S[tates of] A[merican], gegen Dr. (Wulf) Sachs[3], U[nion of] S[outh] A[frica] um und hoffen, dass es uns dort in der Sonne besser gehen wird wie in dem sehr unschönen Detroit. Es wäre aber ungerecht nicht zu erwähnen, dass wir dort von

---

[2] Ophuijsen war in der Hoffnung nach Südafrika gefahren, dort eine erfolgreiche Praxcis aufbauen zu können, vgl. Stroeken (2011)

[3] Wulf Sachs (1893-1949), in Russland geborener Arzt und Psychoanalytiker aus Johannesburg. Er hatte im Sommer 1934 Freud in Wien besucht, vgl. auch Rickman (1950).

vielen Seiten her eine solche Freundschaft und Hilfsbereitschaft erfahren haben, wie es uns sonst unmöglich erschienen wäre. Es ist ein merkwürdiger Gedanke, dass man in einer so kurzen Periode mit so vielen Menschen zusammengebracht worden sei, welche in dem kleinen Kreis persönlicher Interesse eine so bedeutungsvolle Rolle gespielt haben, um sich darauf von ihnen verabschieden zu müssen in der Ungewissheit ob man sie je wiedersehen wird!
Ich habe diesen Brief in zwei Abschnitten schreiben müssen, weil ein Paar stürmische Tage mich daran gehindert haben ihn gleich fertig zu schreiben. Es ist jetzt der frühe Morgen des 11. Januars und in einigen Stunden fängt die Reise von hier - Gibraltar - nach Capetown an, wo wir voraussichtlich am 24. Januar ankommen werden. Wann wir nach Pretoria weiterreisen werden ist noch nicht sicher, aber wahrscheinlich sehr bald, denn das demoralisierende Leben des Arbeitslosen hat uns wirklich lange genug gedauert. Die Adresse dort wird vorläufig Poste restante (c.o. General Post Office) sein.
Mit den besten Grüssen
Ihr

van Ophuijsen

Dear Dr. Jones,
As I have no typewriter at my disposal I am unable to make the necessary number of copies of this letter. May I ask you to be so kind to have them made for me and to send them to all the members of the Committee - and also to me? I would be very grateful in-deed, if you would. - I received in the order the copy of the postcard I sent you before my departure; I had forgotten that I wrote it. We arrived in London on Oct. 16th very late in the night after a really stormy crossing, which had all of us seasick as we had never been before; the only thing we could do was to go to bed immediately in order to get a little rest before continuing our trip next day. We little suspected then, that we would be back in Europe so soon and for so short a time on our way to another continent.
With kindest regards to Mrs. Jones and yourself, in which my wife joins me,
Yours very sincerely

van Ophuijsen

9.5.1935/W

[Briefkopf Anna Freud][1]

Wien, XIX. Strassergasse 47.
9. Mai 1935.

Liebe Freunde!

Ich habe auf meinen letzten Rundbrief wenig Antworten bekommen, aber der Kontakt hat sich in der Zwischenzeit doch durch Einzelbriefe weiter aufrecht erhalten. Wenn Ihnen das Antworten in Form eines Rundbriefes unbequem ist, so bitte ich Sie, nur einfach an mich zu schreiben, ich werde die Nachrichten dann an die andern unter uns weitergeben.

Die letzten Monate waren in jeder Beziehung sehr ruhig. Das, was in dieser Periode Wissenswertes an mich gelangt ist, will ich im Folgenden kurz zusammenstellen. Der 6. Mai[2] hat außerdem Nachrichten aus allen Gruppen in Briefen und Telegrammen zu uns gebracht. Vor allem möchte ich Ihnen darüber berichten, daß Dr. Jones uns zu Ostern in Wien besucht und einen Vortrag in der Wiener Vereinigung gehalten hat.[3] Dieser Vortrag hat ganz bestimmte Absichten verfolgt und ist in Wien mit dem größten Interesse aufgenommen worden. Jones hat eine vollständige und einleuchtende Darstellung aller jener Punkte gegeben, über die die theoretischen Ansichten in London und Wien in den letzten Arbeitsjahren wachsend auseinandergegangen sind, und hat damit die Grundlage für eine eingehende wissenschaftliche Diskussion darüber gelegt. Sein Vortrag soll die Einleitung dieser Diskussion bedeuten, die in kurzer Zeit in London mit einem Wiener als Gastvortragenden fortgesetzt werden wird. Wir versprechen uns gegenseitige Anregung, Aufklärung und Klärung von der Aufnahme dieser Diskussionen.

In derselben Woche hat dann auch Dr. Walter Schmideberg[4] als Gast aus London einen klinischen Vortrag in unserem klinischen Seminar

[1] Kopie eines maschinenschriftlichen Briefes, ohne Unterschrift.

[2] Freuds 79. Geburtstag.

[3] Jones (1935).

[4] Walter Schmideberg (1890-1954), österreichischer Psychoanalytiker und Schwiegersohn von Melanie Klein, vgl. Glover (1955).

gehalten.[5] Die Wiener Vereinigung hat also diese Zeit nach Ostern unter dem Zeichen »London in Wien« gestanden.

Holland. Zur gleichen Zeit waren auch aus Holland Landauer und Reik hier zu Besuch. Die Nachrichten aus Holland sind nicht besonders günstig. Die beiden holländischen Vereinigungen leben, wie kaum anders zu erwarten, im Kampfzustand miteinander. Der neuen Vereinigung fehlt Ophuijsen als ihr Führer, die Eingewanderten fühlen sich ungeschützt und müssen sich vor der von der alten Vereinigung ausgehenden, zeitweise aktiven Feindseligkeit in Acht nehmen. Die Verhältnisse in der Lehrtätigkeit sind ungeklärt und warten auf ihre Klärung durch die I.U.K. Eitingon wird sehr bald von der neuen Vereinigung einen schriftlichen Protest gegen die Ausbildungstätigkeit der alten V(ereinigung) erhalten. Es wird darüber Klage geführt, daß dort Leute die Kandidaten ausbilden, die selber keine Analytiker sind, nicht die analytische Technik lehren, etc. Gerade das sind ja die Umstände, die Ophuijsen zur Spaltung der Vereinigung bewogen haben. Es scheint mir, daß die I.U.K. in ihrer Pariser Sitzung diesen Sommer in dieser Beziehung vor keine leichte Aufgabe gestellt sein wird.

I.U.K. Dr. Eitingon hat die Sitzung der I.U.K. in Paris endgiltig für den 1. und 2. August festgesetzt. Ein Rundschreiben an die Gruppen, daß alle Lehrausschüsse, die noch nicht als Institut anerkannt sind, sich in dieser Sitzung formell anmelden sollen, liegt bereit und wartet nur auf das Erscheinen der nächsten Nummer von Journal und Zeitschrift, in denen das Protokoll der Luzerner Sitzung abgedruckt ist. Sie werden alle bereits wissen, daß Dr. Radó, Sándor seine Stelle als Sekretär der I.U.K. niedergelegt hat. Wir bedauern das außerordentlich. Es wird nicht leicht sein, den geeigneten Ersatz für ihn zu finden.

Außer den schon erwähnten holländischen Schwierigkeiten wird sich auf der Sitzung der I.U.K. wahrscheinlich noch eine Schwierigkeit mit der Anerkennung der Lehrtätigkeit der Gruppe in Washington-Baltimore ergeben. Hoffentlich wird es einer Anzahl amerikanischer Mitglieder der Lehrausschüsse möglich sein, sich an der Durchberatung dieser Dinge in Paris zu beteiligen.

---

[5] Thema war „Agoraphobie und Schizophrenie, ein Beitrag zur Analyse der Psychosen, *IZP,* KB, Bd. 21, S 322.

Prag. Frau Deri[6]. Die bisher die neugegründete Arbeitsgemeinschaft in Prag geleitet hat, hat sich entschlossen, nach Los Angeles auszuwandern, wo sie Anschluß an Dr. Simmel finden wird. Das ist für Prag ein großer Verlust, denn sie hat in der kleinen Gruppe dort wirklich sehr viel geleistet. Sie wird aber durch Fenichel abgelöst werden, der die Gruppe schon mehrmals zu Kursen und Vorträgen besucht hat. Es scheint, daß Fenichel gerne die Gelegenheit benützt, aus Oslo fortzugehen, wo der Einfluß von Reich auch ihm die Arbeit sehr erschwert.
Newyork. Wir erwarten sehr gespannt Nachricht von Dr. Brill über die neue Konstitution, die wohl inzwischen schon zustande gekommen ist. Wir wissen überhaupt nicht viel von den Vorgängen in der amerikanischen analytischen Welt und würden gerne sehr viel mehr wissen.
Wien. Hier bereiten wir für Pfingsten eine kleine Tagung vor, an der außer den Wienern die Analytiker aus Prag, Budapest, Italien teilnehmen wollen. Die »Vierländertagung“[7], wie wir sie nennen, soll diesen recht isolierten Arbeitsgruppen die Möglichkeit zu reichlichem Gedankenaustausch geben. Es werden keine Einzelvorträge gehalten werden, sondern 4 Hauptreferate über Themen, die hier im Mittelpunkt des Interesses stehen, wie das Problem der Übertragung, der Charakteranalyse, der Ichpsychologie, des Todestriebes. Die Gruppen werden je ein Hauptreferat übernehmen, Diskussionen im Anschluß, ein Abend zur Besprechung organisatorischer Fragen, wie Lehr- und Kontrollanalysen etc.
Gedenkbuch. Zum Schluß noch ein Plan, den ich Ihnen im Auftrag von Dr. Jones zu Äußerung und Stellungnahme vorlege. Dr. Jones schlägt vor, aus Anlaß des im nächsten Jahr bevorstehenden 80. Geburtstag meines Vaters statt der sonst üblichen Festschriften ein Gedenkbuch vorzubereiten, das einen Eindruck von dem jetzigen Stand der analytischen Wissenschaft vermitteln soll. Er hat noch keinen Plan ausgearbeitet, stellt sich etwa eine Gliederung in eine mehr systematische Darstellung der Anwendungsmöglichkeiten der Analyse auf andere Gebiete und

---

[6] Frances Deri (1881-1971), ursprünglich Franziska Herz, österreichische Hebamme und Psychoanalytikerin, hatte gemeinsam mit Annie Reich und Steff Bornstein die Prager Psychoanalytische Arbeitsgemeinschaft gegründet und war deren Leiterin, vgl. auch Kilitschko (2013).

[7] I. Vierländertagung (Österreich, Ungarn, Italien, Tschechoslowakei) vom 8. – 10. Juli 935 in Wien, *IZP*, Bd. 21, KB. S. 457-460.

eine Sammlung von Originalarbeiten aus dem Gebiet der Analyse selbst vor. Er denkt dabei an einen großen Kreis von Mitarbeitern, etwa 30 oder mehr, also an ein umfangreiches Buch. Da die Zeit zur Ausarbeitung eines solchen Planes, wenn man ihn pünktlich verwirklichen will, drängt, bittet er Sie alle um Ihre baldigen Äußerungen zu folgenden Fragen

a) Wäre es Ihnen recht, wenn ein solches Buch im Namen des Zentralvorstandes der I P V unternommen wird? b) Wäre es Ihnen recht, wenn der Zentralvorstand sich um das Aufbringen der Kosten bemühen muß? Die Auswahl der Mitarbeiter wäre keine leichte Aufgabe und würde sicherlich zu vielerlei Verstimmungen und Schwierigkeiten führen. Wäre es Ihnen recht, wenn der Zentralvorstand das auf sich nimmt? Und vor allem: wie ist Ihre Gesamteinstellung zu einem solchen Projekt?

Jetzt ist der Brief lang geworden. Ich schicke viele Grüße nach allen Seiten, im eigenen Namen und im Namen meines Vaters. Wir würden alle sehr gerne hören, wie Ophuijsen sich weiter einlebt und hoffen auf reichliche Nachrichten von ihm.

Herzlich

Ihre

[Anna Freud]

[Handschriftlicher Zusatz von Anna Freud]

Dear Ernest,

As you see my circular letter got delayed a little. My suspicions were right and my father had another little operation three days after you left. It was not much but as an after-effect of a more mechanical nature he had a number of minor troubles with his prothese and a new one has to be made now. That brings a lot disturbance and discomfort, of course.

I enclose the Rundbrief for Ophuijsen. I possess only a poste restante address in Pretoria to which I do not trust any more. So I must ask you to forward it. - I also enclose Wulf Sachs' letter which is indeed charming, as nice as these (?) Japanese ones. Is it the distance from Europe that does that? By the way there are ail sorts of rumours in Holland about Ophuijsen possible return his having only one patient etc. I suppose it is the fact that his wife is back there that starts that.

I am very glad that you have been in Vienna and I enjoyed very much meeting your wife and children. Federn told me about his conversation

with you. I honestly think that Wälder[8] is the only person who is really able to continue the discussion you started. I thought over all the other possibilities but there is always too much against it. I think we had best try him, which time would be most suitable for the London group?
You know. I had really meant to discus some of my new work with you, but the time was so full already. Next time!
Very sincerely, yours

Anna Freud

[8] Robert Wälder (1900-1967), österreichischer Physiker, seit 1924 Mitglied der WPV. Er galt als derjenige, der Freuds Gedanken und Theorien am besten formulieren konnte. Laut Edward Bibring hat Freud nach einem Vortrag Wälders über Psychoanalyse Mitte der 1920er gesagt: »Ich versteh' mich besser, seit ich dieses Referat gehört habe.« (Interview mit Bibring durch Kurt Eissler, 31.5.1935, S. 50, SFP), vgl. auch Mühlleitner (1992), S. 353-355.

22.1.1936/W

[Briefkopf: Internationale Psychoanalytische Vereinigung][1]

Rundbrief.

Wien, 22. I. 1936

Liebe Freunde!
Ich habe den Rundbrief aus London mit der Anfrage über den Kongreß gestern bekommen und beeile mich, ihn zu beantworten. Ich schicke voraus, daß mir die Antwort sehr schwer fällt. ich habe es außerordentlich ungern, wen ich genötigt bin, auf eine sachliche Frage eine persönliche Antwort zu geben und gerade das ist diesmal der Fall. Ich schreibe also auch nicht im Namen der Wiener Vereinigung sondern ganz im eigenen.
Ich glaube, daran, daß ich den Kongreß mitmachen möchte, zweifelt niemand. Ich glaube, es werden dieses Mal wieder einige wichtige Dinge vorgehen und ich möchte natürlich gerne dabei sein, wenn sie sich abspielen. Außerdem bin ich auch eingebildet genug zu glauben, daß ich auch eine Hilfe bei der Erledigung von unseren Angelegenheiten bin. Aber das mehr nebenbei. Soweit die sachliche Seite.
Die persönliche Seite dagegen schaut so aus, daß es immer schwerer für mich wird, mich weit von Wien zu entfernen. Es bedeutet für mich einen großen Unterschied, ob ich eine Nacht oder anderthalb Tage für die Reise brauche, ob ich täglich mit Wien telefonieren kann und, wenn es nötig sein sollte, in ein paar Stunden zurück bin. Ich denke mir, daß Sie das wahrscheinlich für eine übertriebene Vorsicht und Sorge um die Gesundheit meines Vaters halten. Meiner Ansicht nach ist es nicht so. Mein Vater hat seit August die dritte Operation gehabt. Im August und im Oktober waren es kleine Angelegenheiten, in der vorigen Woche eine größere, unter deren Nachwirkung er noch leidet.[2] Es ist wirklich so, daß die ständige Anästhesierung und Pflege des Mundes unumgänglich nötig ist, um ihm die Existenz erträglich zu machen; nebenbei ist die ständige Überwachung der sich neu bildenten Stellen notwendig. Der Sommer ist

[1] Maschinenschriftlicher Brief.

[2] Am 16. Januar 1936 hatte Hans Pichler eine warzenartige Wucherung extensiv koaguliert. Es war eine von fast 40 Eingriffen seit Freuds Krebsdiagnose im Jahr 1923. Unter den Folgen diese Eingriffs litt Freud noch lange, vgl. Jones (1960-1962), Bd. 3, S. 539-568, Schur (1973) passim.

zum Wegfahren besonders ungünstig, weil zu dieser Zeit der Chirurg schwer erreichbar ist. Mein Vater ist für alle diese Dinge an mich gewöhnt, meine Abwesenheit ist für ihn eine Entbehrung. Es ist nicht unmöglich, daß ich wegfahre, aber es ist unmöglich für mich, sehr weit wegzugehen und sehr lange weg zu sein. Der Kongreß in London, oder etwa in Stockholm, wie manche Gruppen wollten, würden für mich eine Abwesenheit von mehr als einer Woche bedeuten und mich, für diese Zeit sehr schwer erreichbar machen. ich würde mich beides aus den beschriebenen Gründen nicht zu tun getrauen.
Die Wiener Gruppe, die diese Sachlage aus eigener Anschauung kennt, hat sich bei ihren Vorschlägen wahrscheinlich auch davon beeinflussen lassen.
Ich denke, Sie verstehen, warum ich die von Jones und Glover so klar dargestellten Für- und Gegengründe gegen die Wahl der verschiedenen Kongreßorte nicht objektiv diskutieren kann. Ich bin nicht altruistisch genug, um für einen Kongreßort zu stimmen, zu dem ich selber nicht kommen kann. Anderseits bin ich bei der Wahl von Schweiz, Vorarlberg oder der Tschechoslowakei zu sehr von egoistischen Motiven geleitet, um den Mut zu haben, Ihnen dazu zuzureden.
Nun zu dem Punkt der Berücksichtigung der deutschen Gruppe noch eine Bemerkung. Boehm schrieb mir, er stimme für England, schon aus Dankbarkeit für den Besuch von Jones. Aber es werde wohl kein deutsches Mitglied die Erlaubnis zur Ausreise bekommen, gleichgiltig wo der Kongreß auch sei.
Ich danke allen für die Antworten auf meinen letzten Rundbrief über die IUK. Wir haben inzwischen das erste Rundschreiben ausgeschickt, mit dem Sie hoffentlich einverstanden waren. Leider kam Ophuijsens Antwort erst längere Zeit nach dieser Aussendung, sonst wäre sie im IUK Rundschreiben ausführlich berücksichtigt worden. Aber die eigentlichen Änderungen können ja doch erst alle auf dem Kongreß geschehen. Ich antworte auf Ophuijsens Brief ausführlich und direkt.
Sie haben vielleicht alle schon indirekt von dem neuen Unternehmen der Wiener Vereinigung gehört. Wir haben eine Vereinswohnung gemietet, in der alle analytischen Institutionen ein Heim finden sollen.[3] Die

[3] Anfang Januar hatte Freuds Sohn Ernst die ins Auge gefaßten neuen Räume für die WPV in der Berggasse 7 hinsichtlich der möglichen Varianten der Innenausstattung begutachtet. Am 6. Mai wurden die neuen Räumlichkeiten für das Wiener

Vereinigung denkt sich das eigentlich als eine Art Feier für den Geburtstag meines Vaters, wenn es auch nicht direkt als das bezeichnet wird. Aber die Eröffnung der neuen Wohnung wird wohl ungefähr mit diesem Datum zusammenfallen, vielleicht werden wir etwas früher fertig sein. Wir freuen uns alle sehr auf die Erlösung vom Nomadenleben, die das für die Wiener Vereinigung bedeutet.

Wir wären Brill sehr dankbar für direkte Nachrichten über die Newyorker Gruppe. Es kommen lauter unverbürgte Gerüchte über Veränderungen, die bevorstehen, nach Wien, aber es sind vielleicht wirklich nur Gerüchte.

Mit sehr freundlichen Grüßen an alle,

Ihre

Anna

---

psychoanalytische Institut, das Ambulatorium, die WPV und den Internationalen Psychoanalytischen Verlag durch Ernest Jones eröffnet. Weitere Ansprachen hielte Joan Riviere und Karl Landauer.

Liste der Briefe

15.10.1927	London
20.10.1927	Berlin
28.10.1927	Wien
30.10.1927	Holland
14.11.1927	Budapest
15.11.1927	Berlin
15.11.1927	London
20.11.1927	Wien
25.11.1927	Holland
18.12.1927	Budapest
19.12.1927	London
22.12.1927	Wien
30.12.1927	Holland
05.01.1928	Budapest
11.01.1928	Wien
16.01.1928	London
17.01.1928	Berlin
21.01.1928	London
22.01.1928	Budapest
23.01.1928	Holland
24.01.1928	Wien
15.02.1928	London
16.02.1928	Berlin
23.02.1928	Wien
29.02.1928	Budapest
14.03.1928	Berlin
18.03.1928	Holland
23.04.1928	Berlin
30.04.1928	Wien
06.05.1928	Budapest
13.06.1928	London
17.07.1928	Berlin
22.05.1929	Holland

29.05.1929	London
04.06.1929	Berlin
07.06.1929	Budapest
14.06.1929	Wien
18.12.1929	London
20.12.1929	London
26.09.1930	Holland
11.10.1930	Berlin
30.11.1930	Budapest
11.01.1931	London
31.05.1931	Budapest
14.06.1931	Budapest
29.07.1931	Wien
26.01.1932	Budapest
27.03.1932	Wien
19.12.1932	London
01.03.1933	London
22.03.1933	London
26.03.1933	Holland
29.03.1933	Wien
01.04.1933	London
03.04.1933	Holland
09.04.1933	Budapest
04.06.1933	Wien
07.11.1933	Holland
24.12.1933	Holland
25.12.1933	Berlin
31.12.1933	Berlin
08.01.1934	Holland
11.01.1934	Wien
17.01.1934	Berlin
28.01.1934	Holland
18.02.1934	Holland
27.02.1934	Berlin

22.03.1934	Wien
27.03.1934	London
19.04.1934	London
02.05.1934	Holland
18.11.1934	Holland
23.11.1934	Wien
08.01.1935	Holland
09.05.1935	Wien
22.01.1936	Wien

Abkürzungen

BIPA	Archive des British Institute of Psycho-Analysis
BLÄ	Biographisches Lexikon der Ärzte
FML	Archiv des Freud Museums (London)
IJP	International Journal of Psycho-Analysis
IPV	Internationale Psychoanalytische Vereinigung
IZP	Internationale Zeitschrift für Psychoanalyse
KB	Korrespondenzblatt der IPV
LoC	Library of Congress
ÖBL	Österreichisches Biographisches Lexikon 1815-1950
ÖNB	Österreichische Nationalbibliothek (Handschriftenabteilung)
ORA	Otto Rank Archiv (Columbia University, Butler Library)
PB	Psychoanalytische Bewegung (Rubrik in der IZP)
Psa/psa	Psychoanalyse/psychoanalytisch
RB	Rundbrief
SFH	Archiv des Sigmund Freud Hauses (Wien)
SFP	Sigmund Freud Papers, Library of Congress
WPV	Wiener Psychoanalytische Vereinigung

Literaturverzeichnis

Die Form, in der in diesem Literaturverzeichnis Briefe Freuds aufgenommen worden sind, folgt der von Ingeborg Meyer-Palmedo und Gerhard Fichtner bearbeiteten *Freud-Bibliographie mit Werkkonkordanz*, Frankfurt am Main: S. Fischer Verlag 1989.

Abraham, Karl

1927 *Selected Papers*. London: Grant A. Allan.

Aeschlimann, Jürg

1980 *Rudolf Brun (1885-1969): Leben und Werk des Zürcher Neurologen, Psychoanalytikers und Entomologen*. Dietikon: Juris Druck u. Verlag.

Aichhorn, August

1923 Über die Erziehung in Besserungsanstalten*Imago*, 9: 189-221

Aichhorn, Thomas

1994 August Aichhorn. In O. Frischenschlager (Hg.), *Wien, wo sonst! Die Entstehung der Psychoanalyse und ihrer Schulen*. Wien / Köln / Weimar: Böhlau.

Alexander, Franz & Grotjahn, Martin (Hg.)

1966 *Psychoanalytic Pioneers*. New York & London: Basic Books, Inc.

Alexander, Franz et al.

1943 In Memoriam. Hugo Staub. 1886-1942*Psychoanalytic Quarterly*, 12: 100-105

Anzai, Junko

2000 Kiyoyasu Marui (1886-1953) and his Introduction of Psychoanalysis into Japan. *History of Psychology and Psychology Studies*, 2.

Bakker, J.
1975 F. P. Muller - (1883-1973). *International Journal of Psychoanalysis*, 56: 481-482

Benzenhöfer, Udo
2012 Kurt Goldstein - ein herausragender Neurologe und Neuropathologe an der Universität Frankfurt am Main. In U. Benzenhöfer (Hg.), *Ehrlich, Edinger, Goldstein et al.: Erinnerungswürdige Frankfurter Universitätsmediziner*. Münster/Ulm: Klemm & Oelschläger, S. 43–65

Boehm, Felix
1930 Der Stipendienfonds. In *Zehn Jahre Berliner Psychoanalytisches Institut (Politklinik und Lehranstalt) 1920-1930*. Wien: Internatio-naler Psychoanalytischer Verlag, S. 63-65.

Bourgeron, Jean-Pierre
2002 Laforgue, René. In A. de Mijolla (Ed.), *Dictionnaire internationale de la Psychpanalyse. Concepts, Notions, Biographies, Œuvres, Événements, Institutions*. Paris: Calmann-Lévy.

Brecht, Karen et al. (Hg.).
1985 *"Hier geht das Leben auf eine sehr merkwürdige Weise weiter ...". Zur Geschichte der Psychoanalyse in Deutschland*. Hamburg: M. Kellner.

Brenner, Ortwin
1975 *Leben und Werk von Professor Dr. Heinrich Meng*. Mainz: Neuropsychiatriche Klinik der Johannes Gutenberg Universität [Dissertation].

Burnham, John
1983 *Jelliffe: American psychoanalyst and physician and his correspondence with Sigmund Freud and CG Jung*. Chicago: University of Chicago Press.

Czeike, Felix
1993 *Historisches Lexikon Wien* Bd. 2. Wien: Kremayr & Scheriau.

Etkind, Alexander
1996 *Eros des Unmöglichen. Die Geschichte der Psychoanalyse in Rußland.* Leipzig: Gustav Kiepenheuer Verlag.

Fallend, Karl
1988 *Wilhelm Reich in Wien. Psychoanalyse und Politik.* Wien, Salzburg.: Geyer-Edition (Veröffentlichungen des Ludwig-Boltzmann-Instituts für Geschichte der Gesellschaftswissenschaften. Bd. 17).
1995 *Sonderlinge, Träumer, Sensitive. Psychoanalyse auf dem Weg zur Institution und Profession. Protokolle der Wiener Psychoanalytischen Vereinigung und biographische Studien.* Wien: Verlag Jugend & Volk.

Fallend, Karl & Reichmayr, Johannes (Hg.)
1992 *Siegfried Bernfeld oder Die Grenzen der Psychoanalyse. Materialien zu Leben und Werk.* Frankfurt: Stroemfeld/Nexus.

Fenichel, Otto
1998 *119 Rundbriefe.* Hg. von Elke Mühlleitner & Johannes Reichmayr. Frankfurt am Main: Stroemfeld / Roter Stern.

Ferenczi, Sándor
1988 *Ohne Sympathie keine Heilung: das klinische Tagebuch von 1932.* Frankfurt am Main: S. Fischer.

Fliess, Robert
1948 In Memoriam Ernst Simmel. 1882-1947. *Psychoanalytic Quarterly*, 17: 1-3

Freud, Anna
1927 *Einführung in die Technik der Kinderanalyse.* Leipzig / Wien / Zürich: Internationaler Psychoanalytischer Verlag.

Freud, Martin
1999 *Mein Vater Sigmund Freud.* Heidelberg: Mattes Verlag.

Freud, Sigmund
1919c Internationaler psychoanalytischer Verlag und Preiszuteilunge für psychoanalytische Arbeiten *Internationale Zeitschrift für ärztliche Psychoanalyse*, 5: 137f.
1962-75a *Protokolle der Wiener Psychoanalytischen Vereinigung*. Bd. 1-4., Hrsg. von Herman Nunberg und Ernst Federn. Frankfurt am Main: S. Fischer Verlag.
1966a *Sigmund Freud / Lou Andreas-Salomé. Briefwechsel. Hrsg. von Ernst Pfeiffer*. Frankfurt a. Main: S. Fischer.
1992a *Sigmund Freud / Ludwig Binswanger. Briefwechsel 1908-1938. Hrsg. von Gerhard Fichtner*. Frankfurt am Main: S. Fischer.
1992g *Sigmund Freud - Sándor Ferenczi. Briefwechsel, 1908-1933*. 4 Bände, Hrsg. von Eva Brabant, Ernst Falzeder, Patrizia Giampieri-Deutsch, unter wiss. Leitung von André Haynal. Transkription von I. Meyer-Palmedo. Wien / Köln / Weimar: Böhlau.
1993e *Briefwechsel Sigmund Freud, Ernest Jones, 1908-1939*. Frankfurt/Main: S. Fischer.
2004h *Sigmund Freud / Max Eitingon. Briefwechsel 1906-1939*. Hg. von Michael Schröter. Tübingen: edition diskord.
2009h *Sigmund Freud / Karl Abraham. Briefe 1907-1925*. Hg. Ernst Falzeder und Ludger M. Hermanns. Wien: Turia und Kant.
2018 *Briefe an Jeanne Lampl-de Groot 1921–1939*. Gießen. Hg. und aus dem Niederländischen von Gertie F. Bögels Psychosozial-Verlag.

Gast, Lilli
1996 *Joan Riviere und die englische Psychoanalyse*. Tübingen: edition diskord.

Giefer, Michael (Hg.).
2006 *Briefwechsel Sándor Ferenczi-Georg Groddeck*. Frankfurt am Main: Stroemfeld/Roter Stern.

Glover, Edward
1955 Walter Schmideberg *International Journal of Psychoanalysis*, 36: 213-215

Gröger, Helmut

1994 Helene Deutsch. In O. Frischenschlager (Hg.), *Wien, wo sonst! Die Entstehung der Psychoanalyse und ihrer Schulen* Wien / Köln / Weimar: Böhlau, S. 84-89.

Grosskurth, Phyllis

1993 *Melanie Klein. Ihre Welt und ihr Werk.* Stuttgart: Verlag Internationale Psychoanalyse.

Gumbel, Erich

1962 Anna Smeliansky. *The International Journal of Psycho-Analysis*, 43: 360

Handlbauer, Bernhard

1990 *Die Adler-Freud-Kontroverse.* Frankfurt am Main: Fischer Taschenbuch.

Harmat, Paul

1988 *Freud, Ferenczi und die ungarische Psychoanalyse.* Tübingen: edition diskord.

Hermann, Imre

1934 *Die Psychoanalyse als Methode.* Wien: Internationaler Psychoanalytischer Verlag.

Jones, Ernest

1910 Freud's psychology. *Psychological Bulletin*, 7(4): 109

1935 Über die Frühstadien der weiblichen Sexualentwicklung. *Internationale Zeitschrift für Psychoanalyse*, 21(3): 331-341

1956 Obituary J. C. Flugel*IJP*, 37: 193-197

1960-62 *Das Leben und Werk von Sigmund Freud.* 3 Bände. Bern und Stuttgart: Hans Huber.

Katzlberger, Florian

1994 Michael Balint. In O. Frischenschlager (Hg.), *Wien, wo sonst!. Die Entstehung der Psychoanalyse und ihrer Schulen.* Wien / Köln / Weimar:: Böhlau Verlag, S. 189-195.

Kilitschko, Suzanne
2013 The Prague Psychoanalytic Study Group 1933–1938: Frances Deri, Annie Reich, Theodor Dosuzkov, and Heinrich Lowenfeld, and their contributions to psychoanalysis. *International Journal of Psychoanalysis*, 94: 1196-1198

King, Pearl & Holder, Alex
1992 Great Britain. In P. Kutter (Ed.), *Psychoanalysis International. A Guide to Psychoanalysis throughout the World.* Stuttgart: frommann-holzboog.

King, Pearl & Steiner, Riccardo (Hg.)
2000 *Die Freud/Klein-Kontroversen 1941-945.* Stuttgart: Klett-Cotta.

Klee, Ernst
2005 *Das Personenlexikon zum Dritten Reich. Wer war was vor und nach 1945.* Frankfurt am Main: Fischer Taschenbuch Verlag.

Kloocke, Ruth
2002 *Mosche Wulff. Zur Geschichte der Psychoanalyse in Rußland und Israel.* Tübingen: edition diskord.

Köppe, Wolfgang
1977 *Sigmund Freud und Alfred Adler: Vergleichende Einführung in die tiefenpsychologischen Grundlagen.* Stuttgart; Berlin; Köln; Mainz: Kohlhammer.

Kuiper, P. C.
1974 In memoriam HG van der Waals. *Nederlands Tijdschrift voor Geneeskunde*, 118: 638-639

Laforgue, René
1922 *Étude Psychanalytique de L'Affectivité.* Strasbourg. [Dissertation].

Lewy, Ernst
1947 Obituary. Ernst Simmel: 1882-1947 *IJP*, 28: 121-123

Lockot, Regine
1985 *Erinnern und Durcharbeiten. Zur Geschichte der Psychoanalyse und Psychotherapie im Nationalsozialismus.* Frankfurt am Main: Fischer Taschenbuchverlag.

Loewenberg, Peter & Thompson, Nellie
2019 *100 Years of the IPA: The Centenary History of the International Psychoanalytical Association 1910-2010: Evolution and Change.* New York: Routledge.

May, Ulrike
2000 *Therese Benedek (1892 - 1977): Freudsche Psychoanalyse im Leipzig der zwanziger Jahre* [Manuskript].

Meisel, Perry & Kendrick, Walter (Hg.)
1995 *Kultur und Psychoanalyse in Bloomsbury und Berlin. Die Briefe von James und Alix Strachey 1924-1925.* Stuttgart: Verlag Internationale Psychoanalyse.

Mijolla, Alain de (Hg.).
2005 *International Dictionary of Psychoanalysis.* Detroit: Thomson / Gale.

Millon, Theodore
2004 *Masters of the mind: Exploring the story of mental illness from ancient times to the new millennium.* Hoboken, New Yersey: John Wiley & Sons.

Mühlleitner, Elke
1992 *Biographisches Lexikon der Psychoanalyse.* Tübingen: edition diskord.

Müller-Braunschweig, Carl

1921 Psychoanalytische Gesichtspunkte zur Psychogenese der Moral, insbesondere des moralischen Aktes. *Imago*, 7: 237-250.

Nemes, Livia

1985 Das Schicksal der ungarischen Psychoanalytiker in den Jahren des Faschismus. In K. Brecht et al. (Hg.), *»Hier geht das Leben auf eine sehr merkwürdige Weise weiter ...«. Zur Geschichte der Psychoanalyse*. Hamburg: Kellner, S. 82-85.

Nilsen, Håvard

2010 Harald K Schjelderup. In K. Helle (Ed.), *Norsk biografisk leksikon*. Oslo: Kunnskapsforlaget.

Nitzschke, Bernd

1992 Wilhelm Stekel, ein Pionier der Psychoanalyse - Anmerkungen zu ausgewählten Aspekten seines Werkes. In E. Federn & G. Wittenberger (Hg.), *Aus dem Kreis um Sigmund Freud*. Frankfurt am Main: Fischer Taschenbuch Verlag.

2020 Die Wiederkehr eines Verdrängten. Die Neuausgabe von Wilhelm Reichs „Massenpsychologie des Faschismus" lädt zur wissenschaftshistorischen Rekonstruktion eines epochalen Werkes ein. https://literaturkritik.de/reich-massenpsychologie-des-faschismus-die-wiederkehr-eines-verdraengten,27469.html.

Payne, Sylvia

1952 Obituary John Rickman. *International Journal of Psychoanalysis*, 33: 54-60

1957 Dr. Ethilda Budget-Meakin Herford. *International Journal of Psychoanalysis*, 38: 276

Peglau, Andreas

2017 Unpolitische Wissenschaft? Wilhelm Reich und die Psychoanalyse im Nationalsozialismus. Giessen: Psychosozial-Verlag.

Nitzschke, Bernd.

2020. Die Wiederkehr eines Verdrängten Die Neuausgabe von Wilhelm Reichs „Massenpsychologie des Faschismus“ lädt zur wissenschaftshistorischen Rekonstruktion eines epochalen Werkes ein. https://literaturkritik.de/reich-massenpsychologie-des-faschismus-die-wiederkehr-eines-verdraengten,27469.html.

Peters, Uwe Henrik

1992 *Psychiatrie im Exil. Die Emigration der Dynamischen Psychiatrie aus Deutschland 1933-1939.* Düsseldorf: Kupka-Verlag.

Pfister, Oskar

1928 Die Illusion einer Zukunft. Eine freundschaftliche Auseinandersetzung mit Prof. Dr. Sigm. Freud. *Imago*, 14: 149-184

Planta, Vera von

2006 Mira Oberholzer-Gincburg (1884–1949). Eine Analytikerin der ersten Stunde in der Schweiz. *Luzifer-Amor*, 19(37): 142-149

2010 "Analysiere nie wieder einen jungen Menschen wie mich...". Emil Oberholzer und Mira Oberholzer-Gincburg, ein russisch-schweizerisches Analytikerpaar in der ersten Hälfte des 20. Jahrhunderts. *Luzifer-Amor*, 23(45): 70-104

Reich, Wilhelm

1975 *Reich speaks of Freud: Wilhelm Reich discusses his work and his relationship with Sigmund Freud.* Harmondsworth: Penguin.

1989 *Passion of youth: an autobiography, 1897-1922.* London: Pan Books.

Rickman, John

1928 *Index psychoanalyticus, 1893-1926.* London: The Hogarth Press.

1950 Wulf Sachs, 1893–1949. *International Journal of Psychoanalysis*, 31: 288-289

Roazen, Paul

1989 *Freuds Liebling Helene Deutsch: das Leben einer Psychoanalytikerin.* München: Verlag Internatationale Psychoanalyse.

Rolnik, Eran
2013 *Freud auf Hebräisch. Geschichte der Psychoanalyse im jüdischen Palästina.* Göttingen: Vandehoek & Ruprecht.

Rothe, Joachim
1996 Ein exemplarisches Schicksal. Karl Landauer (1887-1945). In T. Plänkers et al. (Hg.), *Psychoanalyse in Frankfurt am Main. Zerstörte Anfänge, Wiederannäherungen, Entwicklungen.* Tübingen: edition diskord, S. 87-108.

Roudinesco, Elisabeth
1994 *Wien - Paris: die Geschichte der Psychoanalyse in Frankreich.* Weinheim / Berlin: Beltz, Quadriga.

Roudinesco, Elisabeth & Plon, Michel
2004 *Wörterbuch der Psychoanalyse. Namen, Länder, Werke, Begriffe.* Wien & New York: Springer.

Sadger, Isodor
2006 *Sigmund Freud: persönliche Erinnerungen.* Hg. von A. Huppke und M. Schröter. Tübingen: Edition Diskord.

Schur, Max
1973 *Sigmund Freud. Leben und Sterben.* Frankfurt am Main: Suhrkamp.

Searl, Nina
1925 A question of technique in child analysis in relation to the Oedipus complex [Abstract]*IJP*, 6: 238.

Spanjaard, Jaap & Mekking, R. U.

1977 Pschoanalyse in den Niederlanden. In E. Dieter (Hg.), *Die Psychologie des 20. Jahrhunderts III. Freud und Folgen*. Zürich: Kindler, S. 55-72.

Stel, Jaap van der
2010 *De verslavingszorg voorbij*. Houten: Bohn Stafleu van Loghum.

Sterba, Richard
1985 *Erinnerungen eines Wiener Psychoanalytikers*. Frankfurt am Main: Fischer Taschenbuch.

Stroeken, Harry
2010 Notiz über AJ Westerman Holstijn (1891-1980). *Luzifer-Amor*, 23(46): 169-170
2011 A Dutch psychoanalyst in New York (1936–1950). *International Forum of Psychoanalysis*, 20(3): 183-188

Székely-Kovacs, Olga & Berény, Robert
1924 *Karikaturen vom achten Psychoanalytischen Kongress Salzburg Ostern 1924*. Leipzig: Internationaler Psychoanalytischer Verlag.

Tamm, Alfhild
1928 Emanuel af Geijerstamt. *Internationale Zeitschrift für Psychoanalyse*, 14: 562

Thomä, Hans
1963 Die Neo-Psychoanalyse Schultz-Henckes (I). *Psyche*, 17: 44-80

Tögel, Christfried
1989 Lenin und die Rezeption der Psychoanalyse in der Sowjetunion der Zwanziger Jahre. *Sigmund Freud House Bulletin*, 13: 16-27.
2009 Freud, Einstein und das Institut für geistige Zusammenarbeit in Paris. Kommentierte Briefe zur Vorgeschichte des Briefwechsels ›Warum Krieg? *Jahrbuch der Psychoanalyse*, 58: 81-110.
2022 Sigmund Freud und Bertolt Brecht. *Kleine Texte zur Freud-Biographik*, 2022-01: http://www.freud-biographik.de/kleine-texte-zur-freud-biographik/

Wahl, Charles

1995 Edward Glover. In F. Alexander et al. (Ed.), *Psychoanalytic Pioneers*. New Brunswick & London: Transaction Publishers, S. 501-507.

Walser, Hans

1976 Psychoanalyse in der Schweiz. In D. Eicke (Hg.), *Die Psychologie des 20. Jahrhunderts II. Freud und die Folgen (1)*. Zürich: Kindler, S. 1192-1218.

Wittenberger, Gerhard

1993 Die große Kränkung: "Kein Nobelpreis". In R. Plassmann (Hg.), *Psychoanalyse - Philosophie Psychosomatik. Paradigmen von Erkenntnis und Beziehung*. Aachen: Verlag Dr. Chaled Shaker, S. 127-149.

1995 *Das "Geheime Komitee" Sigmund Freuds: Institutionalisierungsprozesse in der "Psychoanalytischen Bewegung" zwischen 1912 und 1927*. Ed. diskord.

Wormer, Eberhard

2010 Spielmeyer, Walther. In G. Hockerts (Hg.), *Neue Deutsche Biographie*. Band 24. Berlin: Duncker & Humblot, S. 690-691.

Овчаренко, Виктор & Лейбин, Валерий

1999 *Антология россииского психоанализа.* Москва: Издалетсво Флинта. (Ovcharenko, Viktor & Leibin, Valeri. 1999. Anthologie der russischen Psychoanalyse. Moskau: Flint-Verlag).

Personenverzeichnis